What is past is prologue

過去は物語の始まりである

ウィリアム・シェイクスピア『テンペスト』第2幕第1場

ヘンリー八世

暴君か、カリスマか

Henry VIII

陶山昇平 著

晶文社

装丁⦿岩瀬聡

装画提供⦿DEA / G. NIMATALLAH / Getty Images

ヘンリー八世

目次

はじめに

　ドナルド・トランプがホワイトハウスを去った。ジョー・バイデンの勝利が確実になった後も投票不正を訴え、敗北を認めない彼の姿勢に、バラク・オバマ前大統領は「民主主義の否定につながる。これは危険な道だ」と述べて懸念を示した。もっとも、アメリカ民主主義が危機に瀕しているというのは、二〇一七年のトランプ政権発足以来、繰り返し喧伝されてきた話ではある。司法省によるロシア疑惑捜査に対する執拗な批判、マスメディアへの露骨な敵視などは、日本でも度々報道されてきたから、読者にも耳馴染みではなかろうか。

　民主主義の祖国ともいうべきアメリカ合衆国の大統領が民主主義を危機に追いやっているとの批判はいかにも深刻である。しかし、この第四十五代アメリカ大統領は、こともあろうに民主主義とは縁遠い五百年前のイングランドの絶対君主に擬《なぞら》えられてさえいたのである。エコノミスト誌の二〇一七年五月十二日号は、トランプの衝動的な性格と思慮不足は、法の支配と経済にとって脅威であるとして、次のように説いている。

　ドナルド・トランプは国王のようにワシントンに君臨し、ホワイトハウスはまるで彼の宮殿のようだ。威張り散らし、注目のただ中にいなければ気が済まず、衝動的な性格はヘンリー八世を思わせる。異色の経歴ながら最高権力者の座に上り詰めることができたのは、議会や官僚たち、それにメディアが揃いも揃って冴えないからだとの信念に支えられて、邪魔な人間や意見に牙を剝いている。

トランプと（不名誉な形で）共通点があると名指しされたヘンリー八世。彼こそが本書の主役である。十六世紀のこの王の事績に明るくない向きであっても、自身の離婚問題をきっかけにローマ・カトリックと断絶し、結局、その生涯に六人の王妃を迎えた（しかも、そのうち二人を断頭台送りにした！）強烈なイングランド国王がいたという事実は聞き覚えがあるのではないだろうか。

二十一世紀のアメリカ大統領と十六世紀のイングランド王という立場の違いはあれど、両者に共通するのは、強烈なエゴと自己愛（もちろん衝動的な性格も）である。トランプの自己愛ぶりに関しては、心理学博士の学位を持つ彼の姪が「自己愛性人格障害」と自著の中で断じているから、まずは折り紙付きといったところだろう。一方のヘンリー八世はどうか。

華やかなルネサンス君主であるはずのヘンリーの治世から血なまぐさい印象が拭えないのは、自身のために粉骨砕身してきた忠臣を容赦なく処刑する国王の酷薄さのなせる業である。こと信仰や良心の問題に関しては、臣下が国王と異なる見解を持ち得るという事実をどうしても受け容れられないヘンリーは、イングランド国王が国教会の首長であることを認めず、「キリスト教世界共通の信仰」を守り抜こうとしたトマス・モアを断頭台に追いやった。その後も何人もの廷臣たちが王の逆鱗《げきりん》に触れ、慈悲をかけられることなく命を落としている。その最たる例が、国王宗務代理として宗教改革に辣腕を振るったトマス・クロムウェルである。自らの右腕を誅殺したヘンリーは、怒りに任せて有能な宰相を葬ってしまったことを後悔し、彼を告発した政敵たちに責任転嫁し始める。これを衝動的な暴君の所業と呼ばずして何と呼ぼう。

一方で、自己愛に衝き動かされた人間が、全能感という名のオーラを纏うこともしばしば見られる。アドルフ・ヒトラーやヨシフ・スターリンら独裁者が、強いコンプレックスに苛まれながら、(全く矛盾したことだが)強烈な自己愛の持ち主であったのは、しばしば指摘されるところである。ナルシシズムとカリスマは相性が良いのだ。

興味深い逸話がある。「血《ブラッディ》まみれのメアリー」の異名で知られる、ヘンリーの娘メアリー一世は、その渾名《あだな》のとおり強権的なイメージが強い。しかし、その彼女にして、廷臣たちが反抗的な態度を示すと、「一ヵ月でいいから父が生き返ってくれれば」と愚痴をこぼしていたという。暴君ヘンリーは、死してなお「絶対服従」の対象として仰ぎ見られる存在――カリスマでもあったのである。

ところが、実に興味深いことに、この王は終生不安感に苛まれ、人間愛に飢え続けていた。最初の王妃キャサリン・オブ・アラゴンとの離婚へと彼を駆り立てたのは、愛人アン・ブーリンへの執心もさることながら、王位継承への不安であったのは言うまでもない。イングランド王家を二分した薔薇戦争の記憶は、いまだ暗い影を落としていたのである。五番目の王妃キャサリン・ハワードの不貞の事実を告げられたとき、枢密顧問官らの前で流した涙は、夢見た幸福な結婚生活が打ち砕かれた深い失望ゆえのものだったろう。

本書を読み進めるうちに読者は、この王が極めて複雑怪奇な人格を持つことにも気づかれるはずだ。

トランプはホワイトハウスを去った。しかし、エゴと自己愛は政治的人間の動力源でもある。五百年の時を経てトランプがヘンリーと重ね合わされたように、いずれ強烈なエゴの持ち主が現れて、世界を再び騒然とさせるだろう。二十一世紀に生きる我々は、今後も強力な権力を振りかざすエゴイストやナルシシストたちと対峙していかなくてはならないのだ。

「汝の敵を知れ」とは蓋し至言である。五百年前のイングランド王の生涯を知ることは、「彼ら」が何者であるかを知る手蔓《てづる》になるだろう。その上で、ヘンリー八世という人物の劇的な生涯の物語も楽しんでいただければ、筆者としては望外の喜びである。

プロローグ
テューダー王朝の幕開け

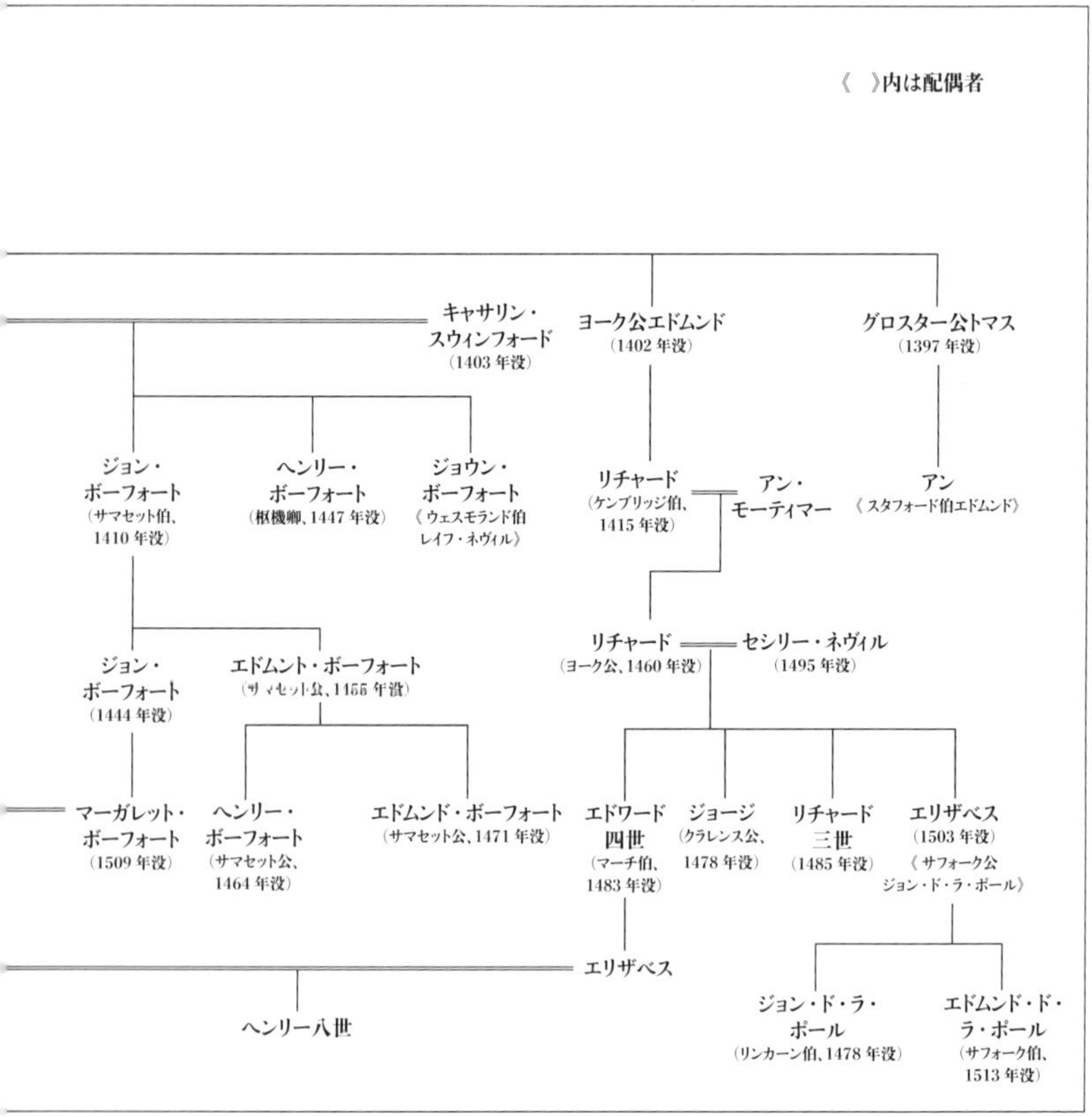
《　》内は配偶者
キャサリン・スウィンフォード（1403年没）
ヨーク公エドムンド（1402年没）
グロスター公トマス（1397年没）
ジョン・ボーフォート（サマセット伯、1410年没）
ヘンリー・ボーフォート（枢機卿、1447年没）
ジョウン・ボーフォート《ウェスモランド伯レイフ・ネヴィル》
リチャード（ケンブリッジ伯、1415年没）
アン・モーティマー
アン《スタフォード伯エドムンド》
ジョン・ボーフォート（1444年没）
エドムント・ボーフォート（サマセット公、1455年没）
リチャード（ヨーク公、1460年没）
セシリー・ネヴィル（1495年没）
マーガレット・ボーフォート（1509年没）
ヘンリー・ボーフォート（サマセット公、1464年没）
エドムンド・ボーフォート（サマセット公、1471年没）
エドワード四世（マーチ伯、1483年没）
ジョージ（クラレンス公、1478年没）
リチャード三世（1485年没）
エリザベス（1503年没）《サフォーク公ジョン・ド・ラ・ポール》
エリザベス
ヘンリー八世
ジョン・ド・ラ・ポール（リンカーン伯、1478年没）
エドムンド・ド・ラ・ポール（サフォーク伯、1513年没）

【ランカスター家とヨーク家 略系図】

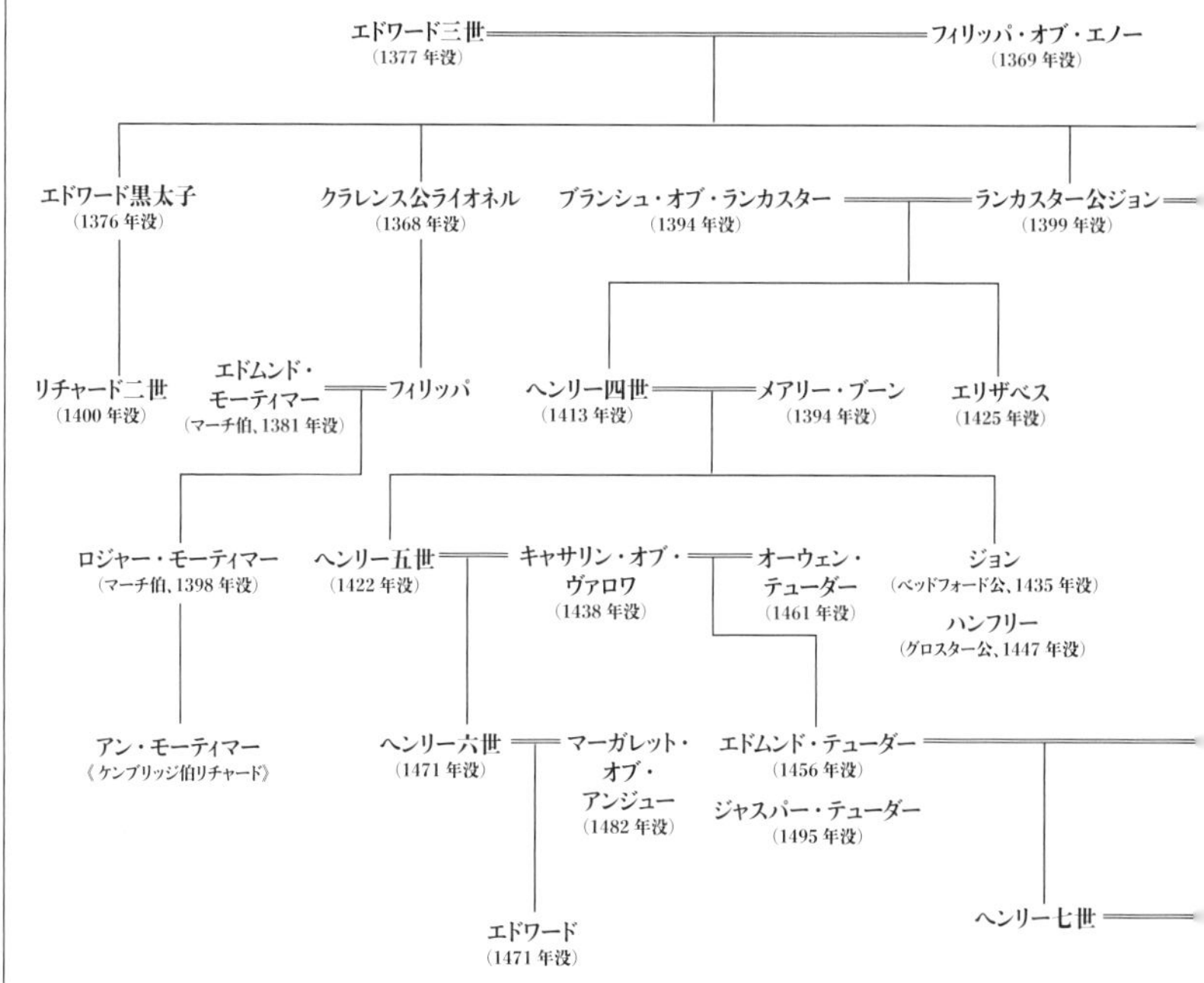
エドワード三世
(1377年没)
フィリッパ・オブ・エノー
(1369年没)
エドワード黒太子
(1376年没)
クラレンス公ライオネル
(1368年没)
ブランシュ・オブ・ランカスター
(1394年没)
ランカスター公ジョン
(1399年没)
リチャード二世
(1400年没)
エドムンド・モーティマー
(マーチ伯、1381年没)
フィリッパ
ヘンリー四世
(1413年没)
メアリー・ブーン
(1394年没)
エリザベス
(1425年没)
ロジャー・モーティマー
(マーチ伯、1398年没)
ヘンリー五世
(1422年没)
キャサリン・オブ・ヴァロワ
(1438年没)
オーウェン・テューダー
(1461年没)
ジョン
(ベッドフォード公、1435年没)
ハンフリー
(グロスター公、1447年没)
アン・モーティマー
《ケンブリッジ伯リチャード》
ヘンリー六世
(1471年没)
マーガレット・オブ・アンジュー
(1482年没)
エドムンド・テューダー
(1456年没)
ジャスパー・テューダー
(1495年没)
エドワード
(1471年没)
ヘンリー七世

ホワイトホール宮殿の壁画

ここに掲げるのは、ルネサンスを代表する画家ハンス・ホルバインの失われた傑作のひとつである。テューダー王権の中枢、ホワイトホール宮殿の国王私室の北壁に描かれ、廷臣たちを睥睨していたであろうこの巨大な壁画は、完成から約百六十年後の一六九八年に発生した火災のため烏有《うゆう》に帰したが、多くの模写によって今日まで伝えられている。描かれている四人の人物は、テューダー王朝の創始者ヘンリー七世と王妃エリザベス。そして、その次男で、王冠を受け継いだヘンリー八世と三番目の妻ジェーン・シーモアである。

この画の作成を巨匠の手に委ねたのは、ヘンリー八世（左下）。傲然と肩を怒らせ、正面を見据える王は、文字どおり等身大に描かれている。その奥、中央の頌徳碑《しょうとくひ》に悠然と腕を置く、幾分華奢な人物がヘンリー七世である。どちらが王朝の創始者かと問われれば、史実を知らない向きは、恰幅良く、見るからに活力漲る八世王の方を挙げたくなるだろう。しかし、一介の亡命貴族の身ながら、イングランド王家を二分する内乱——薔薇戦争を収拾し、英国史に燦然と輝く偉大なテューダー王朝を築き上げたのは、冷厳な視線で見る者を射貫く、この痩身の王である。

この本の主人公ヘンリー八世の生涯とその治世を理解するためには、まずは彼の父ヘンリー七世が王位に即いた経緯にまで遡る必要がある。以下、ヘンリー七世に王冠をもたらすことになった薔薇戦争を簡潔に振り返る。

◉図 1——ハンス・ホルバイン画《ホワイトホール宮殿の壁画》

ランカスター朝の成立

時は十五世紀半ば、イングランド王国は度重なる王家の内紛、貴族たちの勢力争いにより、混乱の渦に飲み込まれようとしていた。この時、王冠を戴いていたのは、ランカスター家出身のヘンリー六世。十四世紀の末までイングランド王位を占めていたのは、元はフランスの伯爵家であったプランタジネット家であり、ランカスター家はこの王家の傍流に当たる。

十四世紀の前半にフランスとの百年戦争を開始したエドワード三世には多くの王子たちがいた。最も高名なのは、フランスを相手に華々しい武勲を打ち立てた長男の黒太子エドワードであろう。しかし、彼は早世し王位を継ぐことはなかった。半世紀もの間イングランドに君臨したエドワード三世の後を襲ったのは、黒太子の嫡子リチャード二世である。しかし、リチャードは高慢な性格ゆえに貴族の反発を招き、一三九九年、その王位はエドワード三世の孫、ランカスター公爵家のヘンリー・ボリングブロクに簒奪される。即位したボリングブロクは「ヘンリー四世」を称し、ここにランカスター朝が成立したのである。

ヘンリー四世の治世は内憂外患に悩まされ、決して平穏なものではなかったが、その子ヘンリー五世は百年戦争を再開し、宿敵フランスに連戦連勝の戦果を挙げる。その総決算ともいえるトロワの和約は、フランス王女をヘンリー王に嫁がしめ、彼を「フランス王位の継承者」とするという、まさに中世イングランドの最高潮と呼ぶべきものだった。

しかし、間もなく五世王は赤痢に罹り急死、フランス王女カトリーヌ（キャサリン）との間に生まれたヘンリー王子が、ヘンリー六世として即位する。この時、新王はわずか生後九ヵ月であった。

薔薇戦争

さて、ランカスター家三代目の王であるヘンリー六世は、性格は善良、敬虔な信仰心の持ち主でもあったが、優柔不断で国王としては著しく不適格であった。イングランドが順境にあれば、フランスから迎えた男勝りの王妃マーガレットや、近親のボーフォート一門の輔佐を得て、何とか舵取りもできただろう。しかし、彼が王座にあった十五世紀の中葉は、そもそもイングランドにとって試練の時であった。経済は著しい縮小局面にあり、上は国王から下は庶民に至るまで、大きく収入を減少させていた。前王ヘンリー五世が再開した百年戦争は、中央集権の道を着実に歩み始めていたフランスが巻き返しを見せ、大陸の占領地は次々と奪還されていた。こうした不穏な状況の下、一四五〇年に

◉図 2——ヘンリー五世

発生したジャック・ケイドの乱は、国中を包んでいた閉塞感の顕われというべきものだった。庶民たちもまた、前世紀のペスト流行の結果、待遇改善を勝ち取り、政治的・経済的な発言力を高めていたのである。かように多難な世を治めるのは、ヘンリー六世には余りに荷が重いというものだった。

ここで「改革者」として国王に挑戦状を叩きつけたのがヨーク公リチャード・プランタジネットである。ヨーク公爵家は、ランカスター家と同じくプランタジネット王家の傍流。ランカスター家がエドワード三世の三男（ランカスター公ジョン）を祖とするのに対し、ヨーク家は男系では四男（ヨーク公エドムンド）の系統である。野心家のヨーク公はヘンリー六世の宮廷に改革の断行を迫り、一時は護国卿の座に就いて一定の成果を挙げるが、貴族たちの支持は広がらず退陣を余儀なくされる。しかし、自らの手に王位を望んだ公爵は宮廷との全面対決を決断し、内乱の幕開けとなった。

ヨーク公はやがてランカスター家との闘争の中で命を落とす。ヨーク派にとっては万事休すであったが、公爵の長男マーチ伯エドワードは権臣ウォリック伯の輔佐よろしきを得ながら自らも軍事的才能を発揮し、ランカスター派を打ち破る。

一四六一年にロンドンに入城したマーチ伯はエドワード四世として即位。弱冠十九歳で王座を摑んだこの王こそが、本書の主役ヘンリー八世の母方の祖父に当たる。六フィート三インチ（約百九十センチ）という長身、派手好みで、強欲に歯止めが利かなくなる点、さらには若い時の美男子ぶりが嘘のように晩年には肥満してしまったところなど、二人には共通点が多い。

一時はランカスター派の巻き返しに遭い王位を逐《お》われたものの、持ち前の果断ぶりを発揮してすぐに復位したエドワードは、一四八三年に四十歳の若さで急死するまで二十年以上王座を保った。

ヘンリー・テューダーの勝利

エドワード四世の王座は、十三歳のエドワード王子が継ぎ、ここに少年王エドワード五世が誕生する。しかし、先王の弟で新王にとっては叔父に当たるグロスター公リチャードは、新王の戴冠式の直前にクーデターを強行し、王の母后の係累ウッドヴィル一族を粛清してしまう。そして、兄の息子たちを私生児と決めつけ、自ら「リチャード三世」として即位したのである。ロンドン塔に幽閉されたエドワード五世兄弟は、間もなくふつりと姿を消し、世人はリチャード三世が手にかけたのだと噂し合った。あまりに強引な簒奪劇に民心は離反し、前王エ

◉図3——エドワード四世

ドワード四世に忠誠を誓った遺臣たちの反発も大きかった。ヨーク派の内部には今や決定的な亀裂が生じていた。

さて、一方のランカスター家はといえば、直系男子はヨーク派との骨肉の争いの中、完全に死に絶え、この時点で事実上の家長となっていたのは、母系でランカスター家の血を引くヘンリー・テューダーであった。その母マーガレット・ボーフォートは、ランカスター家の庶流ボーフォート一門の出身、父方のテューダー家は、元はウェールズの小領主の家柄である（イングランドの西に広がるウェールズはケルト系民族の地であり、十三世紀にイングランドの征服を受け、事実上その支配に服していたが、ロンドンの宮廷から見れば異民族が盤踞する辺境の邦であった）。ヘンリー五世未亡人となっていたキャサリン王太后（ヘンリー六世の生母）に侍従として仕えていたオーウェン・テューダーが密かに太后と結婚し、二人の男子を儲けたことでテューダー家は歴史の表舞台に躍り出たのだった。この二人の男子のうち兄に当たるエドムンドがヘンリー・テューダーの父である。国王の異父弟としてリッチモンド伯に叙されたエドムンドは、王家ゆかりのマーガレットを娶り、薔薇戦争の開始間もない一四五七年、二人の間にヘンリー・テューダーが生まれたのである。

こうした血筋が示すとおり、本来であればヘンリー・テューダーは王位を窺える立場ではなかった。そもそも母方のボーフォート家はランカスター家の庶流ながら、議会制定法によって王位継承権を否定されており、王位請求の根拠は甚だ薄弱と言わざるを得なかった。しかし、ランカスター、ヨーク両家が血で血を洗う闘いを続け、王家の直系男子が姿を消していく中で、自然と存在感を高めていったのである。

リチャード三世の簒奪に不満を抱くエドワード四世の旧臣たちにとって、今や希望の星はこのヘンリー・テューダーであった。彼らはヨーク派の魔手を逃れて大陸へ亡命していたテューダーに接近し、亡きエドワード四世の長女エリザベス・オブ・ヨークとの結婚を条件に忠誠を誓った。

自前の家臣団をほとんど持たないテューダーに軍事力を提供したのは、亡命先のフランス宮廷であった。三千あまりの傭兵部隊を手にした彼は、一四八五年八月、ついにイングランドに進攻してリチャード三世に決戦を挑む。ウェールズに上陸した進攻軍は、イングランド中部レスターシャーの市場町マーケット・ボズワースの近郊でリチャード三世率いる国王軍と激突。一進一退の戦況は、テューダーの継父（マーガレット・ボーフォートの再嫁相手）で、日和見を決め込んでいたスタンレー卿が国王を見限ったことで一気にテューダー有利となる。そして、最後は勇戦むなしくリチャード三世が討ち取られ、イングランドの王冠はヘンリー・テューダーの許に転がり込んだのである。

内乱の終焉

イングランド王ヘンリー七世として登極したテューダーは、自らの即位の日付をボズワースの決戦の前日とすることで、リチャード三世に与した者たちを反逆者として断罪した。しかし、長きにわたる内乱に倦み疲れたイングランドの臣民は癒やしと和解を求めていた。即位からおよそ半年後の一四八六年一月十八日、二十九歳の誕生日を間近に控えたヘンリーは、エドワード四世の長女エリザベス・オブ・ヨークと結婚する。偉丈夫エドワード王に似て丈高く金髪碧眼、見目麗しかった新婦は二十歳だった。ランカスター家の血を引くヘンリーとヨーク家のエリザベスが結ばれたことで、赤薔薇（ランカスター家）と白薔薇（ヨーク家）はようやく和合の時を迎えたのである。

もっとも、すべての者が新王朝の支配を受け入れたわけではない。ヨーク家正嫡の王女を妃に迎えたとはいえ、新国王の正統性を訝しがる向きは少なくなかった。その急先鋒としてヘンリーの前に立ちふさがったのが、リンカーン伯ジョン・ド・ラ・ポールである。

◉図4――ヘンリー七世（National Portrait Gallery 蔵）

伯の母親はリチャード三世の姉であり、リチャードの存命中はその継承者に擬されていた。そんなリンカーン伯にしてみれば、元はウェールズの豪族に過ぎないテューダー家など、ヨーク家の天下を盗んだ素姓怪しき僭称者と思われたであろう。ヨーク家旧臣の一部とアイルランド傭兵を率いたリンカーンは、一四八七年六月、イングランド中部ストーク・フィールドでヘンリー七世の国王軍に挑むも、激戦の末に敗北、自らも戦死する。ここに、長きにわたった薔薇戦争はようやく終結の時を迎えたのである。

しかし、ボズワースの僥倖勝ちによって国王となったヘンリー七世の王権はいまだに不安定であり、再び内乱へ逆戻りする可能性も十分にあった。特に、ヨーク家の残党たちは「成り上がり者」を王座から引きずり降ろそうと、絶えず陰謀を張り巡らしていた。そうした中、ヘンリー七世は彼一流の手練手管を示しながら、王権を守り抜こうと奮闘するのである。後のヘンリー八世、もう一人のヘンリー・テューダーが生を享けたのは、父の即位から六年後、内乱の記憶覚めやらぬ一四九一年のことであった。

序章

王子時代——「冬の王」の膝下で

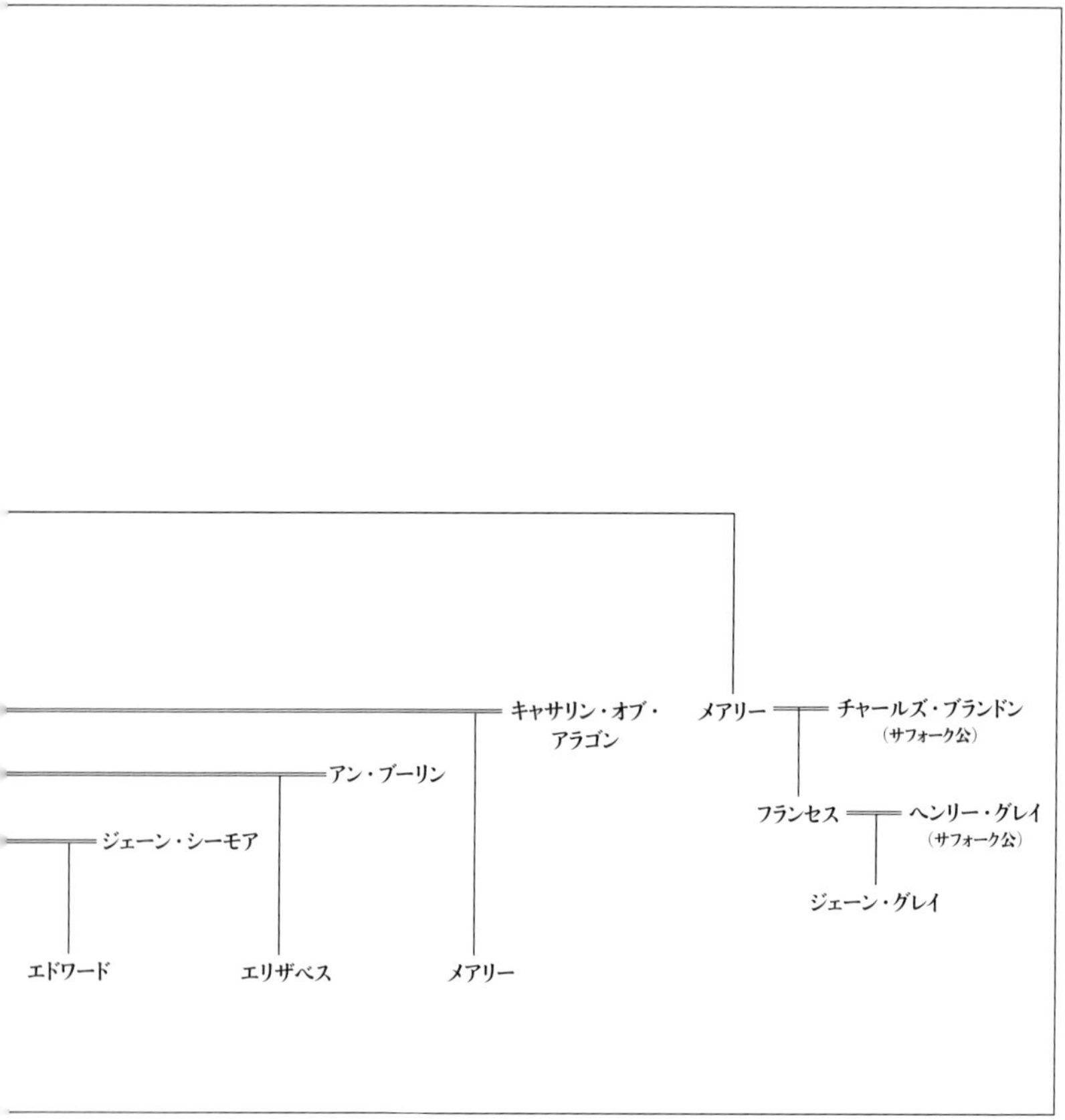
キャサリン・オブ・アラゴン
メアリー
チャールズ・ブランドン
（サフォーク公）
アン・ブーリン
フランセス
ヘンリー・グレイ
（サフォーク公）
ジェーン・シーモア
ジェーン・グレイ
エドワード
エリザベス
メアリー

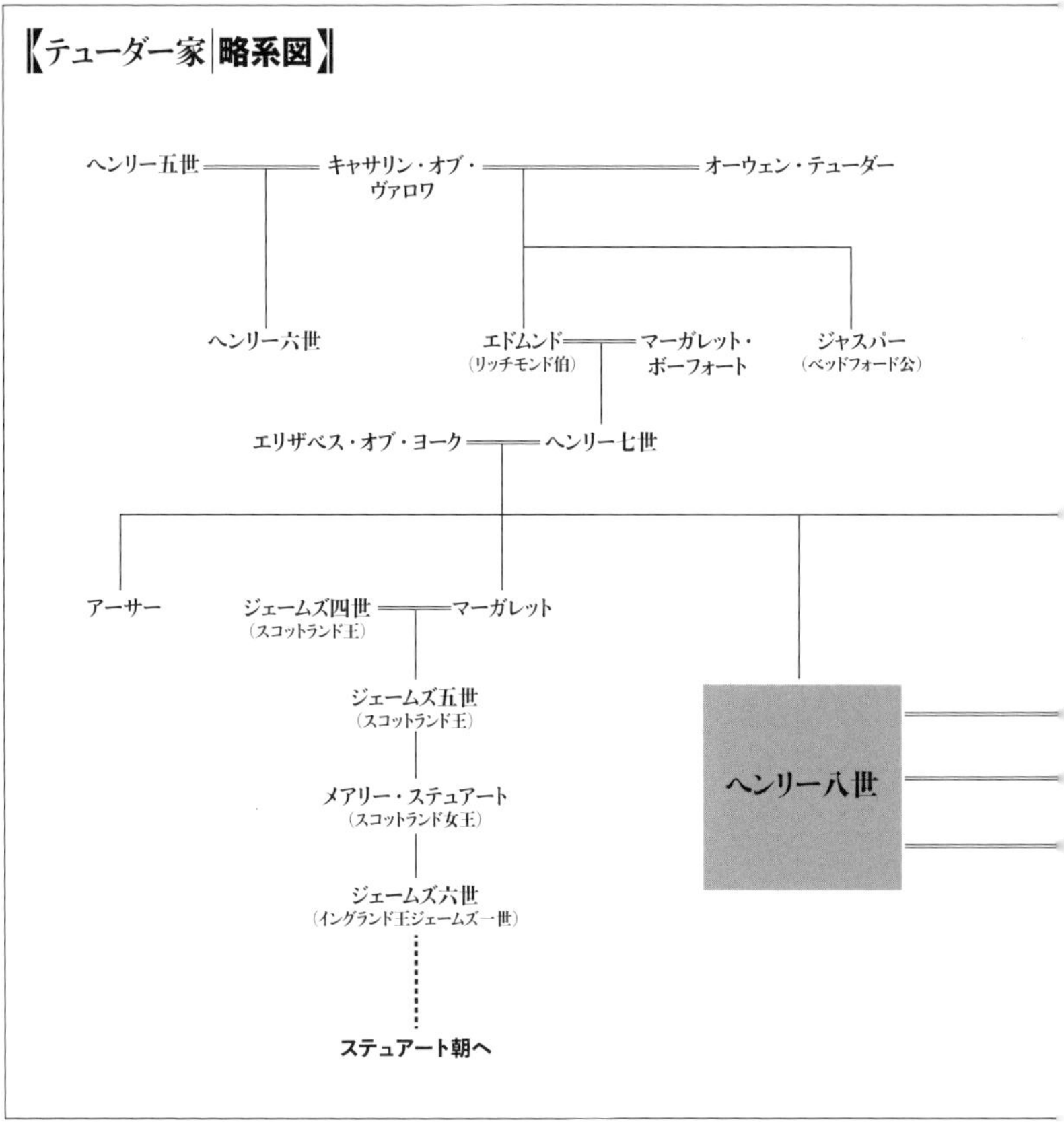
【テューダー家 略系図】
ヘンリー五世
キャサリン・オブ・ヴァロワ
オーウェン・テューダー
ヘンリー六世
エドムンド（リッチモンド伯）
マーガレット・ボーフォート
ジャスパー（ベッドフォード公）
エリザベス・オブ・ヨーク
ヘンリー七世
アーサー
ジェームズ四世（スコットランド王）
マーガレット
ジェームズ五世（スコットランド王）
メアリー・ステュアート（スコットランド女王）
ジェームズ六世（イングランド王ジェームズ一世）
ステュアート朝へ
ヘンリー八世

【ヘンリー八世時代の西ヨーロッパ】

①ダブリン
②エディンバラ
③ベリック
④ダラム
⑤ヨーク
⑥リンカーン
⑦ノリッジ
⑧ロンドン
⑨ドーヴァー
⑩サウサンプトン
⑪ワイト島
⑫カレー
⑬ブローニュ
⑭モントルイユ
⑮ルーアン
⑯パリ
⑰カンブレー
⑱オルレアン
⑲ボルドー
⑳バイヨンヌ
㉑フエンテラビーア
㉒サン・セバスティアン
㉓アヴィニョン
㉔マルセイユ
㉕ニース
㉖リューベック
㉗フランクフルト
㉘チューリヒ
㉙パヴィア
㉚ブルージュ
㉛トゥルネー
㉜デュッセルドルフ
㉝メヘレン

A カレー
B ギネ
C 金襴の陣
D アルドル
E ブローニュ
F エターブル
G テルアンヌ
H ブルージュ

※ J.J.Scarisbrick 著“Henry VIII”所収の付録 2 をもとに著者作成

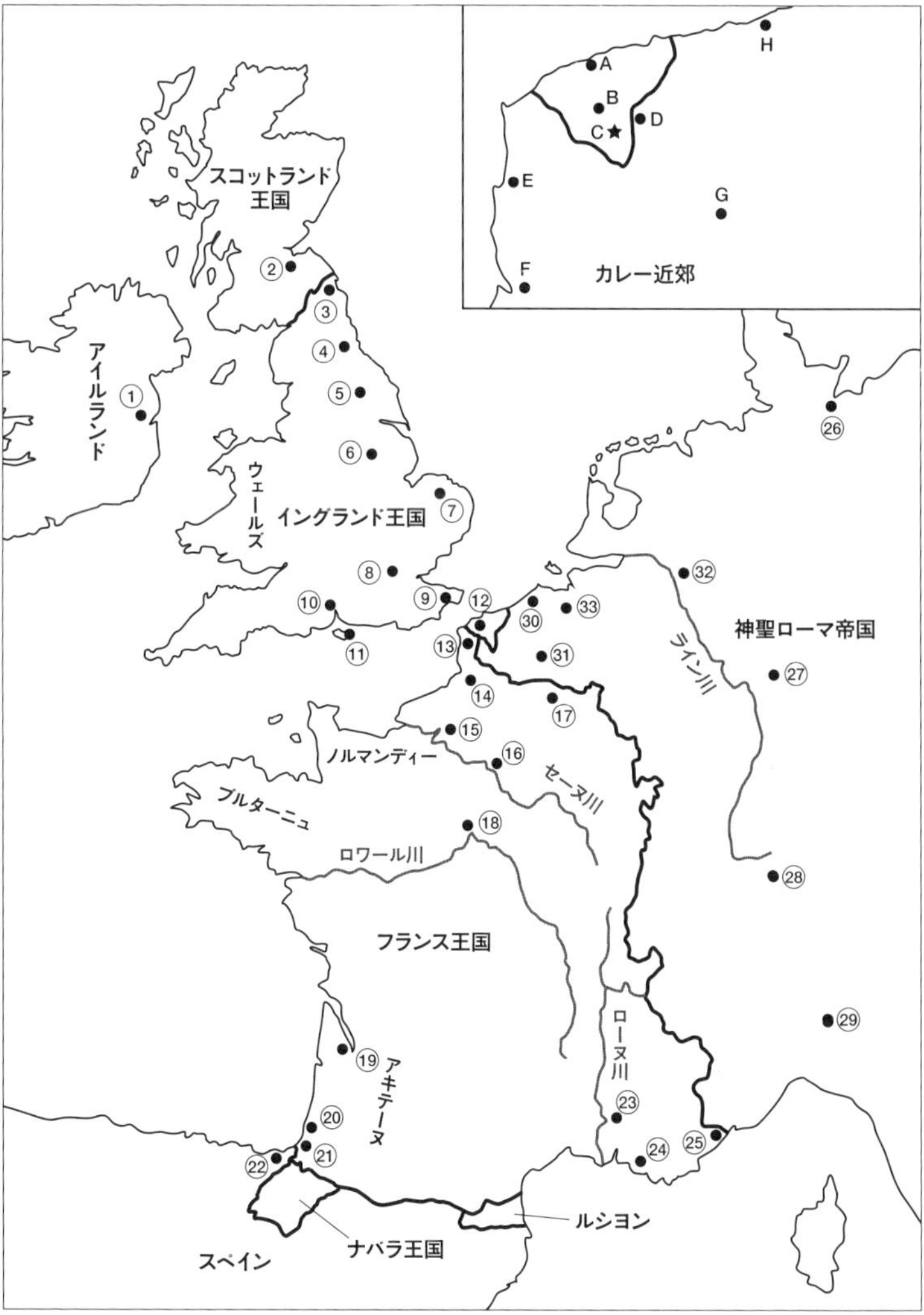

スコットランド王国
アイルランド
ウェールズ
イングランド王国
神聖ローマ帝国
ライン川
ノルマンディー
セーヌ川
ブルターニュ
ロワール川
フランス王国
ローヌ川
アキテーヌ
スペイン
ナバラ王国
ルシヨン
カレー近郊
A
B
C
D
E
F
G
H

世継ぎと控え

ヘンリー・テューダー、後のイングランド王ヘンリー八世は、一四九一年六月二十八日火曜日、グリニッジ宮殿で誕生した。ロンドンの中心部から五マイル（約八キロ）ほど離れ、テムズ川の南岸に佇むこの離宮は、生母エリザベス王妃のお気に入りの宮殿だった。ヘンリー七世夫妻にとっては三番目の子、待望の二人目の王子誕生である。嬰児は間もなく宮殿に隣接するフランシスコ会修道院の付属教会で、エクセター司教にして父王の顧問官でもあったリチャード・フォックスの手で洗礼を授けられ、ヘンリーと名付けられた。

ヘンリー八世の少年期を語る上で決定的な要素は、彼が二番目の王子であったという点である。中世以来、イングランドでは王位継承を盤石なものとするため、国王は「世継ぎと控え」(heir and spare) を儲けなければならないとされていた。第二王子であるヘンリーは、テューダー家の王位継承においては「控え」である。「世継ぎ」の長子に万一の事態があれば王位を継ぐ身となるため、もちろん重要な立場ではあるのだが、その地位や処遇は「世継ぎ」とは自ずと異なるものであった。

兄アーサー王太子

ヘンリーには二人の兄姉がいた。五歳年上のアーサー王子と、二歳上のマーガレット王女である。後にヘンリー本人や、その娘メアリー、エリザベス両女王を生涯悩ませることになるのだが、テューダー王朝には直系の継承者不足という問題が終始つきまとった。しかし、ヘンリー七世夫妻は結婚六年目にして早くも「世継ぎと控え」を儲け、外交上の重要な手駒となる王女までも手にしていた。継承者問題に関していえば、出足は至って順調だったのである。

特にアーサー王子の誕生は、尋常ならざる幸運の賜物としか言いようがなかった。王妃エリザベスは結婚後直ちに懐妊し、挙式から八ヵ月の後に男児を産み落としたのである。エリザベスの父で、王妃エリザベス・ウッドヴィルとの間に十人もの子女に恵まれたエドワード四世でさえ、世継ぎを得るまでに六年かかっていることを思えば、実に幸先の良い出だしだった。

王子誕生の地に選ばれ、身重の王妃が送り出されたのは、ロンドンから六十マイル（約九十六キロ）離れた古都ウィンチェスターだった。円卓の騎士で名高いキャメロット城があったとされるこの町は、アーサー王伝説のロマンに満ちた土地であった。国王が古のブリトン人の英雄伝説にこだわったのには理由がある。ウェールズ出身のテューダー家は、母系を遡るとアーサー王の子孫カドワラダーの裔《すえ》と称していた。そうした出自のヘンリー七世にとって、生まれてくるわが子を伝説的英雄と結びつけることは、王権を正統化するための有効なプロパガンダとなり得るのだった。古代ブリトンの黄金期を現出したアーサーが再臨し、テューダー王家が第二の黄金時代をもたらすのだ。

しかし、わざわざ王妃を送り込み、生まれてくるのが女児であったら、王家の面目は丸つぶれである。要するに新王朝の総力を挙げて演出されたこの出産は、大いなる賭けであった。そして、ヘンリー七世はこの賭けに見事成功するのである。

一四八六年九月二十日未明、一ヵ月の早産ではあったが男児が誕生。四日後、ウィンチェスター大聖堂で盛大な洗礼式が挙行された。代父はイングランド屈指の名門出身で、即位前から国王を支え続けてきたオックスフォード伯、代母は王妃の母で、エドワード四世未亡人エリザベス・ウッドヴィルが務め、嬰児はもちろんアーサーと名付けられた。王朝の威信を懸けて営まれたこの洗礼式と比べれば、五年後ヘンリー王子が主役となったグリニッジでの洗礼式は、人々の記憶にほとんど留まることもない簡素で家族的なものであった。

対照的な境遇

兄アーサーは、幼いヘンリー王子にとって縁遠い存在となっていく。王位を継ぐ身のアーサーは、年端も行かぬ時分から政治の表舞台に立たされることになり、わずか六歳でウェールズ国境に近いラドロー城へ送り込まれた。そこで形ばかりとはいえ統治評議会の主宰者となり、辺境統治の実務を学ぶことが期待されたのである。正統性の演出に腐心していたヘンリー七世は、子息の処遇に関しては、過去の正統な国王――王妃の父エドワード四世の先例に倣うのが最善と考えていたらしい。エドワード四世の長子で、ロンドン塔で行方不明になったエドワード五世も、王子時代はラドローで修養の日々を送っていたから、アー

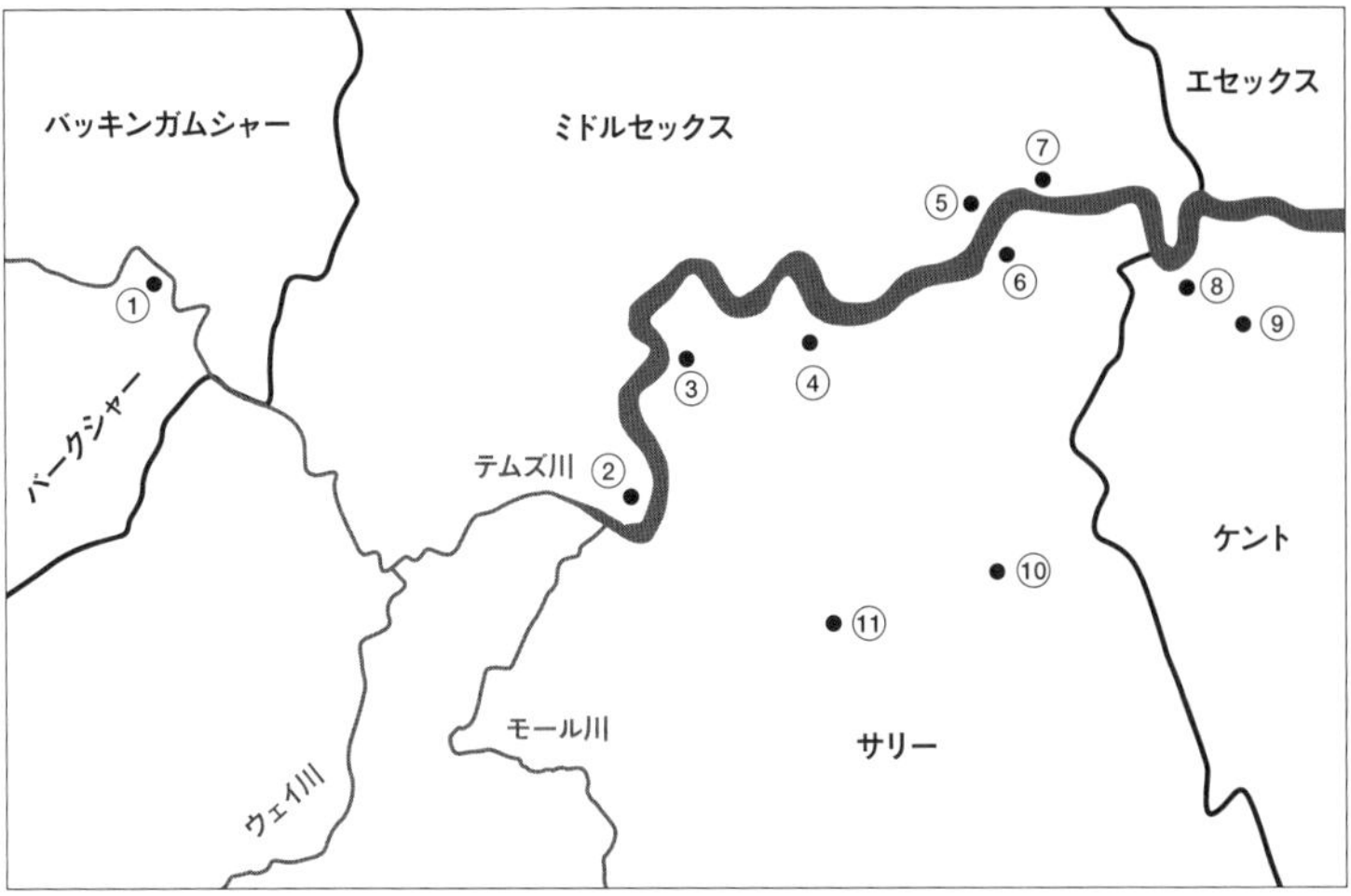

【ロンドン近郊】

① ウインザー	⑦ ロンドン
② ハンプトン・コート宮殿	⑧ グリニッジ
③ リッチモンド	⑨ エルタム
④ パトニー	⑩ クロイドン
⑤ ウェストミンスター	⑪ ノンサッチ宮殿
⑥ ランベス	

※ D. MacCulloch 著“Thomas Cromwell”中の図をもとに著者作成

サーに対する処遇はこれに範をとった形であった。先例踏襲は徹底しており、エドワード五世をラドローで支えた顧問官たちの多く、そして侍医までもが、そのままアーサー王子に附けられることになった。こうして、アーサーはロンドンから遠く離れた地で王位後継者の道を歩み始め、兄弟は祝祭の日など限られた場面で顔を合わせるだけの関係となっていったのである。

ヘンリー王子が幼少期を過ごしたのは、ロンドンの南東、生誕の地グリニッジ宮殿にも近いエルタム宮殿だった。ここはヘンリー王子の祖父エドワード四世のお気に入りの離宮で、今日もなお訪れる者の目を奪う宏壮な大広間は、エドワード王自身が築かせたものである。幼少のヘンリー王子は、このヨーク家ゆかりの宮殿で、今は亡き祖父の息遣いを感じながら日々を過ごしたのであろう。

◉図5——アーサー王太子

顧問官たちに囲まれ、政治修養を重ねるアーサー王子の生活を「男性的」と呼ぶとすれば、エルタム宮殿でのヘンリー王子のそれは至って「女性的」だった。王子の傅育の責任者に任命された母后の侍女エリザベス・デントンを筆頭に、女たちにかしずかれ、姉のマーガレットや五歳下の妹メアリーと遊び興じた（ヘンリー七歳の頃、弟エドムンドが生まれるも、わずか一歳で夭折している）。

デントンは愛情深く王子に接し、王子もまた彼女にはよく懐いていたようで、後に王位に即いてからは、ヘンリーは莫大な下賜品を贈ってかつての女官長の労をねぎらっている。

正真正銘のヨーク公

エルタムで穏やかな日々を送るヘンリー王子だったが、父ヘンリー七世はヨーク家残党の新たな陰謀に直面していた。陰謀者たちの切り札は、パーキン・ウォーベックという名のフランドル出身の美青年だった。船乗りたちに交じってアイルランドの港町を徘徊していたウォーベックを目にした陰謀者たちは、この眉目秀麗な青年をヨーク家ゆかりの人物――エドワード四世の次男で、ロンドン塔で既に暗殺されたと思われていたヨーク公リチャード――に成りすますよう仕向けたのである。担ぐべき神輿《みこし》を得た陰謀者たちは、はじめフランス、次にブルゴーニュの支援を受けてイングランド侵攻の機を窺った。

替え玉のヨーク公を奉じる陰謀者に立ち向かうため、ヘンリー七世が選んだのは、息子のヘンリー王子を正真正銘のヨーク公に叙爵することだった。一四九四年秋、三歳になっていたヘンリー王子は、ウェストミンスター宮殿で騎士に叙任され、続いてヨーク公爵位を授けられた。叙任の場へ向かう王子は、しっかり鐙《あぶみ》を踏みしめ馬を乗りこなし、観衆を大いに驚かせたという。後年、馬上槍試合で発揮される卓越した騎手の素養は、すでに片鱗を覗かせていたのである。

こうしてテューダー家が事の筋目をただしてみせても、それで手を引く陰謀者たちではなかった。翌年には、ヘンリー七世の母レディ・マーガレット・ボーフォートの再嫁先ダービー伯の弟で、王室家政を司るサー・ウィリアム・スタンレーの内通が明らかになり、国王は宮廷の統制を厳格化するとともに、臣下への猜疑心を一層強めていく。

一方のウォーベックは、イングランドの旧敵スコットランドの宮廷に迎えられ、北から国王を脅かそうと画策する。イングランド宮廷は侵略者を迎え撃とうと、北へ大軍を派遣するが、この判断が国王を即位後最大の危機へ、そして息子のヘンリー王子をも危地へと追い込むことになる。遠征軍を派遣するための大規模な徴税が行われたが、とりわけイングランド最西部コーンウォールに課せられた負担は重かった。住民たちは、遥か北方のスコットランド遠征のために重税を押し付けられるいわれはないと不満を募らせる。怒りに燃えた彼らはやがて暴徒と化し、たちまち何千という数に膨らむや、首都ロンドンの鼻先まで押し寄せたのである。

この事態に国王夫妻は各々にふさわしい手段で立ち向かう。国王は軍を率いてロンドン南東に展開する反乱軍と対峙し、王妃は息子ヘンリー王子らを連れ、堅牢な要塞でもあったロンドン塔へ退避したのである。そうして国王軍の主力が北方から呼び戻されると、反乱軍は浮き足立ち、内部分裂の末に打ち負かされた。ロンドン塔滞在は一週間ほどであったが、王妃は心細い思いで夫の勝利を祈り続けていたことだろう。この間のヘンリー王子の動静を伝える記録は残されていない。しかし、後年、城塞や砲台に並々ならぬ関心を見せることになるヘンリーは、間近に大砲や銃眼に触れ、案外喜びはしゃいでいたのかもしれない。

その後、コーンウォールの混乱に乗じるのが得策とスコットランド王に唆されたウォーベックは、三千ほどの支持者を引き連れ、西部の都市エクセターを包囲する。しかし、国王自ら大軍を率いて接近中と知ると反乱軍はたちまち統制を失い、ウォーベック自身は修道院へ逃げ込んだものの、やがてそこからも引きずり出され、国王方の手に落ちた。王位詐称者は二年後、激しい拷問の末、タイバーンの刑場で縛り首にされ、こうしてヨーク公リチャード王子の名を騙った陰謀は、宮廷の最奥部にも深い爪痕を残しながら一応の終息をみたのである。

スペインからの花嫁

内憂を切り抜けたヘンリー七世は、積年の外交懸案に手をつける。王太子アーサーとスペイン王女カタリナ（キャサリン）との結婚である。キャサリン・オブ・アラゴンの名で知られるこのスペイン王女は、イベリア半島の大勢力アラゴン王国のフェルナンド王とカスティーリャ王国のイサベル女王――その敬虔さゆえに教皇から「カトリック両王」の称号を授けられていた――の末娘だった。縁談が持ち上がったのは、ヘンリー七世即位からわずか二年後の一四八七年である。この時、無名の亡命貴族の身から王位に即いたばかりのヘンリーは、有力国からの地位承認を望んでいた。一方のスペインも、イスラム勢力に対する国土回復運動（レコンキスタ）の最終局面を迎えながら、フランスとの領土紛争を抱えていたから、その旧敵イングランドとの同盟は渡りに船というわけだった。それから二年後の一四八九年、交渉はメディナ・デル・カンポ条約として結実するが、その柱となったのがアーサーとキャサリンの結婚であった。この時、将来の新郎はまだ二歳、新婦も三歳だった。国際情勢の変化やイングランドの政情不安もあり、条約の履行は棚上げにされていたが、ウォーベックらの陰謀が首尾よく始末されたこと、さらにはキャサリンの父フェルナンドがイタリア半島の版図をめぐりフランスとの対立を深めたこともあって、縁談もようやく前進したのである。

一五〇一年十月、新婦キャサリン一行は遂にイングランド西部の港町プリマスに上陸した。ロンドンへの途上、新婦はヘンリー七世とアーサー王子の訪問を受け、将来の夫とラテン語で初めての会話を交わした。陰謀を斥け、今、大国スペインから王太子の妃を迎える。ヘンリー七世にとって、この瞬間こそが治世の絶頂期であったかもしれない。ヘンリー七世を有頂天にさせながら、後にその息子ヘンリー八世のみならず、イングランド王国の将来をも左右することになるこの異国の王女は、一体どのような女性だったのか。

先述のとおり、スペインの「カトリック両王」の間に生まれたキャサリンは、先祖を遡るとイングランドに所縁を持つ。ランカスター家の祖ジョン・オブ・ゴーント（イングランド王エドワード三世の三男）は、カスティーリャ王国から二番目の妻を迎え、その間に生まれた娘がカスティーリャ王エンリケ三世に嫁いでいた。キャサリンはこのエンリケ三

◉図6——カトリック両王（結婚時の肖像画）

世夫妻の曾孫だったから、彼女の中にもイングランド王家（ランカスター家）の血が流れていたのである。こうした血筋のなせる業だろうか、彼女は色白で碧眼、またやや赤みがかった金髪の持ち主だったとされ、その容貌は色素の比較的濃い典型的なイベリア半島人のものとは言い難かった。その両親はいずれも生得の権の下に王国を支配する君主であったが、キャサリンはどちらかといえば母イサベルの気質を多く受け継いでいた。カスティーリャ女王イサベルはカトリックへの苛烈なまでの信仰を貫き、ひたむきで、何よりも闘うことを恐れなかった。イスラム勢力との戦いを倦むことなく指導し続け、敵の最終拠点グラナダ陥落までの三年間、願掛けのため下着を替えなかったとも伝えられる。この一途さは娘キャサリンにも引き継がれ、夫となったヘンリー八世を大いに狼狽させることになる。

さて、新婦一行はロンドン目指して遅々とした歩みを進め、およそ一月後の十一月十二日、ようやくロンドンの城門前に到着した。ウェストミンスター寺院を式場とする慣例を破り、セント・ポール大聖堂で挙行される華燭の典はもう二日後に迫っていた。テムズ川の南岸セント・ジョージズ・フィールド（現在のロンドン帝国戦争博物館所在地）でスペイン王女を出迎えたのは、ヘンリー王子が率いるイングランド貴族の一団だった。王子はこの時十歳。およそ三十年の後、イングランドの運命を大きく変えることになる二人の初めての出会いであった。互いが相手にどのような印象を抱いたか、伝える記録はない。しかし、既に新郎アーサーと言葉を交わし、今またその弟と対面したキャサリンは、兄弟が外見も性格も似ていないと感じたに違いない。兄弟そろって長身ではあったが、兄のアーサーは父ヘンリー七世、さらにはその母方のボーフォート一族の特徴を強く受け継いでいた。面長で、鷲鼻、瞼はやや腫れぼったく、性格的にもよそよそしさを感じさせた。一方、弟のヘンリーは母方のヨーク家の血が濃いらしく、顔の造形はやや平板、小ぶりの碧眼と血

◉図7——キャサリン・オブ・アラゴン（1502年頃）。
ヘンリーの妹メアリーの肖像画とする説も

色の良い小さな唇が特徴的だった。気質的にも兄よりもよほど陽気と感じられただろう。

二日後の十一月十四日日曜日、いよいよ挙式当日である。エスコート役のヘンリー王子に伴われ、ロンドン司教公邸を出発した新婦キャサリンは、スペイン流の白いサテン地のドレスに身を包み、セント・ポール大聖堂の西扉を抜け、回廊をゆっくりと進んで行った。やがて、婚儀の執り行われる円形の舞台に新郎アーサーが姿を見せ、三人が一つ所に会すると、ヘンリーは兄の手に花嫁を委ねたのだった。

三時間ばかり続いた結婚式は、トランペットの鳴り渡る中、観衆の歓呼に包まれながら幕を下ろした。もっとも、王家の祝典は長丁場である。その後も二週間にわたって、祝宴や馬上槍試合、バス騎士団叙任式などが行われた。王子時代のヘンリー八世にまつわる有名なエピソードの舞台となったのもこの一連の祝典だった。結婚式の翌日、新郎新婦も招いた祝宴で、ヘンリー王子は姉のマーガレット王女と荘重なバス・ダンスを披露した。ところが金糸織の重い衣装に苛立ったのか、突然、正装用ガウンを脱ぎ捨て、ジャケット姿でダンスを続けたのである。これは今日で言えば、上半身裸になったようなもので、甚だしいエチケット違反である。しかし、場の重々しい雰囲気を一変させるこの振る舞いに、国王夫妻はじめ皆が大喜びで、王子は満座の視線を独り占めしたのであった。後年、数々の「掟破り」を演じるヘンリー八世の「三つ子の魂」が垣間見える逸話とでも言えようか。あるいは十歳にして将来の「暴君」は、たとえルールを破ろうと、喝采を浴びる術があることを学んでしまったのかもしれない。

二つの死

昂揚感に包まれた祝典の日々も終わりを告げ、王太子夫妻は新郎の居城、ウェールズ国境地帯のラドロー城に向けて出発した。このイングランド王太子《プリンス・オブ・ウェールズ》ゆかりの地で、夫妻は新たな家政を営み、やがて新たな「世継ぎと控え」を儲け、テューダー家の将来をより盤石なものにすることが期待されていた。しかし、明けて一五〇二年四月四日深夜、グリニッジのヘンリー七世に早馬がもたらしたのは、驚くべきことにアーサー王太子の訃報であった。

王太子の命を奪ったのは、当時「汗かき病」の名で恐れられた致死性の高い流行性疾患だった。現代のインフルエンザに近く、合併症として肺炎を引き起こし、患者はおびただしい発汗を見せることからこの名で呼ばれていたのである。

訃報に接した国王は呆然としながらも、直ちに王妃を自室に呼び、悲報を告げた。王妃は動揺を押し殺し、悲しみをこらえながら、自分たちには「頼もしく、器量に優れた」ヘンリー王子がいる、それに自分たちはまだ若く、また子に恵まれることもあると語りかけ、夫を慰めたという。そうして、侍女たちを随え自室に戻るや、その場に泣き崩れたのだった。

アーサーの死は国王の家庭を見舞った悲劇であると同時に、イングランドの政体に対する痛撃でもあった。第二のアーサー王がもたらす黄金時代の夢は、王太子の死と共に潰え去ったのである。アーサーの亡骸は、王家の祖廟ウェストミンスター寺院ではなく、人目から逃れるようにイングランド中部のウスター大聖堂に葬られた。

悲劇はヘンリー王子の境遇を一変させることになった。もしキャサリンが半年にも満たぬ結婚生活の間に懐妊し、身体に宿る子が男子であったなら、その子が王位継承者となる。しかし、キャサリンは妊娠していなかった。そのため今やヘンリー王子が王位を継ぐ身となったのである。

もっとも、継承者がヘンリーただ一人というのは、王朝の存続を思えば実に心許ない話であった。悲しみの中で王妃が語ったとおり「また子に恵まれる」ことこそが、危険な綱渡りから王家を救い出すのである。そして、危地は早々に脱せられるかに思われた。アーサーの死から数ヵ月のうちに、王妃は再び身ごもったのである。

一五〇三年二月二日。ロンドン塔の産室でその時を待っていた王妃は、激しい陣痛に見舞われた。アーサー王子とヘンリー王子の出産も取り仕切った助産婦アリス・マッシーの助けを受けながら、どうにか女児が産み落とされたが、その後、王妃は高熱に襲われ、意識不明に陥ってしまう。国王はケントから名医を呼び寄せるが、王妃の容体は急速に悪化し、十一日の朝、ついに息を引き取ったのである。

一年も経たぬ間に、立て続けに王太子と王妃を喪ったヘンリー七世の心中はいかばかりであったろうか。ヨーク家の血を引くエリザベスとの結婚は、赤薔薇と白薔薇の和合という実利的な観点から行われたものではあったが、夫妻はその後の十八年の結婚生活の間に真の愛情と信頼を育んでいた。最愛の王妃を亡くした国王の喪失感は筆舌に尽くしがたいものがあった。

十一歳のヘンリー王子にとっても、母の死は途方もなく大きな痛恨事だった。ほとんど顔を合わせず、手紙のやり取りさえなかった兄アーサーの死の衝撃は、さほどに大きなものではなかったかもしれない。しかし、幼い時から傍で見守り、読み書きの手ほどきを自ら施すなど、養育に心を砕いてくれた母の死の悲しみは計り知れなかった。数年後、彼はエラスムスに宛てた手紙の中で、「忌まわしい報せ」という言葉を用いて母の訃報を振り返っている。

二月二十二日、王妃の葬列はロンドン塔を発ち、永眠の地ウェストミンスター寺院へ向かった。そこに夫ヘンリー七世の姿はなかった。国王はひとりリッチモンド宮殿の最奥部に籠もり、悲しみ悶えていたのである。王の悲しみは、この後数年に及ぶイングランド臣民の悲しみの始まりだった。ヨーク家残党が陰謀を企てる中、猜疑心に任せて臣下への統制を強めていたヘンリー七世は、この二つの死を境にいよいよ仮借ない専制君主の顔を露わにする。フランシス・ベーコンが「闇の君主」と形容し、イングランド臣民の精神を荒涼とさせた「冬の王」が誕生したのである。

人文主義との出会い

母と兄を続いて喪ったこの時期、ヘンリー王子の身辺でもう一つの変化——教育環境の一新——が起きていたから、これに話を転じよう。ヘンリー五、六歳の頃、初めて家庭教師に就いたのは詩人のジョン・スケルトンだった。このスケルトンは自ら「生臭坊主」と称する危うい魅力の持ち主ながら、イングランド初の桂冠詩人だけあって詩才抜群。さらにオックスフォード、ケンブリッジ両大学の知己を通じて王室と縁のあったことが決め手となって、王子の教師役に抜擢されたのである。

詩人であるスケルトンの役目は、まだ幼い王子の国語（英語）の能力を確かなものとし、続いて修めるべきラテン語（当時の教養語）の運用能力の土台を固めることだった。だが遅くとも一五〇三年の後半には、スケルトンは家庭教師役を退き、替わってラテン文法学者ジョン・ホルトがその任に就いた。かつてカンタベリー大司教モートンに仕えたホルトは、大司教の家政に小姓として居候していたトマス・モアと親交があった。このモア同様に人文主義を信奉し、その盟友ともいうべき存在がマウントジョイ卿ウィリアム・ブラントで、ホルト任命の裏にはこの青年貴族の存在があったとされる。マウントジョイ卿の継父オーモンド伯はエリザベス王妃の侍従長を務めており、王子の教育を差配していた王妃との縁で、卿は王子の訓育に当たっていたのである。

このマウントジョイを介して幼い日のヘンリー王子は、いわゆる人文主義の薫陶を受けることになる。一個の人間の尊厳を強調し、古代の遺産、とりわけローマ・ギリシャ、原始教会の教父らの思想の中に人間の本質を見出せるとした人文主義は、まさにルネサンス期の時代精神だった。その嚆矢は十四世紀イタリアの詩人ペトラルカとされるが、都市の富裕層の勃興や相次ぐ大学の新設、印刷術の発達などを背景に、十六世紀を迎える頃には、ヨーロッパの知的潮流として着実な発展を遂げていた。

マウントジョイの経歴で特筆すべきは、この人文主義の巨頭で、世紀の碩学とも呼ぶべきデジデリウス・エラスムスの教え子であったことであろう。留学先のパリでエラスムスに師事して古典研究に励み、帰国後はヘンリー王子の助言者として宮廷に足場を得、かつての師をイングランドに招聘する。

マウントジョイの客分となったエラスムスは、ジョン・コレット、トマス・リネカーら当時のイングランドの代表的人文主義者らと親交を深め、やがてトマス・モアとも交流を開始する。十五歳でオックスフォード大学に入学するなど早熟ぶりを発揮していたモアは、著名な法律家だった父の跡を継ぐべく、当時リンカーン法曹院に籍を置いていたが、ただの法曹では飽き足らなかったのか、宗教の研究に没頭し、ロンドン北西のカルトジア修道院に起居していた。

一四九九年秋、マウントジョイの手引きにより、このモアとエラスムスが当時八歳のヘンリー王子に謁見するという歴史的な一幕が実現する。もっとも、この会見はエラスムスにはばつの悪いものとなった。姉と妹を両脇に随え、エルタム宮殿の大広間に現れたヘンリー王子に、如才ないモアは自身の著作を献じたものの、手ぶらのエラスムスは何も差し出すことができなかったのである。しかし、数日後、悪戦苦闘の末にヘンリー七世とその子女を讃える頌歌を書き上げ面目を施した当世の大学者は、この後もヘンリー王子と文通を続け、知的交流を保つことになる。

後年、ルネサンス君主の一人として数えられることにもなるヘンリーだが、その評価の一因となっているのが彼の多才ぶりである。ルネサンス期の人間観は、あらゆる事物に関心を抱き、広く能力を発揮する「万能人」を理想とした。ラテン語を流暢に操るばかりか、フランス語、イタリア語、スペイン語にも通じ、神学についてはひとかどの学者を自任するほどの見識を有する。さらには、優れた騎手にして馬上槍試合の達人。そんなヘンリーの多芸を語る上で忘れてはならないのが楽才である。

楽才に恵まれ、音楽をこよなく愛したヘンリーが即位すると、式典から余興に至るまで、宮廷のあらゆる場面が音楽で演出された。そこで奏でられたであろう楽曲は、「ヘンリー八世写本」として今日に伝わるが、この写本に収まる百九曲のうち、なんと三十三曲がヘンリー自身の手になるのである。もっとも、そのいくつかは大陸の作曲家の作品の焼き直しに過ぎないのだが、もちろんオリジナルの作品も存在し、中でも後述する《良き仲間との気晴らし》は今日でも歌い継がれている佳作である。

ヘンリーの才能は作曲だけにとどまらず、演奏家としての実力も折り紙付きだったらしい。フランス人教師ジャイルズ・デューズから指導を受けたリュート演奏は、相当に高度なレベルに達し、そのほかリコーダー、ハープ、バージナルなど多彩な楽器をこなすほどであった。また、なかなかの美声の持ち主で、廷臣たちと合唱するのを好んだとされる。

◉図8——「ヘンリー八世写本」より。Pastime with Good Company《良き仲間との気晴らし》(British Library 蔵)

婚約と破談

兄アーサーの死から約二年後の一五〇四年二月二十三日、ヘンリー王子は正式に王太子に立てられた。アーサーが子をなさずに世を去った以上、ヘンリーが王位後継者となることは誰の目にも明らかで、立太子の意義はあくまで形式的なものであった。しかし、数ヵ月後、ヘンリーの生活は実質的にも一変する。エルタムを離れ、父王が宮廷を構えるグリニッジ宮殿に移り、父の膝下で生活を営むことになったのである。新たな王太子への教育方針は、亡き前任者に対するものとは全く異なっていた。アーサーが遥かウェールズ国境地帯へ送られ、実地に経験を重ねる中で帝王学を修めることを期待されたのに対し、ヘンリー王子は父の傍に影法師のように控え、模倣によって学びを得ることになったのである。もっとも、アーサー王子に関しては、親許を遠く離れ、羽を伸ばし過ぎたのか「王子らしからぬ不品行」も報告されていたというから、父王としては手許に置いておくのが賢明と判断したのかもしれない。

アーサーとの対比でさらに対照的だったのは、結婚への父の態度であった。アーサーのためにキャサリンを妃に迎えたとき、大国スペインとの同盟を望んでいたヘンリー七世の姿勢は、概して前のめりと言ってよかった。しかし、王太子未亡人となったキャサリンをヘンリー王子の許に嫁がせることが決まると、ヘンリー七世は権謀家の本領を発揮し、縁談は紆余曲折を経ることになる。

出だしはまずは順調であった。エリザベス王妃を喪っていたヘンリー七世は、はじめキャサリンを自身の妃に迎えようと考え、スペイン側に打診する。だが、この提案はキャサリンの母イサベル女王に「とてつもなく邪悪なこと」と一蹴され、新郎を十一歳のヘンリー王子に切り替えて交渉が進められた。そうして一五〇三年六月には交渉は妥結し、婚約の儀も早々に執り行われたのである。

法的な問題も順調に解決をみた。キャサリンには既にアーサーとの結婚歴があるため、ヘンリーとの再婚は近親婚に当たり、教皇の特赦が必要であった。しかし、長きにわたる教皇庁との交渉の末、一五〇四年夏には教皇ユリウス二世が特赦状を発し、二人の結婚の障壁は取り除かれたのである。

こうしてお膳立てされたヘンリー王子の縁談は、この年の十一月にキャサリンの母イサベル女王が急死したことで、にわかに暗雲が立ち込める。キャサリンの両親の結婚によってアラゴン王国とカスティーリャ＝レオン王国の同君連合が成立していたが、この連合の主導権は国力において勝るカスティーリャ側にあった。そして、イサベル女王の死によってその王冠を受け継ぐのは、夫のフェルナンドではなく、二人の長女ファナであり、その背後では、ファナの夫でハプスブルク家出身のフィリップ大公が虎視眈々とその地位を窺っていた。つまり、キャサリンはもはや強大な「カトリック両王」の娘ではなく、アラゴン王の娘に過ぎないのだった。

計算高いヘンリー七世が、「商品価値」の下がったこの縁談に冷淡になったのは当然の帰結であったかもしれない。また、経済的利得を重んじる彼にとって、フェルナンドが持参金を一向に支払おうとしないのも許容しがたいことであった。結婚適齢期を迎えた才覚ある王子というのは、当時にあっては外交上の切り札でもある。ヘンリー王子をキャサリン一人に縛り付けてしまうのは、父のヘンリー七世にとっては今や愚策としか思われなかったのである。

事件は一五〇五年六月二十七日、ヘンリー王子の十四歳の誕生日の前日に起こった。当時の教会法の規定は、成熟期（男子の場合十四歳）を迎える前であれば、本人の意思で婚約を解消できるとしていた。そしてこの日、ヘンリー王子はリッチモンド宮殿の一室で、ウィンチェスター司教リチャード・フォックスらを前に、キャサリンとの婚約は無効であり、承認はしないと宣言したのである。後年、ヘンリーとキャサリンの離婚問題が浮上した際、二人のなれそめの生き証人である老フォックスは、法律家たちから尋問を受けることになった。そしてその際、彼の脳裡をよぎったのは、寄寓先のダラム司教公邸の一室で婚約無効の声明を聞き、悲しみのうちに顔を曇らせた哀れなキャサリンの姿だった。この仕打ちがヘンリー王子の意思ではなく、父ヘンリー七世の政治判断によるものだったことは明白であった。こうしてヘンリー王子の縁談は、本人の成年を目前にして破談にされてしまったのである。

ところで、この縁組交渉において、イングランド、スペイン両者が主張を異にし、争点化したのがキャサリンの処女性であった。つまり、アーサーとの先の結婚において、夫婦間に性的交渉があったか否かという問題である。教会法の規定によれば、両性の結婚は性交によって「完成する」とされており、完成していない結婚は無効となり得る。

もちろん、房中の出来事だけに真相は藪の中である。初夜の翌朝、アーサー王子は従者に向かって「エールを一杯持ってきてくれ。昨晩はスペインの真ん中を覗いて来たのだから」と戯言を言ったとされる。また、ヘンリーとの離婚問題が浮上した後、キャサリンはアーサーとの間に肉体関係はなかったと激しく主張することになるのだが、彼女が前夫との関係を明確に否定し始めたのは、離婚問題が表面化してからのことだった。こうした事実は、二人の間に性的関係があったことを示す状況証拠にはなり得るだろう。しかし、「キャサリンは処女に非ず」と断じるに足る証拠かといえば、そこまでの決定力は欠いているのである。

かように真相は摑みがたいのだが、ヘンリーとキャサリンの縁組に当たって教皇ユリウス二世が発した特赦状は、はじめ「キャサリンとアーサーの結婚は床入りによって完成した」と説いていた。この前提に立てば、スペインがイングランドに負う莫大な持参金の支払い義務は、結婚の「完成」とともに確定してしまう。これにはスペイン側は大いに不満であった。そこで「カトリック両王」を宥《なだ》めるため教皇が選んだのは、キャサリンとアーサーの結婚は「性交により完成されたかもしれない」と特赦状に修正を加えることだった。イングランド、スペイン両当事者は、この曖昧な修文に各々都合の良い解釈を加えて矛を収めるのだが、四半世紀の後、教皇庁の玉虫色の裁定は大きな議論を呼び起こすことになる。

騎士道の華フィリップ大公――ヘンリーのロールモデル

アラゴン王フェルナンドと距離を置く一方、ヘンリー七世が新たな同盟先として目を付けたのが、ほかならぬフェルナンドの義理の息子で、ネーデルラントを支配するハプスブルク家のフィリップだった。父マクシミリアンは神聖ローマ皇帝、母はヴァロア＝ブルゴーニュ公国最後の君主マリーという欧州屈指の血筋を誇り、妻はスペインの「カトリック両王」の長女で、イサベル女王の死によりカスティーリャ王国の女王となったファナであった。「美公」あるいは「端麗公」という渾名が示すとおり、美男子ぶりは群を抜いており、馬上槍試合を得意とする、まさに騎士道の精華というべき存在だった。反面、その優れた容姿のなせる業か、女性関係の乱脈ぶりが目立ち、妻のファナとは極めて不仲であった。

◉図9――フィリップ端麗公

ヘンリー七世がフィリップ大公へ接近した背景には、ヨーク家の血を引くある亡命貴族の存在があった。その亡命者――サフォーク伯エドムンド・ド・ラ・ポールは、一四八七年のストークの戦いでヘンリーに弓を引いたリンカーン伯の弟で、その母はエドワード四世の姉である。兄同様、我こそはヨーク家の正嫡と考え、ヘンリーを蔑んでいたサフォークの腹の底は猜疑心の強い国王に見透かされ、国王は不遜な伯爵への監視と圧力を強めていった。そうして一五〇一年夏、折しもキャサリンが婚儀のためイングランドへの旅の準備を進めていた頃、サフォークは密かに国を離れ、神聖ローマ皇帝マクシミリアンの宮廷に亡命したのである。

大陸に逃れたサフォークは、時にイングランドを牽制しようとする外国の君主たちの手駒となり、時に自ら陰謀を練り上げ、常にヘンリー七世の警戒の対象となっていた。君侯の宮廷や城塞を転々としていたサフォークの身柄は、一五〇五年夏以降はフィリップ大公が手中にしていた。ヘンリーは陰に陽にフィリップに働きかけ、「謀反人」の引き渡しを求めたが、大公の方でも貴重な取引材料を簡単に手放そうとはせず、交渉は平行線をたどっていた。

事態が急転したのは一五〇六年一月である。ファナの夫として「カスティーリャ王」を自称していたフィリップは、「領国」を訪問して、自らの支配権を確固たるものにしようと海路カスティーリャを目指していた。ところが英仏海峡で吹き荒れた冬の嵐は、イングランド南部の沖合を航行中のフィリップの船団を直撃し、大公はイングランド南西部ドーセットに漂着したのである。

仇敵サフォークの生殺与奪の権を握るフィリップ大公は、今やヘンリーの最上級の賓客であり囚人でもあった。ウィンザー城に迎えられた大公は贅を尽くした歓待を受ける一方、ヘンリーとの取引に応じざるを得なかった。三ヵ月に及ぶ交渉はウィンザー条約として結実し、イングランドはカスティーリャの王冠に野心を抱く大公に軍事援助する一方、フィリップもイングランドへの支援義務を負うとともに、ヘンリーの逆臣に手を差し伸べることは禁じられた。間もなくサフォーク伯はフィリップの命でカレーへ連行され、イングランド側に引き渡された。再び祖国の地を踏んだ伯は、ロンドン市内を引き回された末、ロンドン塔に収監され、その後生きて外に出ることはなかった。

フィリップ大公の予期せぬ訪れは、多感な時期を迎えつつあったヘンリー王子にも多大な影響を及ぼした。それまでの彼にとって倣うべき君主といえば、父ヘンリー七世をおいてほかなかった。しかし今、王子の眼前に、父とは全く異なる――二十七歳と年若く、華やかで、ヨーロッパ第一の騎士ともてはやされる貴公子が突如として現れたのである。

ハプスブルク家の継嗣を迎えての国際舞台は、ヘンリー王子の外交デビューの場となった。アーサー王伝説が息づくウィンチェスター城での歓迎の宴、大公へのガーター勲章授与式に立ち会い、答礼として大公から金羊毛勲章と友愛の証しの口づけを受けた。また、協定締結後に行われたフィリップとの「首脳会談」にも国王は王子を同席させ、ハプスブルク家とテューダー家の不朽の友情の重要性を滔々と説いて聞かせた。

もっとも、父から言われずともヘンリー王子は大公に強い憧れと親近感を抱いていたらしい。「中背で美男子、体格は頑健。才能に恵まれ、寛大で紳士的である」とは、滞在中のフィリップ大公をその目で見ていた史家ポリドール・ヴァージルの大公評である。「中背」

というくだりを除けば、当時のヘンリー王子もこのように評価されていたから、この騎士道の華は、ヘンリーにとってはまさに絶好のロールモデルと思われたことであろう。

大公へ宛てられた一五〇六年四月九日付の手紙は、現存するヘンリーの親筆としては最も古いものである。帰国の途に就いてまだひと月ほどの大公に、今後も文通を続けて欲しいと乞うこの手紙からは、憧れの相手を慕う少年らしい率直さが滲み出ている。この後、無事カスティーリャ入りを果たした大公は、わずか半年後に急逝してしまう。しかし、ヘンリーはこの後二十年を経ても、フィリップとの思い出を懐かしそうに近臣に語り聞かせたという。この頃には王妃キャサリンへの愛情もすっかり冷めてしまったヘンリーは、妻ファナ(キャサリンの実姉)に冷淡この上なかったフィリップと自分を、重ね合わせていたのだろうか。

冬の終わり

三月《みつき》の逗留のうちに、フィリップ大公は少年ヘンリーの心に大きな足跡を残したが、その最たるものが武芸、とりわけ馬上槍試合への情熱であった。フィリップの出国直前にグリニッジで開かれた馬上槍試合。ブルゴーニュ宮廷の流行を採り入れたこの大会に登場した大公と金羊毛騎士団は、華麗なる美技と洗練された騎士道精神を惜しみなく発揮し、ヘンリー王子と満場の観衆を魅了していた。

翌年五月、恒例の国王主催の馬上槍試合大会を統覧したのはヘンリー王子だった。この年の春、持病の扁桃腺炎を悪化させていた国王は肺炎を併発し、死線を彷徨っていたのである。この五月の大会《メイ・ジャウスト》は新しい時代の到来を予感させるものだった。舞台が王子ゆかりのケニントン宮殿なら、そこで美技を競い合ったのもチャールズ・ブランドン（後のサフォーク公）、トマス・ニヴェット、サー・エドワード・ネヴィルら王子の友人たちであった。競技場のみならず狩り場や宴席でも王子の良き伴侶であった彼らは、主人の即位後はその側近団を形成することとなる。

主宰する立場に回ったこの大会でこそ自ら槍を取ることはなかったが、ヘンリー王子の若武者ぶりは宮廷内ではつとに知られていた。いったん馬上の人となれば、天性の手綱さばきを示し、観る者はその雄姿に魅了された。もっとも、今やテューダー王家の生命線である王子は、競技場では「槍的突き」という安全な種目（固定された標的に突進し、これを槍先で刺し貫く）しか許されなかった。とはいえ、既に父王の背丈を追い越し、骨太な体格のヘンリーがプレート・アーマーに身を包み、馬上で槍を揮《ふる》うさまは、病を得て痩せ衰え、宮殿の奥深くに籠もる父王の姿とは実に対照的だった。

王位継承への不安から、次第に偏執的なまでに猜疑心を強めていたヘンリー七世が、最も信頼したものは臣下の忠誠ではなく金銭であった。亡命貴族の身から傭兵の力で王位を奪った経験は、王権の安定は経済力によって得られるとの信念を王に植え付けていたが、サフォーク伯らヨーク家残党の陰謀は、この信念を禍々しい妄念へと変容させた。この結果、ヘンリー七世の治世後半に跳梁したのが、国王の意を承けて臣民各層を経済的手法で締め上げる顧問官らであった。その筆頭格エドムンド・ダドリーとリチャード・エンプソンは、誓約保証金、債務証書などあらゆる手法を駆使して財産罰を科し続けていた。もっとも、「罰」と言っても「罪」はでっち上げられたものも多く、裕福と見なされた者は大貴族から商人に至るまで、天文学的な罰金を科されていたのである。後に、王の走狗ダドリーさえもが「国王の気持ち一つで臣下を苦境に追いやった」と評したヘンリー七世の晩年は、経済的手法による恐怖政治と呼んでも過言ではなく、誰もが王の死を願うようになっていた。そして、猛き「冬の王」の最期は遠からずして訪れた。

一五〇九年冬、扁桃腺炎と結核を再発した国王の容体は急速に悪化していた。すっかり痩せ衰えた王は、復活祭当日の四月八日、地上での罪が赦されることを願いながら終油の秘跡を受けた。その後、晩年の苛政の償いに大赦令を布告し、同二十一日、リッチモンド宮殿で五十二年の生涯を閉じた。二十七時間もの間激痛に見舞われながら、最後は聴罪司祭が差し出す蠟燭を握り、間もなく旅立とうとする自らの魂の行く先を照らしながら息を引き取ったのである。

即位

国王逝去後の権力の空白が破滅すら引き起こしかねないことを、ヘンリー七世の近臣たちは痛いほど理解していた。わずか四半世紀前、エドワード四世は幼い王子たちを遺し急逝したが、その直後の政治的混乱は、いまだ彼らの脳裡に生々しく焼き付いていたのである。エドワード四世の遺児エドワード王子は、父の逝去時には十二歳、そしてヘンリー七世の唯一の王子ヘンリーも、この時弱冠十七歳であった。さらに悪いことに、寛大で開放的な性格だったエドワード四世は、多くの臣下に愛されていたが、晩年に万民を塗炭の苦しみに陥れた「冬の王」ヘンリー七世は、もはや怨嗟の的でしかなかったのである。

王の死を知った人々の暴発を抑え、さらには新王の下での主導権争いを有利に進めるため、亡き王の最側近、ウィンチェスター司教にして王璽尚書《おうじしょうしょ》のリチャード・フォックスが選んだのは、いったん王の死を秘匿することだった。

◉図10――ヘンリー八世（1509年）

王の亡骸の横たわる宮殿の最奥部に集った近臣たちは、牽制し合いながらも議を尽くし、すぐに一つの結論に達していた。それは、亡き王の腹心として恐怖政治を演出していた二人の顧問官、エンプソンとダドリーを葬り去り、前体制の負の遺産を一掃することだった。

王の死の二日後、四月二十三日はイングランドの守護聖人、聖ジョージの祝日である。この日のために宮廷に参内した貴族たちは謁見室で正餐の席に着いたが、彼らが目にしたのは上座で「王子として」給仕を受けるヘンリーの姿だった。

その日の夜、国王の名代として晩課に出席したヘンリー王子は礼拝堂内の小部屋に入り、そこでカンタベリー大司教ウォラムから一切の事実を打ち明けられた。その後、ガーター騎士団の記念晩餐会が開かれ、その場で遂にヘンリー七世崩御の報が伝えられたのである。

翌二十四日未明、密室でフォックスらが示し合わせたとおり、一斉検挙が開始された。いまだ寝静まるエンプソンとダドリーの邸は取り囲まれ、逮捕された両名はロンドン塔へ連行された。昼前には先王の死と新王の即位が布告され、新国王ヘンリー八世もまた、近衛兵を引き連れロンドン塔へ向かった。この堅牢な要塞は監獄であると同時に、歴代イングランド王の多くが、即位後はここに初めて玉座を据えるのを習わしとしていたのである。

ロンドン塔に移って間もなく、ヘンリーは大赦令を発した。法律を捻じ曲げ、嬉々として臣下から金をむしり取っていた先王との違いを際立たせるため、この大赦令は司法機能を正常に復すると力強く宣言していた。この布告を誰よりも歓迎したのが、首都ロンドンの商人たちだった。先王の時代、富裕な彼らは財務担当官らに目を付けられ、強請《ゆすり》まがいのやり口で財産を脅し取られていた。国王との関係は冷え切り、暴発寸前にまで追い込まれていたが、今、新王は彼らが「財産の没収を恐れることなく、自由かつ平穏に」商業活動を行えると高らかに謳い上げたのである。

長い冬は終わりを告げ、春が訪れようとしていた。スペイン大使フエンサリダは、新王の即位に沸き立つ人々の様子をこう伝えている。「狂喜乱舞し、ヘンリー七世のために涙を流す者はほとんどいない。まるで監獄から解放されたかのように浮き立っている」
もっとも、苛政の終わりとともに訪れた春がとこしえに続いたのか、はたまた束の間のものに過ぎなかったのか、本書を読み進めていくうちに読者は真実を知ることになるだろう。

五月九日午後、亡き国王の葬列はリッチモンド宮殿を発ち、ウェストミンスターへ向かった。スペイン大使が言うように、誰も葬列の主を悼んでいなかったのなら、威儀堂々としたこの行列は虚礼の極みと呼ぶほかなかった。二日後、葬列は埋葬の地ウェストミンスター寺院に達し、ヘンリー七世の遺骸は亡き王妃エリザベスの傍に安置された。

先王の棺に土塊がかけられ、伝令官が「気高き王ヘンリー七世は死せり！」と叫び、続いて「気高き王ヘンリー八世万歳！」と呼ばわったとき、ヘンリー八世はロンドン塔に留まっていた。伝統に従い、父王の葬儀に姿を見せなかった彼は、塔内で馬上槍試合大会を催し、数日後、遂に自身の誕生の地でもあるグリニッジ宮殿に住まいを遷した。この時ヘンリー八世、十七歳と十一ヵ月。騎士道に情熱を傾ける年若い国王を戴いて、新たな時代がいよいよ幕を開けたのである。

第一章

フランス遠征——Make England Great Again

新時代の幕明け

先王の葬儀から三週間後、新王の傅役マウントジョイ卿は、かつての師エラスムス宛の手紙を書き上げていた。この頃、イタリアに滞在していたエラスムスは貧窮し、ほとんど鬱状態に陥っていた。苦境にあえぐ師を励ますべく、マウントジョイは自身の教え子ヘンリーの即位を伝え、新時代の幕開けに「天が微笑みかけ、大地は歓喜している。全てが乳であり、蜜であり、神酒《ネクター》なのである」と、新王の即位に人々が酔いしれるさまを伝えている。亡き王との懸隔も強調されていた。「吝嗇は一掃され、物惜しみすることない」新王にとって、黄金や宝石などは、美徳や不朽の名声と比べれば取るに足らないというのである。ヘンリーがどれほど真剣に美徳を重んじていたのかはさておき、名声を渇望する彼の性向は識者の知るところとなっていたらしく、かのマキャヴェッリは「性格は苛烈、名誉や栄光に飢えている」との評を残している。

ヘンリーにとって、名誉と栄光を獲得する最短の道は、宿敵フランスを屈服させることにほかならず、やがて同名の英雄ヘンリー五世に倣って遠征に乗り出すことになるのだが、その話を始める前に、即位後早々に行われた新王の重大な決断について触れなければならない。

結婚と戴冠

ひと月前、死の床にあったヘンリー七世は、枕頭に王子を召し出し、王位に伴う重責と統治の要諦を懇々と説いて聞かせていた。その際、父王は息子の縁組にも言い及んだとされるが、後に当事者たちが語ったその内容は、大きな食い違いを見せていた。ある顧問官がスペイン大使に打ち明けたところによれば、亡き王は息子に「誰と結婚しようとそなたの自由である」と語っていたという。しかし、当のヘンリー八世は「父の遺志に従って」結婚を決めたというのであった。

ヘンリー八世の意中の人は、兄の未亡人で、一度は自身と婚約し、その後自ら破談の意思を伝えた相手、キャサリン・オブ・アラゴンであった。「父の遺志に従って」という本人の言とは裏腹に、ヘンリーは愛情ゆえに彼女を選んだ可能性が高い。後に結婚と離婚を繰り返すことを思えば、まさに皮肉と言うほかないが、ヘンリーは結婚生活というものに大きな憧れと期待を抱き、家庭人として幸福を摑むことを夢見ていたのである。十歳の少年の時分、六歳年上の兄の花嫁をセント・ポール大聖堂までエスコートしたとき、少年は王冠を約束され、可愛らしい妻を迎えた兄を羨ましく思ったに違いない。

五月上旬、先王の葬儀が営まれているその頃、スペイン大使フエンサリダはフォックスら顧問官たちから、新王の意向を打ち明けられていた。一度は破談された縁組が急転直下、再び浮上してきたことに戸惑いながら、大使は本国のフェルナンド王にこの新たな局面を急ぎ伝えたのだった。

フォックスは「鉄は熱いうちに打て」という俚諺を用いて、縁組み交渉の早期妥結をスペイン側に迫っていたが、フェルナンド王もタイミングが大事であることは重々理解していた。縁談の復活を知れば、イングランドとスペインの接近を恐れるフランスが、必ずや妨害工作を仕掛けてくるだろう。

それゆえフェルナンドの決断も速かった。かつて破談の一因ともなった持参金の速やかな支払いにも応じ、新王の縁談は驚くべき速さで調えられたのである。六月十一日、カンタベリー大司教ウォラムの立ち会いの下、グリニッジ宮殿の王妃の小部屋でひそやかに結婚式が挙げられた。後に何度も行われることになるヘンリーの結婚式だが、この時も実に簡素で、参列したのも内輪の人々のみであった。

続く同月二十四日、夏至のこの日、ウェストミンスター寺院で戴冠式が挙行された。英語では coronation（ラテン語の corona =冠に由来）、フランス語では sacre（聖別の意）と呼ばれるとおり、壮麗なる戴冠式の目的は、国王の頭上に王冠を戴かせること。そして、もっと重要とされたのが、王の額、胸、さらには掌に聖油を塗布し、神への奉仕を誓約させることであった。式で用いられる聖油は、多くの場合、聖人伝説に彩られており、その内容は聖油を受け継ぐ王家ごとに異なっていたが、ヘンリー八世の身体を聖別したのは、ランカスター家に伝わる聖ベケットの聖油であった。

十二世紀のカンタベリー大司教で、時の国王ヘンリー二世と対立して暗殺されたベケットは、死後、殉教者としてヨーロッパ中の尊崇の的となり列聖された。そのベケットが生前、聖母マリアから授かったという聖油は、黄金の鷲を象《かたど》った小瓶に収められて王家に伝わり、ヘンリー四世、ヘンリー五世と歴代ランカスター家の戴冠式で用いられてきた。伝説には続きがあり、それによれば聖母は大司教に聖油瓶を示しながら、「最初にこの聖油を塗布される者は、失われた父祖の地、すなわちノルマンディーとアキテーヌを武力で取り戻す」と告げたという。聖別された最初の王——ヘンリー四世は国内の反乱に終生忙殺されたが、その息子ヘンリー五世がフランスの王冠を半ば掌中に収めたのは既に触れたとおりである。今、戴冠の晴れ舞台で偉大な父祖の身も清めたという聖油を受け、ヘンリーはフランスへの野心を新たにしたのである。

文芸復興《ルネサンス》と形容されるこの時代、新たな思想や行動様式が生まれ、受容されていたが、ここで思い起こすべきは、ルネサンスとは何よりも古代の叡知の「再生」という一事である。進歩とは過去の「黄金時代」を鑑にして達成されるのであり、ヘンリー八世にとって黄金時代とは、百年戦争を再開し、フランスを相手に劇的な勝利を収めたヘンリー五世の時代なのだった。

即位間もないヘンリーがフランスに強い敵対心を抱いていたことを示すエピソードが残っている。ヘンリーの面前に通されたフランス王の使節は、イングランド王から送られたという友好的な親書への礼を述べ、両国間の和平と友情の永遠なることを請け合った。しかし、そんな親書など発した覚えのないヘンリーは憤慨し、「戦争どころか、朕の顔をまともに見る勇気もないフランス王に、和平を乞うことにしよう！」と皮肉たっぷりに言い放ったという。

すぐにもフランスに宣戦し、百年戦争の栄光を再現せんとするヘンリーだったが、国際情勢はそれを許さなかった。テューダー朝の歴史を語る上で忘れてはならないのが、当時のイングランドはヨーロッパの辺境に位置する二等国であったという事実である。国家という概念が未発達であった当時の実態に即して言い換えるならば、イングランドを支配するテューダー王家は二流の王家であり、一流の王家とは神聖ローマ皇帝を輩出するハプスブルク家、フランス王家であるヴァロワ家、イベリア半島を支配するトラスタマラ家などであった。それだけに、大国フランスを打ち破り、名門ヴァロワ王家から戦利品同然に王女を娶ったヘンリー五世の前世紀の武勲は、ひときわ燦然と輝いて見えたのである。

これらの諸王家をプレイヤーとする欧州の政局は、当然ながら大陸を中心に展開し、テューダー王朝が成立した十五世紀末に至ると、イタリア半島をめぐる権益が焦点と化した。そして、十六世紀に入ってもその構図はなお続き、間歇的に発生した軍事衝突は、後に「イタリア戦争」として総括されることとなる。

さて、血気盛んなヘンリーも同盟国なしで大国フランスに挑む愚は理解しており、敵を孤立させて宣戦布告する途を模索していたが、ヘンリー即位後の情勢下ではそれも困難であった。雄図を抱くイングランド王の前に立ちはだかる当時の国際情勢はどのようなものであったか。イタリア戦争の幕開けとなった十五世紀末に遡って、簡潔に説明しよう。

国際情勢――イタリア戦争

半世紀以上の長きにわたって欧州の諸王家の関心事であり続けたイタリア戦争は、フランス王シャルル八世の野心の産物である。「温厚王」の渾名とは裏腹に、夢想家で時代錯誤な一面のあったシャルルは、驚くべきことに東ローマ帝国の皇帝となることさえ夢見ていた。そんなフランス王が地中海への足掛かりに選んだのがナポリであった。フランス王家は一四八一年に断絶したアンジュー公爵家の遺産を手にしており、この公爵家に伝わるナポリの相続権を主張したのである。

時の教皇インノケンティウス八世の慫慂《しょうよう》もあり、夢想家のフランス王は遠征軍の編制に着手する。息子と違って冒険的な対外政策とは生涯無縁だったヘンリー七世が、ただ一度大陸への遠征軍を起こしたのがこの時期で、一四九二年、イングランド軍はカレーに上陸、フランス北部の要衝ブローニュを攻囲する。しかし、既に心はイタリアへ飛んでいたシャルルにしてみれば、ここでイングランドと事を構えている場合ではない。早々にエタープルでイングランドと和睦し、賠償金と年金の支払いに応じるとともに、この頃ヘンリー七世の頭痛の種となっていたパーキン・ウォーベックへの支援を打ち切ると約束したのである。

北面の憂いを取り除いたシャルルは、一四九四年一月にナポリ王フェラン（アラゴン王家出身）が世を去るや、直ちに王位を宣言する。そして、三万の大軍を率いてイタリア半島を南下し、ナポリ入城を果たす。しかし、フランスの突出を良しとせぬイタリア都市国家の雄ヴェネツィア共和国は、ローマ教皇や神聖ローマ皇帝を語らって反フランスの大同盟（ヴェネツィア同盟）を結成し、シャルルの野望を砕こうとする。四面楚歌となったフランスは一四九六年にナポリを失陥《しっかん》し、シャルルは巻き返しを図るべく再出兵の準備を進めたが、二年後の一四九八年四月、不幸にもアンボワーズ城で扉の横木に頭をぶつけて急死した。

シャルルが唐突に世を去ったことで、騒擾の種はいったん除かれたかに思われたが、次のフランス王ルイ十二世もイタリアへの野心を隠そうとしなかった。もっとも、オルレアン公爵家から王家を継いだルイは、ナポリでなくミラノ公領に狙いを定めていた。これは同公爵家がミラノ公ヴィスコンティ家の血を引くためで、ルイは一四九九年の夏に遠征軍を進発させると、早々にミラノを攻略する。フランス王の視線は、次いでナポリ王国へ向けられる。しかし、南イタリアの大半を占めるこの王国にはアラゴン王フェルナンドも強い関心を抱いており、ルイはアラゴン王に王国の分割を持ちかけ、一五〇一年七月にはフランス側の取り分とされた都市ナポリを占領する。ところが、アラゴン王はフランスに割り当てられた土地まで占領し、分割協定を反故にしてしまう。このようにヘンリー八世の義父フェルナンドには、狡猾で信義を軽んじる一面があり、後にヘンリー自身、何度も煮え湯を飲まされることになる。

イタリア半島で繰り広げられる諸勢力のパワー・ゲームは、中部ロマーニャ地方に舞台を移す。時の教皇アレクサンデル六世は、自身の息子でマキャベリズムの権化として悪名高いチェーザレ・ボルジアに教皇軍の指揮を委ね、イタリア中部への影響力を強めていた。しかし、一五〇三年八月にアレクサンデルが急死し、ボルジア家を憎むユリウス二世が教皇位に即くと、チェーザレの勢力は後退し、ロマーニャ地方の諸都市はヴェネツィアへ接近する。この結果、ロマーニャ地方の大半がヴェネツィアの勢力下に置かれることになり、これに脅威を感じた教皇は一五〇八年、フランス王ルイ十二世、アラゴン王フェルナンド、さらに神聖ローマ皇帝マクシミリアンを糾合し、反ヴェネツィアの「カンブレー同盟」を結成したのである。

開戦

こうして教皇、皇帝以下キリスト教世界の主要勢力が、屈指の経済力を誇るとはいえ、一都市国家に過ぎないヴェネツィアの覆滅に足並みを揃えるという、世にも奇妙な事態に立ち至るが、こうなってはフランス遠征のために同盟国を欲していたヘンリーも手の施しようがなかった。ヘンリー自身は四面楚歌のヴェネツィアには同情的で、教皇庁や皇帝に仲介を申し出る一方、義父フェルナンドと皇帝、そしてヴェネツィアを当事者とする反フランスの密約成立を模索していた。

カンブレー同盟の中心勢力フランスは、一五〇九年四月に宣戦すると、たちまちヴェネツィア軍を打ち負かし、その強大な軍事力で北イタリアを席巻した。これを看過できなかったのが、「戦争屋」と渾名される好戦的な教皇ユリウスである。イタリア半島からフランス勢力を放逐すべく、今度は反フランスの同盟「神聖同盟」の結成へと動き始めたのである。

これはヘンリーには渡りに船と言うべきだった。アラゴン王、神聖ローマ皇帝、ヴェネツィア共和国が同調したこの大同盟に、当然のことイングランド王ヘンリーも賛意を示し、戦機の到来を窺ったのである（この時、教皇からは友誼《ゆうぎ》の印として、黄金製の薔薇とパルメザンチーズ百個が贈られている）。

一転して守勢に回ることになったフランス王だが、その姿勢は敢然としたものだった。フランス人枢機卿らに働きかけて公会議を召集させ、その場で教皇ユリウスを退位に追い込もうと画策したのである。この企ては教皇側の抵抗に遭って実現しなかったものの、自国の利益のためなら教皇への遠慮など無用という姿勢は明確であった。後にヘンリー八世は自身の離婚問題をめぐって教皇庁と激しいさや当てを演じることになるが、これとて彼の専売特許ではなかったのである。

ローマ教皇庁の敵フランス王に憤慨してみせるヘンリーは「教皇の忠実な息子」を自任し、来るべきフランスとの戦いを聖戦と考えていた。十六世紀初頭にあっても、私益のための戦争は否定され、正しきキリストの教えの護持といった大義名分が求められていた。折しも一五一一年の元日に、王妃キャサリンが待望の男子ヘンリー王子を出産すると、ヘンリー八世は壮麗な馬上槍試合大会を開催してこれを祝し、聖戦を神が嘉《よみ》していることを確信したが、悲しいかな、王子はわずか七週間後に世を去った。

●図11――馬上槍試合に臨むヘンリー八世（1511年、College of Arms蔵）

一五一一年十月、神聖同盟が正式に結成され、イングランドはスペインと共同してフランス南西部アキテーヌ地方を攻略することとなった。ここはヘンリーの母方プランタジネット王家ゆかりの地であり、一四五三年にその首邑《しゅゆう》ボルドーが陥落したことで、百年戦争は終焉を迎えたのである。この地の奪還に成功すれば、ヘンリーは父祖の汚名を雪《すす》ぐばかりか、英雄ヘンリー五世に比肩することになるのである。

野心に燃えるヘンリーは、この年の冬は遠征準備の総仕上げに注力し、明けて一五一二年の四月、いよいよ正式にフランスへの宣戦が布告された。

最初の蹉跌

六月に入ると、ドーセット侯トマス・グレイ率いる一万二千の将兵が、サウサンプトンから海路アキテーヌ攻略の途に就いた。ビスケー湾に面するスペインの町サン・セバスティアンに上陸したイングランド軍は、フランス国境の要衝フエンテラビーアへ進み、ここでフェルナンドのスペイン軍と合流してアキテーヌへ進攻する手筈であった。

しかし、この国境の町でイングランド将兵を待ち受けていたのは、不実極まる同盟者だった。この地でスペイン側から提供を受ける約束だった弾薬と軍馬はどこにもなく、ドーセット侯がアキテーヌの要地バイヨンヌの攻略を持ちかけても、スペイン人は首を縦に振らなかった。

何のことはない、フェルナンドは初めから義息ヘンリーに協力する気などなかったのである。彼の真の狙いは、ピレネー山脈の小王国ナバラの占領であり、アキテーヌ進攻などは、そのカムフラージュに過ぎなかった。そうして、あべこべにイングランド側にナバラ攻略作戦への参加を提案する始末だった。

当然のようにドーセット侯はこれを拒否し、スペイン軍は単独でナバラへ攻め込み、瞬く間に山間《やまあい》の小王国を蹂躙した。そして、この申し分のない戦果に満足したフェルナンドは、急速に戦争への興味を失っていったのである。

一方、約束の支援も得られず、フエンテラビーアに取り残される形になったイングランド軍は、たちまち戦意を喪失していった。兵舎となるテントも不足する中、豪雨に見舞われ、糧食も尽きていけば、兵士たちが暴発寸前になるのは当然の帰結であった。遠征軍の現状を知ったヘンリーは書簡を発し、踏みとどまってフェルナンドの軍に合流せよと命じたが、書簡が届いた頃には、戦陣で病を得たトマス・グレイは既に帰還の途に就いていた。

イングランド軍が撤収したと知ったフェルナンドは、その原因の多くを自らが作り上げたにもかかわらず、同盟軍の「非協力」を公然と非難した。そして、こともあろうに単独でフランスと講和し、イングランドを孤立させてしまったのである。こうしてヘンリー治下の最初の遠征は、散々な結果に終わった。唯一の救いは、ヘンリー自身はロンドンに留まり、不戦敗の軍を率いる恥辱を味わわずに済んだことくらいであった。

親征

早々に苦杯を喫したヘンリーだが、フランス遠征の夢を諦めたわけではなかった。また、義父フェルナンドの不誠実さを思い知らされたものの、依然、重要な同盟者であることに変わりなかった。教皇ユリウスも今なおフランスへの敵意を露わにしていたし、何より当初は腰の引けていた皇帝マクシミリアンも、同盟に本格的に肩入れする構えを見せ始めていた。

一五一二年の暮れ、ヘンリーはスペイン大使を招き、新たなフランス侵攻計画を披露した。その概要は、まずヘンリー自ら軍を率い、前世紀の英雄ヘンリー五世と同様、ノルマンディーを攻略する。一方、スペインも（今度こそ）アキテーヌに侵攻するが、その費用の大半はイングランドが負担するというものであった。

二十一歳と年若く、純真な敬虔さを保っていたヘンリーにとって、此度の親征は単に軍事的栄光を追い求めるものであってはならなかった。教皇ユリウスの進めるサン・ピエトロ大聖堂の改築工事に、建材としてコーンウォール特産の錫《すず》を献じるほど教皇に親しんでいたヘンリーである。自ら陣頭に立つ以上、その戦いは神に祝福された聖戦でなければならなかった。

新たに鋳造した大砲を「十二使徒」と呼ばせるほど宗教的装いに腐心したヘンリーが、最上の戦利品として思い描いていたのは、フランス王の持つある称号であった。初代フランク王クローヴィス以来、教会の守護者を自任するフランス王家は、「最もキリスト教的な王」の称号を受け継いでいたが、百年戦争の勝利者となったシャルル七世の代に至ると、この称号はフランス王のみに属すると見なされるようになっていた。ところが、フランスを憎む教皇ユリウスは、ヘンリーの遠征が首尾よく進んだ暁には、フランス王家のアイデンティティともいえるこの称号をルイから取り上げ、イングランド王に与えると約束していたのである。俗界権力者の機微もよく理解していた教皇は、さらにフランス王国の支配権をも約し、自らフランスを訪れ、ヘンリーの頭上に戴冠しようと持ちかけたというが、もちろんすべては遠征の成功にかかっていた。

イタリアとスペインからは甲冑を、低地地方と神聖ローマ帝国の諸邦からは大砲を調達し、大船団と共にいよいよ出征しようとするヘンリーだったが、片づけるべき仕事が一つ残っていた。父ヘンリー七世を悩ませ続け、今はロンドン塔の獄窓に呻吟していたサフォーク伯エドムンド・ド・ラ・ポールの処分である。七年前、サフォーク伯の身柄引き渡しに応じる際、フィリップ大公は伯の命を保証するよう求め、ヘンリー七世もこれを容れていた。以降、囚人となった伯自身は王権を脅かす術を失っていたが、その弟で「白薔薇」の渾名でキリスト教世界に名を響かせていたリチャードが、この頃フランスと共闘する動きを見せていたのである。結局、これがサフォークの命取りになった。大公との約束は父ヘンリー七世だけを拘束するのだと強弁し、ヘンリーは「謀反人」エドムンド・ド・ラ・ポールを処刑してしまったのである。

留守宅を乗っ取られる憂いを解消すると、ヘンリーは王妃キャサリンを摂政に任じ、本国の統治を委ねた。そして、「海神ネプチューンも見たことのない」と謳われた大船団を率いてドーヴァーを越え、六月三十日ついにカレーの地を踏んだのである。兵員はおよそ四万、国王の脇を固めるのは、ウィルトシャー伯ヘンリー・スタフォード、エセックス伯ヘンリー・バウチャーらイングランド貴族の精華と呼ぶべき面々、さらにサー・ウィリアム・コンプトン、チャールズ・ブランドンら馬上槍試合で精彩を放つ、武芸自慢の側近たちだった。

七月二十一日、戦闘態勢を整えたヘンリーは、軍を率いてカレーの要塞を発った。敵を求めて三マイル（約五キロ）ほど進んだところで土砂降りに見舞われたイングランド軍は、そのまま最初の一夜を過ごした。この時、ヘンリーは濡れそぼった軍装を解きもせずに、野営地を視察したという。およそ百年前、アジャンクールの戦いの前夜に、ヘンリー五世が兵舎から兵舎へと自ら足を向けた故事に倣ってみせたのであろう。

翌日、イングランド軍は敵の部隊を求めつつ、当面の攻略目標テルアンヌを目指して南進した。司教座を擁するフランス北東部のこの町は、フランドルにも近いことから低地地方を治めるハプスブルク家の関心も高く、現に皇帝マクシミリアンは、まだ大公だった三十余年前、一度はこれを手中に収めていた。数日後、イングランド軍はテルアンヌの城下に達し、攻囲戦の構えを取った。

イングランド軍の包囲が完了した頃、これを見計らったように皇帝マクシミリアンが姿を見せた。盟約によれば、皇帝はその分限に見合った大兵力を動員することになっていたのだが、今、彼が伴っているのは、ほんのわずかな手勢であった。君主としては既に百戦錬磨の域に達していたマクシミリアンは、親子ほども年の離れたヘンリーに甘言を弄し、自らの部隊を光輝あるイングランドの軍旗の下で戦わせたいと申し出る。こうして皇帝から自尊心をくすぐられたヘンリーは、あっさりこれを受け容れてしまう。テルアンヌの戦略的価値を考えれば、その奪取にはマクシミリアンが多くの対価を支払うべきであった。しかし、老練な皇帝は若いイングランド王を口先で丸め込み、安上がりに戦利品を獲ようとしたのである。

包囲開始から二週間後の八月十六日、そのまま膠着するかと思われた戦況が大きく動いた。テルアンヌに籠城する同胞を救援しようと、フランスの騎兵隊が接近したのである。主力の重装騎兵が敵と交戦している隙に、救援物資を携えた軽騎兵を入城させるのがフランス側の狙いで、イングランド軍の不意を衝こうと、彼らは夜明け前に行動を開始した。しかし、その動きはイングランド側も察知済みで、町を包囲していた自軍の主力を前面に押し出し、敵の襲撃に備えていた。

イングランド軍の布陣変更に気づかぬまま現れたフランス騎兵たちは、すぐに彼我《ひが》の圧倒的な戦力差を悟った。そして、踏みとどまれという総指揮官ジャック・ド・ラ・パリスの叫びもむなしく、算を乱して潰走したのであった。慌てふためく騎兵たちが馬を飛ばす様は内外の知るところとなり、やがてこの戦闘は「拍車の戦い《バトル・オブ・ザ・スパーズ》」と呼ばれることになった。

実態としては、決戦というより小競り合いに近かった「拍車の戦い」だが、戦果だけ見れば、王族公爵、侯爵、さらにフランス海軍副長官を捕虜にするという赫々《かっかく》たるものだった。続いて八月二十四日にはテルアンヌの町が降伏し、ヘンリーはマクシミリアンと共に意気揚々と入城した。三日後、町はマクシミリアンの手に引き渡され、抗戦した罰として、教会を除くすべてが破壊された。

幸先良く勝利を収めた同盟軍の次の目標は、フランドル地方の要地トゥルネーだった。ここは二世紀前、百年戦争を開始したエドワード三世が二ヵ月にわたって包囲したものの、落とすことのできなかった因縁の町である。しかし、侵略者を怒らせテルアンヌの二の舞を踏むのを恐れたトゥルネーの民は、包囲後わずか八日で降伏し、ヘンリーは凱歌を上げて入城を果たした。フランク王国最初の首府が置かれたこの古都は内陸に位置し、補給路の確保も困難であったが、ヘンリーはここを第二のカレーとすべく町の要塞化を命じたのだった。

フロドゥンの戦い

その内実はさておいて、「拍車の戦い」で一躍武名を轟かせ、今また父祖もなしえなかったトゥルネー占領をも果たしたヘンリーは、したたか勝利の美酒に酔いしれた。例によって、連日のごとく馬上槍試合や酒宴を催して戦勝を祝し、それから秋の深まりゆくのを悟るや兵をまとめ、本国へと引き揚げていった。

このヘンリーの親征は、前年のドーセット侯のアキテーヌ遠征に比べれば、まずは成功と呼んで差し支えなかった。しかし、国王直率の部隊が宿敵フランスと相まみえているその裏で、もう一つのイングランド軍がもっと華々しい勝利を収めていたのである。その舞台はスコットランド国境であった。

今日でこそイギリスを構成する一地域《カントリー》とされるスコットランドだが、中世以来、独立の王国が支配する地であり、隣接するイングランド王国とは長きにわたって対立を続けていた。「敵の敵は味方」ということか、イングランドの宿敵フランスとは「古い同盟」と呼ばれる友好関係を築いていた。遠征する余力をイングランドに与えぬよう、スコットランドをけしかけて国境を脅かせるのはフランスの常套手段だったが、今回のようにイングランドの主力が本国を留守にしているという状況は、スコットランドにとってはまたとない侵略の機会なのだった。

時のスコットランド国王ジェームズ四世は、ヘンリーの姉マーガレットを妃としていたが、親仏路線を捨て去る気はなく、イングランドに手を出せば破門するとの教皇の脅しもどこ吹く風、大軍を率いてイングランド北部に侵入した。

一五一三年九月九日、総勢三万超と伝わるスコットランド国王軍は、国境地帯フロドゥンの荒野でイングランド軍と激突した。数においてやや劣るイングランド軍を率いたのはサリー伯トマス・ハワードである。このサリー伯トマスこそは一族縁者からヘンリー八世の王妃を二人も出し、その後もテューダー王家の下で名門中の名門としての地位を保ったハワード家繁栄の基礎を築いた人物である。ボズワースの戦いでは、父の初代ノーフォーク公ジョンと共にリチャード三世側に就き、ヘンリー七世に弓を引いたために私権剥奪の憂き目に遭った（父のジョンはボズワースの戦場で敗死）。しかし、稜々たる気骨に能力も備えていた彼は、やがて国王に許されて徐々に復権を果たし、サリー伯爵位を回復していた。

◉図12——ハワード家紋章（左上が加増紋）

此度のフランス遠征で軍功を挙げ、公爵位を取り戻さんと意気込んだサリーは、国王と共に軍艦に乗り込もうとする。しかし、この土壇場でヘンリーは伯爵の腕を掴み、「朕はスコットランドを信用していない。貴卿もゆめ油断するなかれ」と告げ、サリーは晴れのフランス戦線からは遠ざけられ、北方の辺境防備に当たることになったのだった。

ところが、この留守居の任がハワード家に不朽の栄誉をもたらすのである。三時間に及んだフロドゥンの戦いは、サリー伯指揮するイングランド軍の完勝に終わった。スコットランド側は、国王ジェームズ四世以下、伯爵十二名、男爵十五名が討ち取られ、兵卒の戦死者も万を数えた。サリーは戦勝の証しにジェームズの血染めの上衣をキャサリン王妃に送り、キャサリンはこれを陣中の夫に送った。戦後、ヘンリーはハワード家にノーフォーク公爵位を回復させるとともに、公爵家がその紋章に加増紋を付すことを許した。弓矢で口を射貫かれた獅子（スコットランド王家の象徴）を描いた加増紋は、父祖の武功を伝えるものとして、今日に至るまで公爵家に受け継がれている。

変わった潮目

フランスを相手に親征を成功させ、隣国スコットランドにも致命的な打撃を与えたヘンリーは、冬の訪れと共に本国へ帰還したが、野心に燃える若き国王がこれで打ち止めと考えるわけもなかった。ヘンリーの眼前にフランス王の称号と王冠をちらつかせていた教皇ユリウスも、この戦果では不十分とばかりに、約束を実行しようとはしなかった。ヘンリーは来夏に遠征を再開することを皇帝マクシミリアンと約し、さらにヘンリーの妹メアリーと皇帝の嫡孫カール（亡きフィリップ大公の長男。後の神聖ローマ皇帝カール五世）の縁組みが取り決められた。不実な同盟者フェルナンドも、費用をイングランドが負担するという条件でフランス戦線への参加に同意した。

ところが俗界君主たちの盟約が果たされることはなかった。その原因となったのは「神聖同盟」を主導し、フランスを牽制し続けていたユリウス二世の死と新教皇の誕生であった。一五一三年三月に聖座に登った教皇レオ十世は、フィレンツェの名門メディチ家の出身で、三十七歳という前代未聞の若さで教皇に選出された。華美を好み、前任のユリウスを戦争屋というなら「政治屋」と呼ぶべき人物で、現に教皇選出時には文字どおり俗人であった（聖職に叙階されたのは、実に教皇就任の二日前のことである）。

フィレンツェに花開いた人文主義の影響もあっただろうか、平和主義者として振る舞うのを好んだ新教皇は間もなくフランスに接近した。一方のフランスもこれに応じ、自国寄りの傀儡教皇を擁立する方針を撤回したのだった。続いて教皇がフランスの「敵」に和解を呼びかけると、はじめから同盟に気乗りしていなかったフェルナンドはこれに飛びつき、フランスと講和してしまう。そして、あろうことか、皇帝とイングランド王を勝手に講和の当事者に含めて交渉を進め、神聖同盟を事実上解体させてしまったのである。

教皇の意に沿わない同盟にもはや存在意義はないと悟ったマクシミリアンは、フェルナンドのスタンドプレーを受け容れたが、またしても義父に裏切られたヘンリーは怒り心頭であった。当てにならぬ君侯たちの代わりにスイスの諸勢力と手を結び、一五一四年六月にノルマンディーに侵攻軍を上陸させる。ところがこれまた不思議なことに、数週間後にはフランスと講和してしまうのであった。

ヘンリーの心変わりの理由を断定するのは難しいが、教皇から講和の圧力を受ける中、有力な同盟者もなしにフランスと対峙する不利を悟ったと見るのが妥当だろう。百年戦争の英雄ヘンリー五世が対峙したフランスは、同族のブルゴーニュ公家との内紛に消耗した、いわば眠れる獅子であったが、百年戦争の勝利者シャルル七世以降のフランス王は中央集権を着実に進め、その国力は前世紀とは比較にならなかった。また、ヘンリーの同盟者たちの関心はイタリア半島の権益にあり、イングランドとフランスの争いなど取るに足らない問題だった。こうした状況で、ヘンリーが仇敵フランスと腰を据えて戦いを継続するのは困難と言わざるを得なかった。

かくて急転直下もたらされた和平は、教皇の意向で実現した以上、相応の威儀を備えたものでなくてはならなかった。そこで両国の友誼の柱とされたのが、フランス王ルイ十二世とヘンリーの妹メアリーの結婚である。この時メアリーは十八歳。前年に皇帝の嫡孫カールとの縁組みが調えられた際には、四歳下のカールから「母親ではなく妻が欲しいのに」と渋られたメアリーだったが、これがどうして令名高き美人であった。この若妻を迎えるフランス王は既に五十二歳、これが三度目の結婚だった。

意外な幕引き

百年戦争の英雄譚に心躍らせる若きイングランド王が始めた遠征は、こうしてこの上なく皮肉な形で幕を下ろした。二十三歳のイングランド王は、倍以上も年上の仇敵フランス王の義兄となったのである。当時としては既に老境のルイは病身でもあったが、若く美しい花嫁と対面するや「舌なめずりし、生唾を飲んだ」などと噂されていた。そして、老骨に鞭を打ち過ぎたのか、結婚からわずか十二週間後、一五一五年の元日にあっさり世を去ったのである。

愛のない結婚から早々に解放されたメアリーは、かつての想い人で、自らの身柄引き受けのためにフランス宮廷を訪れていたチャールズ・ブランドンと密かに結婚する。馬上槍試合場では良き同志でもあった莫逆《ばくぎゃく》の友ブランドンが、許しもなく妹と結婚したことにヘンリーは激怒した。王の妹ともなれば、王室間の婚姻市場で無上の価値がある。しかもメアリーはまだ若く、美人の誉れも高かった。ヘンリーとしては、いずれ新たな縁談をと考えていただろうが、ルイの跡を襲ってフランス王座に即いたフランソワ一世は、メアリーが外国の君侯と再婚し、イングランドに同盟国をもたらすのを恐れ、ブランドンと結婚する

◉図13——サフォーク公爵夫妻（王妹メアリーとチャールズ・ブランドン）

よう唆していたのである。こうして即位早々、イングランドに牽制球を投げ込んだ新フランス王フランソワはヘンリーの終生のライバルとなるのだが、似た者同士でもあった両王の因縁は次章以降で触れることにする。

さて、友人という以前に主君であるヘンリーの怒りを買ったブランドンは、死を命じられても不思議なかったが、当時、国王評議会の一員で、ヨーク大聖堂首席司祭の地位にあったトマス・ウルジーのとりなしで難を逃れた。ヘンリーの治世最初の大事業となったフランス遠征をおおむね成功裏に終え、最後はフランス王と王妹メアリーの縁談で和平に威儀を添えたのは、ひとえにこのウルジーの類いまれなる手腕の賜物であった。そもそも優に万を超す大軍を海の向こうに派遣し、兵站を整え、補給線を確保すること自体、十分に難業である。ところが此度の遠征は、ヘンリー自ら陣頭に立つ親征でもあった。当時の国王は、陣中にあっても宮廷での奢侈《しゃし》な生活を追い求め続けた。そのため、国王の豪華な寝台や食卓、さらには小礼拝堂（これに付属する聖職者ももちろん）までがそっくり戦地に移送されたのである。これに伴う費用はもちろん、実務的な負担も大変なものであった。しかし、ウルジーはこの難事業を見事に片づけてみせたのである。

この一回目のフランス遠征は、ウルジーが雄飛する契機となった。父ヘンリー七世から受け継いだ、カンタベリー大司教ウォラムやウィンチェスター司教フォックスらの顧問官らは、先代の国際協調路線を信奉し、莫大な財政負担を伴う戦争の遂行には消極的だった。また、聖職者らしい聖職者だった彼らは、年若い国王の下、ややもすれば軽佻浮薄に流れがちだった宮廷に染まり切れないところがあった。そうした中、ヘンリーは自身の望みを抜群の手腕で実行に移す、自分好みの顧問官を見出すに至ったのである。

この後ウルジーは、主君の絶大な信頼を背景に、十五年の長きにわたって国王の右腕として辣腕を振るうことになる。次章ではその様子を詳しく描くことにしよう。

第二章

絢爛たる平和と枢機卿ウルジー

若き君主

楽才に恵まれていたヘンリーが、歌も歌えば、リュートやバージナルを巧みに弾きこなしたことは既に触れたが、音楽に対する国王の強い情熱は、収集という方面にも向けられたらしい。廷臣たちがパトロンを務める高名な音楽家を無理やり引き抜いては、王室礼拝堂の合唱隊に加えてみたり、一五四七年の逝去時には、楽器のコレクションがフルート七十二本、リコーダー七十六本、ビオール（バイオリンの前身の弦楽器）二十五本に上るほどだった。

そんなヘンリーは自ら作曲も手がけ、彼の作品とされる楽曲がいくつか今日に伝わっているが、そのうち最も名高いのが《良き仲間との気晴らし》（原題 Pastime with Good Company）である。戴冠式の前後に作られたとされるこの楽曲は、重厚さとスケール感に溢れ、さすが国王の作といった印象だが、これにはヘンリーの手になる次のような歌詞が付されている。

私の気晴らしは狩り、歌、踊り
みな立派な気晴らしで、わが心のよりどころ
私のやりたいことを誰が邪魔できようか

「誰が邪魔できようか」のくだりなど、享楽を愛する青年君主の真骨頂といったところだが、事実、即位直後のヘンリーは、フランス遠征への情熱を燃やしながらも、昼は鷹狩り、馬上槍試合やテニス、夜は酒宴やトランプ遊びに大忙しだった。ヘンリーの秘書官リチャード・ペースは、「祭日以外は、毎朝四時か五時にお目覚めになると、夜の九時十時まで狩りをなさっている」と呆れたようにウルジーに報告している。とはいえすべてが国王の名の下に行われるのが君主制の建て前であるから、万機の決裁はヘンリーの務めである。ところが、彼は長丁場の会議を厭い、何より長々とした手紙に目を通すのを嫌ったため、王の裁可を得る際には、簡潔な要約を付さねばならなかった。宮廷の奥に閉じこもり、自ら会計帳簿さえ作成していた父ヘンリー七世とは全く対照的で、先代からの顧問官たちは、易きに就きがちな若い国王に眉をひそめていた。

◉図 14——トマス・ウルジー

その間隙を縫うように国王の心を摑んだのがウルジーだった。卓越した実務能力と雄弁の才とで権力の階段を上り詰めたこの稀代の権勢家は、後に『枢機卿ウルジーの生涯』を著したジョージ・キャベンディッシュによれば「何はさておいて国王を満足させ、その意を迎えることにかけては、顧問官たちの誰よりも熱心だった」とされ、そのために急速な立身を遂げたのだという。また、国王評議会の退屈な議論に苛立つ国王に、「すべてを自分に任せ、膨大な仕事の山から解放されますように」と囁いたのも、このウルジーであった。

ウルジーの台頭

イングランド東部イプスウィッチの肉屋の倅に生まれたトマス・ウルジーは、十五歳という若さでオックスフォード大学の神学位を取得すると、聖職の道へ進んだ。生年は一四七三年頃とされているが、陋巷《ろうこう》の生まれゆえか、確たることは分かっていない。その後、幾人かの貴顕の家政を経て、カレーの総督代理リチャード・ナンファンに仕えると、その推薦でヘンリー七世の宮廷に入り、王室礼拝堂付き司祭の職を得る。そして、野心と能力ある聖職者の例に漏れず、外交使節など政治的な用向きも任されるようになった。

この時期のウルジーが、既に傑出した外交手腕を発揮していたことを示すエピソードが伝わっている。低地地方に滞在中の皇帝マクシミリアンへの使節を任じられたウルジーは、正午にロンドンを出立すると、超人的な速さで任務を果たし、三日半後の深夜には宮廷に舞い戻って来た。そして翌朝、国王がミサ出席のために礼拝室に現れると、何食わぬ顔で交渉の成果を報告したのだった。はじめ国王は、本当に大陸まで行ってきたのだろうかと訝しがったが、すぐに目の前の男が尋常ならざる精力と機智の持ち主であることを悟ったという。

間違いなく傑物である。しかし、この逸話はまた、この男の外連味《けれんみ》の強さも伝えている。時の国王ヘンリー七世は、ウルジー同様抜け目なく、機を見るに敏ではあったが、慎重で手堅い手法を好んだ。国王はこの礼拝堂付きの司祭の能力を評価しながらも、言いようのない危うさを嗅ぎ取り、それ以上の抜擢を避けていたように思われる。

◉図15――ハンプトン・コート宮殿

　そこへ行くと、先王とは対照的なヘンリーが主人となったことは、ウルジーにとってこの上ない幸運であった。即位後間もないヘンリーは、外見も内面も自分似の人物を取り巻きにするのを好んだ。ヘンリーに似ている――つまり、堂々たる偉丈夫、気宇も壮大な男たちである（その代表格サー・ヘンリー・ギルフォードとサー・エドワード・ネヴィルなど、舞踏会で仮面をかぶると、誰もが国王と見間違えてしまったほどだった）。その点ウルジーは筋骨隆々とは言えぬものの恰幅良く、何より精力絶倫な行動の人であり、派手好みで多才な点でも国王と通じるところがあった。
　その他、両者の共通点として特筆すべきは、建

◉図 16――ノンサッチ宮殿（1568年頃）

築に対する並々ならぬ関心であろう。もっとも、偉大な施工主であることにかけては、ウルジーが師であり、ヘンリーは弟子であった。後に国王はウルジーの自慢の種、ヨーク・プレイス（ヨーク大司教公邸）やハンプトン・コート宮殿に目を付け、いずれもわが物にしてしまう。この頃、政敵の攻撃に晒されていたウルジーだが、公邸を差し出して王の庇護を得ようとは考えなかったらしく、「この邸はあくまでヨーク大司教職に付随するもの」と抗議するも、国王が耳を貸すことはなかった。結局、この大司教公邸は、ヘンリーの手で改築され、ホワイトホール宮殿として生まれ変わっている。

建築物の規模が政治権力の大きさの指標たり得るかというのは興味深い問いであり、その答えも一様ではないだろう。しかし、少なくともヘンリーは、巨大な建築の持ち主は、それに比例して巨大な権力を持つのだと信じていた。そんな国王の最高傑作とも呼ぶべき建築がノンサッチ宮殿（Nonsuch Palace）である。へンリーの即位三十年を記念して着工されたこの宮殿は、"Nonsuch（比類なきの意）"の名のとおり、テューダー王朝の下で最大の建築物となった。今日に至るまで、世界中のキリスト教会の円蓋は、サン・ピエトロ大聖堂の規模を上回ってはならないとされる。そうしてローマ教皇の至上性は、建築を通じても明らかにされるのである。ヘンリーもまた、子孫たちがとうてい造り得ない巨大建築物を世に送り出すことで、規格外の王であることを示そうとしたのである。もっとも、村ひとつを丸々潰して築かれたこの宮殿は、水利が悪いなど居住には不向きで、ヘンリーの死後、娘のメアリーが女王となると、あっさり臣下に払い下げられてしまうのだった。

さて、先王の下で、「ガラスの天井」に頭を押さえられていたウルジーは、ヘンリーが即位するや、これまでの遅れを取り戻すかのように目覚ましい栄達を遂げる。新王から最初に与えられたのは、国王付施物分配吏の職だった。これは国王から貧者への施しを司るのが務めで、宮廷に身を置く聖職者としては中級の役職といったところである。しかし、その真の任務は、非公式の秘書官として、国王とフォックスら主立った顧問官たちとのパイプ役を担うというもので、既に四十の坂を越えていたウルジーは、一躍国政の枢機に関与することになった。当時、政界屈指の実力者であったフォックスは、同じく聖職者として国王に仕える後輩の才気を高く評価しており、その引き立てがあったこともウルジーの立身の一因となった。

自身が黒子を務めるフランス遠征でイングランド軍がトゥルネーを占領すると、ウルジーはこの地の司教に任じられ、続いて司教区の富にかけてはイングランド屈指とされるリンカーンの司教座を与えられた。そして、一五一四年九月には、イングランドの聖職者としてはカンタベリー大司教に次ぐ高位のヨーク大司教に昇り詰めたのである。

しかし、立志伝はここで終わらない。翌一五一五年九月には、ついにカトリック教会で教皇に次ぐ枢機卿に任命されたのである。この裏にはヘンリーの強い推薦があり、王は教皇レオ十世にフランスとの和平の進展を報告する書簡で、「自分はウルジーなしには何も成し遂げられない」とまで言い切っていた。

こうして聖職者としてほとんど望みうる限りの栄達を遂げたウルジーは、間もなく俗界でも顕職を得る。同年十二月二十二日、カンタベリー大司教ウォラムが大法官の職を退くと、二日後のクリスマス・イブにその跡を襲ったのだった。

異例の出世を遂げ、位人臣を極めたウルジーとヘンリーの君臣関係は、これまた異例のものであった。ヘンリーは二十も年上の枢機卿と腕組みをし、上機嫌で宮廷の庭を散歩するほどで、二人の親密さに嫉妬した廷臣たちは、ウルジーが魔術を使って国王を幻惑しているのだと囁き合った。また、外国の君主への親書をしたためるとき以外、自ら筆を執ることなどないヘンリーが、極めて例外的に直筆の手紙を送った相手がウルジーであった。

「もう一人の国王」?

国王の絶大な信頼を受け、国政に辣腕を振るう枢機卿ウルジーは、やがて外国使節の間で「もう一人の国王」"alter rex"の渾名を奉られる。事実、ウルジーがロンドン西郊に築かせたハンプトン・コート宮殿は、王宮を凌ぐほどの威容を誇り、ウルジーの執務所ヨーク・プレイスは千客万来の賑わいを示し、廷臣たちの足が遠のいた王宮の寂しさとは好対照だった。

そうすると、遊び好きの若い国王が国事を顧みないのをいいことに、この野心家の枢機卿はまさに「もう一人の国王」として国政を壟断《ろうだん》したのだろうか。

たしかにこうした見方はかつては根強く、二十世紀前半の著名なテューダー朝史家アルバート・ポラードは、ヘンリーの治世前半のイングランド外交をウルジーの野心の産物として描いている。ポラードによれば、教皇の座に野心を抱くウルジーは、教皇庁の歓心を得るために、主君ヘンリーやイングランドの利益を顧みず、バチカン宮殿の方針に追随したのだという。しかし、この見方に立つと説明のつかないことが多い。教皇庁への連絡を疎かにしがちだとして、教皇や同輩の枢機卿がウルジーに苦言を呈することもしばしばであったし、そもそもウルジーが教皇の三重冠をわが物にしようと画策していたことを示す証拠もない。

ヘンリーとウルジーの関係を考える際、忘れてはならない点が二つある。一つは、ヘンリーが国政の些事に関心を示さず、細部の多くをウルジーの手に委ねたのは事実だが、自身が興味を抱く外交や軍事などに関しては、仔細にも通じ、確固とした方針を自ら示したという点である。外国使節の報告書には、ヘンリーがヨーロッパの国際情勢に精通し、鋭い見解を大使たちに披露していたことが驚きをもって伝えられている。また、遊びに耽るどころか、政事を裁可するために晩餐の開始を遅らせることもあれば、独自のルートで得た情報をウルジーに示し、論破する場面も見られたという。

もう一つは、卑賤の出で、宮廷に確たる地盤を持たないウルジーは、国王の恩顧だけが権勢の裏付けであったという点である。テューダー朝の権力構造の特徴として、地方の郷紳（中小の地主階級）の台頭はしばしば指摘されるところであるが、市井の庶民が、ここまでの立身を遂げた例はほとんどない（ほかに例を求めるとすれば、本書でも後に登場するトマス・クロムウェルくらいであろう）。庶民出身のウルジーは、宮廷の貴族たちから必要以上に嫉視されたし、エドワード・ホールやポリドール・ヴァージルら歴史家からも嫌悪され、後世にまで悪名を残す結果ともなった。そんなウルジーが権力の座を保つには、国王の意向を忠実に汲み取り、これを政策として形作り、実行に移すほかなかったのである。そして、ウルジーがとりわけ得意としたのは、これらの政策を国王好みの気宇壮大なものへ仕立て上げることであった。

こうして枢機卿ウルジーが国王の信任を勝ち得た後は、顧問官中の事実上の首席を占めることになった枢機卿が、まずは国王と二人で政策の大方針を固め、その後に国王評議会に諮られるというのが慣例となっていったのである。

ライバル・フランソワ一世

さて、キリスト教世界の君主の中で光輝ある座を占めることを夢見るヘンリーは、フランス遠征で上々の戦果を挙げ、さらにはスコットランド国王軍を壊滅させたことで、全ヨーロッパに一躍武名を轟かせることになった。しかし、間もなくその勇名も、別の国王の赫々たる武功の前にすっかり霞んでしまう。その国王とはフランス王フランソワ一世である。

このフランス王は、三歳年上のイングランド王ヘンリーとは相通じるものが多かった。堂々たる偉丈夫で、学芸の良き庇護者。また、軍事的栄光を追い求め、艦船に並々ならぬ関心を示し、共に当時のヨーロッパ最大の千五百トン級の軍艦を保有していた（もっとも、ヘンリーの関心がもっぱらフランス海軍との競争に向けられたのに対し、新世界に強い興味を抱いていたフランソワは、北アメリカ大陸の北側を抜けてアジアへ向かう、いわゆる北西航路の探索を熱心に推進している）。

◉図17――フランソワ一世

二人の王はその生い立ちにも共通するものがあった。フランソワが生を享けたアングレーム伯家は、ヴァロワ王家の分家の分家といった家筋であり、フランソワの出生時に彼が王位に即くと予想した者はほとんどなかった。この点、第二王子として生まれたヘンリーも同様の境遇であった。フランソワ四歳の頃、シャルル八世の死をもってヴァロワ家の嫡流が絶え、王位は傍流のオルレアン公ルイ（ルイ十二世。フランソワの父の従兄）に渡るが、ルイもまた男児に恵まれなかった。そのためフランソワの母でサヴォイア公家出身のルイーズは、やがて息子に王冠が渡ることを確信し、王位継承者として教育を施す決意を固めたとされる。この頃フランソワは十歳。兄の急死で、ヘンリーが一躍王位継承者となったのが十一歳の頃であるから、その点でも不思議に共通している。

一五一五年一月、二十歳で玉座に登ったフランソワが王威の伸長のため狙いを定めたのは、北イタリアのミラノ公国であった。先代のルイ十二世がミラノ公家の血脈を根拠に権利を主張したのは前章で述べたとおりだが、フランソワもまた、公爵家の血を継ぐ者としてこの地の領有を主張したのである。既に一四九九年、ルイ十二世はミラノへ攻め入り、この地の僭主スフォルツァ家を追放していたが、その後、教皇ユリウス二世の「神聖同盟」の前に屈し、支配権を失っていた。フランソワはこの因縁の地の回復を目指したのである。

用意周到なフランス王は、イタリアへの進攻前に、北面の脅威に備えることも忘れなかった。ヘンリーの冒険主義を見抜いていたフランソワは、先代ルイが締結していたイングランドとの和約更新に応じながらも、「敵の敵」スコットランドを利用して罠を仕掛けてみせた。

フロドゥンの戦いで国王を失ったスコットランドでは、先王の未亡人でヘンリーの姉でもあるマーガレットが、幼い息子ジェームズ五世の摂政に就き、激化する一方の親イングランド派と親フランス派の抗争を収拾すべく奔走していた。そこにフランス王が割って入り、ジェームズが成年するまでの間、その庇護者となろうと名乗り出たのである。ジェームズの叔父たるヘンリーは、スコットランドがフランス寄りになるのを望むわけもなく、当然ながらこの提案を一蹴する。しかし、フランソワもただでは引き下がらない。スコットランドで譲歩して欲しいならば、先の遠征でイングランドが占領したトゥルネーを引き渡せと応じてみせる。これまたヘンリーの呑める提案ではなく、結局スコットランドはフランスの庇護下に入ることとなった。フランソワにしてみれば、ヘンリーが再び大陸へ野心を見せようものなら、スコットランドを手駒に相手を牽制するだけのことであった。

こうして後顧の憂いを断ったフランス王は、一五一五年夏には数万の大軍を率いてアルプスを越え、九月十四日、ミラノ近郊のマリニャーノでミラノ公国配下のスイス傭兵部隊と激突する。一進一退の攻防が続く中、フランソワは陣頭に立って勇戦し、友軍ヴェネツィア共和国軍の時宜を得た参戦もあり、見事勝利を摑んだのである。

この勝報は瞬く間にヨーロッパ中に伝えられ、二十一歳の若きフランス王は一躍武名を鳴り響かせることになった。しかし、この成り行きに面白くないのがヘンリーだった。万を超す大軍が正面からぶつかったマリニャーノの戦いに比べれば、二年前の「拍車の戦い」など小競り合い程度のものであったし、フロドゥンの戦勝にせよ、ヘンリーの留守の間に臣下がもぎ取った勝利であった。

フランソワの鼻を明かしてやろうと、ヘンリーが思い立ったのは、再び遠征軍を起こし、フランス本土に攻め入ること、そして、フランソワの自慢の種、今やフランス支配下のミラノを解放することだった。とはいえフランス北部を掠めることはできても、遥かイタリアまで手は届かない。そこで、ヘンリーはスイス永久同盟に軍資金を約束し、フランス軍と対峙するよう説き伏せた。さらに、皇帝マクシミリアンとその嫡孫でスペイン王となっていたカール（スペイン国王としてはカルロス）をも語らって、フランス包囲網を広げようとした。マクシミリアンがイングランドに負う負債を帳消しにし、カールがスペインへ入国する際の費用も肩代わりしようと気前よく申し出て、文字どおりハプスブルク家の協力を「買った」つもりのヘンリーだったが、フランソワも負けてはいなかった。皇帝に六万フローリンもの資金提供を約束するなど切り崩しを図り、ついに一五一六年夏、ハプスブルク家とフランソワは、フランス北部の町ノアイヨンで和約を結ぶのである。その内容は、フランソワの一歳の娘ルイーズとカールの結婚を柱とし、カールがフランソワのミラノ領有を認めるかわりに、ルイーズとカールの間に生まれる子女がミラノの領有権を相続するというものであった。

ロンドン条約

こうしてハプスブルク家とフランスという二大勢力が手を結び、ローマ教皇庁や頼みのスイス永久同盟もこれに同調したため、一転してイングランドはキリスト教世界で孤立することになった。思えば、フランスと戦って勝利してみても得るところは少なく、スイス人らをけしかけようとしても交渉はうまく運ばず、最後はフランス包囲網の結成に一縷の望みを託してみたものの、これまた不発に終わったのである。万策尽きたウルジーは、一五一八年を迎える頃には、フランスとの和平を真剣に考え始めていた。そもそも当時のイングランドの人口はおよそ二百五十万人、一方のフランスは少なく見積もっても千六百万人。財政力の点でも、ヘンリーの年収は十一万ポンド程度、対するフランソワのそれは三百二十万リーヴル（三十五万ポンド相当）と大きく水をあけられていることを思えば、この大国といたずらに事を構えるのは賢明ではなかった。

ウルジーの和平案は次のようなものであった。まず、ヘンリーとキャサリンとの間に二年前に生まれ、幸いにも無事に長じていたメアリー王女をフランス王太子に縁づかせる。続いて、占領地トゥルネーやスコットランド問題など、フランスとの間に山積する懸案を、両国王の顔が立つ形で片づける。

しかし、この和平は当然のことヘンリーにも容れられるものでなくてはならなかった。名声を渇望し、栄光を希求してやまない国王の心をとらえる和平の形とはどのようなものか。ウルジーには腹案があった。此度の和平はイングランドとフランス二国間にとどまらず、キリスト教世界の主要勢力が平和を誓い合うものでなければならない。そして、その和平の調停役は、ほかならぬイングランド王が務めるのである。なるほど、意図は雄大であるし、首尾よく運べばヘンリーの国際的地位は一気に押し上げられよう。しかし、イングランドにはいささか虫の良すぎるこの和平は、どうすれば実現できるのか。

一五一八年三月、ウルジーの許にある報せがもたらされていた。キリスト教徒同士の戦いを直ちにやめ、オスマン・トルコへの十字軍を結成せよと教皇レオ十世自ら呼び掛けているというのである。もしウルジーが座視していれば、この十字軍構想は実現への道を突き進み、彼の和平案が日の目を見ることはなかったかもしれない。しかし、ウルジーは教皇のこの構想を踏み台にし、巧みに自身の和平案を実現させてしまうのである。

全キリスト教君主を巻き込む雄図を成就させるため、ウルジーはローマに働きかけ、教皇全権特使の地位を得る。これは教皇特使の中でも最高の格式を誇り、司教の任命や公会議の召集などを除くすべての権能が与えられた、まさに「教皇の分身」であった。

聖座の威光と卓越した外交手腕を武器に、ウルジーがこの年の秋にまとめ上げたのは前代未聞の国際条約であった。この条約——世に「ロンドン条約」とも「平和条約《トリーティー・オブ・ユニバーサル・ピース》」とも呼ばれる——は、批准した者が戦争に訴えるのを禁じ、違反すれば他の批准者から武力制裁を受けるとした点で、今日の国連安保理を想起させるものであった。ハプスブルク家やフランスといった主要勢力のほか、デンマークやポルトガルはじめ二十もの中小勢力も参加したこの条約は、崇高なる平和が支配する新たな時代の幕開けを予感させた。ヨーロッパには以前も複数の勢力が平和を誓い合う条約は存在したが、あらかじめ平和を約し、これに違反した者を罰するというのは空前の試みであった。

同年十月三日、条約成立を祝福すべく、セント・ポール大聖堂で営まれたミサはひとかたならず壮麗なものであった。ヨーロッパ各国の大使たちと国王ヘンリー以下イングランドの聖俗貴族が一堂に会するこの式を取り仕切ったのは、もちろんウルジーである。しかし、この日の真の主役がヘンリーであったことは、王の秘書官リチャード・ペースが満座に向けて行った演説が物語っている。ペースはエラスムスの著作を引きながら、戦争の恐ろしさを訴えるとともに、ヘンリーを「新たなソロモン王」と持ち上げたのである。さらに、先年のフランスでの戦勝を引き合いに出し、イングランド王にとって戦争に訴えることなどたやすいが、あえて平和の仲介者の道を選んだと断じたのである。

翌四日には、フランスとの間に付属協定が結ばれ、イングランドは六十万クラウンと引き替えにトゥルネーを返還するとともに、メアリー王女をフランス王太子に嫁がしめることとなった。

こうしてウルジーはその辣腕を振るい、主君ヘンリーを一躍キリスト教世界の先導者へと押し上げてみせた。しかし、あれほど軍事的栄光に憑かれていたヘンリーが、一転して平和路線へ舵を切るのを許したのは一体どういうことだろうか。この疑問に答える上で手掛かりになるのが、当時の君侯たちがその理想を追い求め、ヘンリーも熱狂的に信奉していた騎士道である。

およそ騎士たる者、名のある敵と手合わせし、見事打ち倒して武人としての名声を得た後は、捕虜とした敵に礼を払い、身代金と引き替えに釈放するのが美徳とされていた。また、戦場での騎士のこうした振る舞いが理想化されるのと軌を一にするように、戦場の外では、国王たちが尊厳ある同盟者と手を結び、あるいは一度打ち破った敵に寛大さを示し、平和を築くことが名誉とされていたのである。もっとも、その平和は君主たちにとって「名誉ある」平和でなくてはならず、その場合の「名誉」とは、和平交渉の中で余儀なくされる譲歩を差し引いてもなお、領土的あるいは経済的な利得が見込めることに尽きるのだった。

要するに、実利が確保されるのであれば、戦場での勝利と同様、平和の追求は騎士道を信奉する国王にとっては名誉なのであり、ウルジーはこの実利の確保に際しても水際立った手腕を示したのである。国王の年収の十倍に上る百万ポンドという途方もない巨額を投じた先のフランス遠征で、イングランドはフランドルの古都トゥルネーを占領したものの、その防衛は大陸の橋頭堡カレー以上に困難であった。また、戦略的観点からみれば、ヘンリーよりも、むしろネーデルラントを支配下に置くハプスブルク家にとって価値のある町なのだった。そこで、ウルジーは六十万クラウンと引き替えに、思い切ってここをフランスに引き渡すと約したのである。この判断は実利の追求という点で極めて的確であった。

金襴《きんらん》の陣

ロンドン条約締結により、ヨーロッパに平和の風が吹き渡ろうとする中、その総決算とも呼べる企てが実現に向けて動き始めていた。先年のフランス遠征の終結時、ヘンリーと故ルイ十二世は、和平を確かなものとするべく、両国王の直接会談を約していた。その後、ルイが急逝し、フランソワが即位すると両国の間に緊張が走ったのは、既に触れたとおりだが、この関係悪化を受け、会談も沙汰やみとなってしまったのである。しかし、一五一八年に両者の雪解けが進むと、再び重要な外交案件としてテーブルに載せられたのだった。会談の日取りは翌一五一九年の初夏とされ、慌ただしく準備が進められたが、後述する皇帝選挙がキリスト教世界を挙げての一大政治日程となるや、再延期を余儀なくされていた。もっとも、会談実現へのヘンリーの思いは揺るぎなく、フランソワと対面するまで髭を剃らないと厳かに誓いを立てたのであった。ところが、キャサリン王妃は夫が髭を伸ばすのをどうしても受け付けられず、この願掛けをやめるよう毎日のように懇願したという。妃にこうもせがまれては仕方がないと、ヘンリーは「国王の友愛は髭《バーズ》ではなく心《ハーツ》に宿るのだ」と弁明しながら、後ろ髪引かれる思いで髭を剃り落としたのであった。このエピソードは国王同士の友情というものが、当時の外交においていかに大きな地位を占めていたかを示してくれるが、同時にこの頃のヘンリーにとって、キャサリンがまだ深い愛情の対象であったことをも物語っている。

さて、仕切り直しの末に一五二〇年夏に行われることになった会談は、既に準備の時点で空前絶後のものとなること必定であった。大陸におけるイングランドの橋頭堡カレーの郊外、ギネとアルドルのちょうど中間に位置する谷間《たにあい》の地が会見場とされたが、会見場に向かう国王たちが、相手に見下ろされていると感じることがないように、周辺の谷は入念に整地された。また、ヘンリーの供回りも桁違いの数で、貴族や廷臣のほぼ全員、五千名

◉図 18——金襴の陣

以上が随員に名を連ねたのである。もちろん、彼らは手ぶらで会見に臨むのではない。絹織りや金糸織の豪奢な衣装が支給されたばかりか、フランス王の度肝を抜いてやろうと、イングランド中の宮殿や財宝庫から金銀財宝、高価な甲冑がかき集められ、すべて海路、カレー郊外の谷間まで運ばれたのである。会場とされた谷間には天鵞絨地《ビロード》や金糸織の天幕が何百も蝟集《いしゅう》し、そのすべてに美しい食器や贅沢な食材が行き渡っていた。極めつきはヘンリー夫妻を迎え入れる宮殿で、およそ一万二千平方ヤード（約一万平方メートル）の敷地に、幅百メートルの中庭を備えた仮設の宮殿がカレーの城外に築かれたのである。このために使用された建材は長すぎて船で輸送することができず、調達先のネーデルラントからそのまま川に流して運ばれたという。

　この会談に王国の威信を懸けていたのはフランソワも同様であって、イングランドに負けじとおびただしい数の優美なフランスの天幕が花開いたことは言うまでもない。さらに、両国王やその貴族たちが親善のために腕比べする馬上槍試合場や、紅白のワインが湧き出る人工の泉が設けられ、カレーの谷間は「金襴の陣」の名で後世に伝わる、絢爛たる外交の舞台へと様変わりしたのである。

両国王の初会見の日とされた六月七日は聖体の祝日《コーパス・クリスティ》であった。煌びやかな衣装の随員に伴われたヘンリーはギネの砦を発ち、愛馬を駆って会見場に姿を現すと、ゆっくりと歩みを進めた。そして、前もって決められた場所で馬を止めると、彼方にはやはり多くの貴族を随える、馬上のフランス王の姿があった。両国王を先頭に押し出し、貴族と廷臣たちが隊列を組んで向き合う様は、あたかも会戦の始まりのようであったが、間もなくトランペットが鳴り渡ると、両国王は愛馬に拍車を入れ、一斉に駆け出した。そして、両者の中間、目印の槍の立つ場所で手綱を引くと、馬上のまま、しっかり抱擁を交わしたのであった。

その後は十七日間にわたる饗宴の日々であった。ホールの年代記によると、イングランド陣営はこの期に及んでも仇敵フランスへの警戒心を隠しきれなかったという。また、二メートル近い巨漢だったフランソワが、レスリングでヘンリーを投げ飛ばしてしまったときには両陣営に緊張が走ったとされる。しかし、「この同盟が保たれるのであれば、ヘンリーがフランス王を名乗ろうと構わずに歓迎する」とのフランソワの言葉どおり、まずは修好の舞台として使命を全うしたのである。

結果を先回りして言うと、この「平和の祭典」から三年もせぬうちに、両国は再び矛を交えることとなる。また、この会見の前後には、ヘンリーはイングランドとフランスの接近を恐れるカール五世（金襴の陣のちょうど一年前の一五一九年六月、スペイン王カール（カルロス）は神聖ローマ帝国皇帝に選出されていた。後述）とも友好的な雰囲気の中で会談を行っていた。フランスと前代未聞の蜜月ぶりを装いながら、裏ではそのライバルとも手を握っていたわけで、この金襴の陣にどれほどの意味があったのか、疑問を覚える向きもあるだろう。しかし、特定の相手とのみ友誼を結ぶのではなく、キリスト教世界の君主たちがあまねく友愛をもって交わろうというのがロンドン条約の精神であったことを思えば、二枚舌ともとれるヘンリーの行動も決して後ろ指を指されるものではなかった。また、同時代人が「世界の七不思議」の八番目に加えたという前代未聞の首脳会談を、見栄っ張りの君主たちの蕩尽と片づけるのも容易いであろう。しかし、ヘンリーもフランソワも自らの富を誇示することで、和約を破り、自国を敵に回すことがどれほど危険か、相手に悟らせようとしていたのである。エラスムスはその著『平和の訴え』で「庶民の多くは戦争を憎み、平和を求めている。ほんの一握りの者たちが、人々を不幸の底に突き落とし、邪な喜びに身を委ねながら戦争を望んでいる」として、戦争を止めようとしない君主たちを糾弾していた。誰もが平和の価値を信奉する今日でさえ戦争が根絶されることがないのである。戦争が日常茶飯事であった十六世紀のヨーロッパにあって、戦禍の「張本人」と目されていた君主たちが平和のために精力を傾けたという事実は、それなりに評価されてもよいだろう。

皇帝選挙と教皇選挙《コンクラーヴェ》

この金襴の陣の前後、キリスト教世界の二大権威である神聖ローマ皇帝と教皇が相次いで没し、ヨーロッパの政局は一時的とはいえ、その後継争いを軸に展開することになった。もっとも、争いと言っても、カール大帝と使徒ペテロの後継者の座は、選挙によって平和裏に選出されるのであるが、いずれもこれまでのイングランドには縁遠い存在であった。ところが、ヘンリーは皇帝の座を自らの、さらには教皇の聖座を自身の右腕のものとするべく、権謀渦巻く国際政局のただ中に腕を突っ込んでみせるのである。まずはロンドン条約締結の三ヵ月後、神聖ローマ皇帝マクシミリアンが世を去った一五一九年の年初に遡り、皇帝選挙の展開を見ていくことにしよう。

一五一九年一月十二日、オーストリア北部の町ヴェルスで、皇帝マクシミリアンが五十九年の生涯を終えた。武芸百般に通じながら芸術の保護者としても知られ、中世最後の騎士とも謳われる皇帝の死により、神聖ローマ帝国の玉座は今や空位となったのである。この玉座をいったい誰が継ぐのか。ヨーロッパの君侯たちの関心はこの一事に向かおうとしていた。

神聖ローマ帝国の帝位は、十四世紀半ばに皇帝カール四世が発した金印勅書によって、帝国内の七名の有力諸侯（選帝侯）による選挙で決せられる慣行が確立していた。その後、ルクセンブルク家、ヴィッテルスバッハ家、そしてハプスブルク家がほぼ順送りで玉座を占める時代が続いたが、十五世紀に入りアルブレヒト二世が帝位に即いてからは、フリードリヒ三世、マクシミリアンと三代続けてハプスブルク家出身者が帝冠を戴いていた。

マクシミリアン亡き後、ハプスブルク家の家長となったスペイン王カールは、もちろん皇帝選挙への出馬の意思を示す。しかし、ハプスブルク家の帝位世襲は、当時まだ確立していたとまではいえず、さらにネーデルラントで生まれ育ち、スペインの王国を継承していたカールは、選帝侯はじめドイツの諸侯たちとは疎遠といって過言ではなかった。

そこに勝機を見出したのか、マクシミリアンの対抗馬として選挙戦に打って出たのがフランス王フランソワ一世である。実はこのフランソワ、一年前にはマクシミリアンの余命が長くないと悟り、すでに選挙工作を開始していたのである。

こうして選挙戦は本命カールと対抗馬フランソワの一騎打ちの観を呈するが、これに対するイングランドの方針は、協調を旨とするロンドン条約の立て役者らしく、少なくとも表向きは中立を保つというものだった。

ところが、一五一九年五月、ヘンリーは従来の方針を撤回し、出馬の意向を周囲に打ち明けたのである。イングランド王を出馬へと駆り立てたのは、同年二月に届いていたウルジー宛の教皇の親書であった。そこには、強大な皇帝の出現を望まない教皇が、カールでもフランソワでもない第三の人物の出馬を望んでいると記されていたのである。教皇が誰の登場を望んでいるのか、具体的な名前は挙げられてはいなかったが、ウルジーはこれをイングランド王への呼びかけと受け取った。そしてヘンリーもまた、書面を慎重に検討した結果、教皇の本意を確信するに至り、自ら神聖ローマ皇帝たらんとする意思を固めたのである。

イングランド人が皇帝選挙に名乗りを上げるのは、前代未聞というわけではなかった。帝権の真空状態が生じたいわゆる大空位時代の最中、一二五七年の皇帝選挙では、欠地王ジョンの次男コーンウォール伯リチャードが財力（当時のコーンウォールは錫の一大産地であった）に物を言わせて選帝侯の過半の支持を勝ち取り、皇帝即位予定者に与えられるローマ王の称号を授かっていた。しかし、本国イングランドで生じたシモン・ド・モンフォールの反乱に巻き込まれ、捕虜となる醜態まで晒してしまい、結局皇帝の座は幻と消えてしまったのである。その後はイングランド人が皇帝選挙に挑戦した例はなく、仮にこの選挙に勝利を収めれば、ヘンリーはイングランド人として初めて帝冠を戴くことになるのだった。

◉図19――カール五世（1519年）

ヘンリーがどこまで本気で選挙戦に臨んだのか、真相は不明である。現実的にはカールの勝算が最も高いことは分かっていたであろうが、富裕な低地地方に加え、スペインとその勢力下の

【カール五世関連略系図】

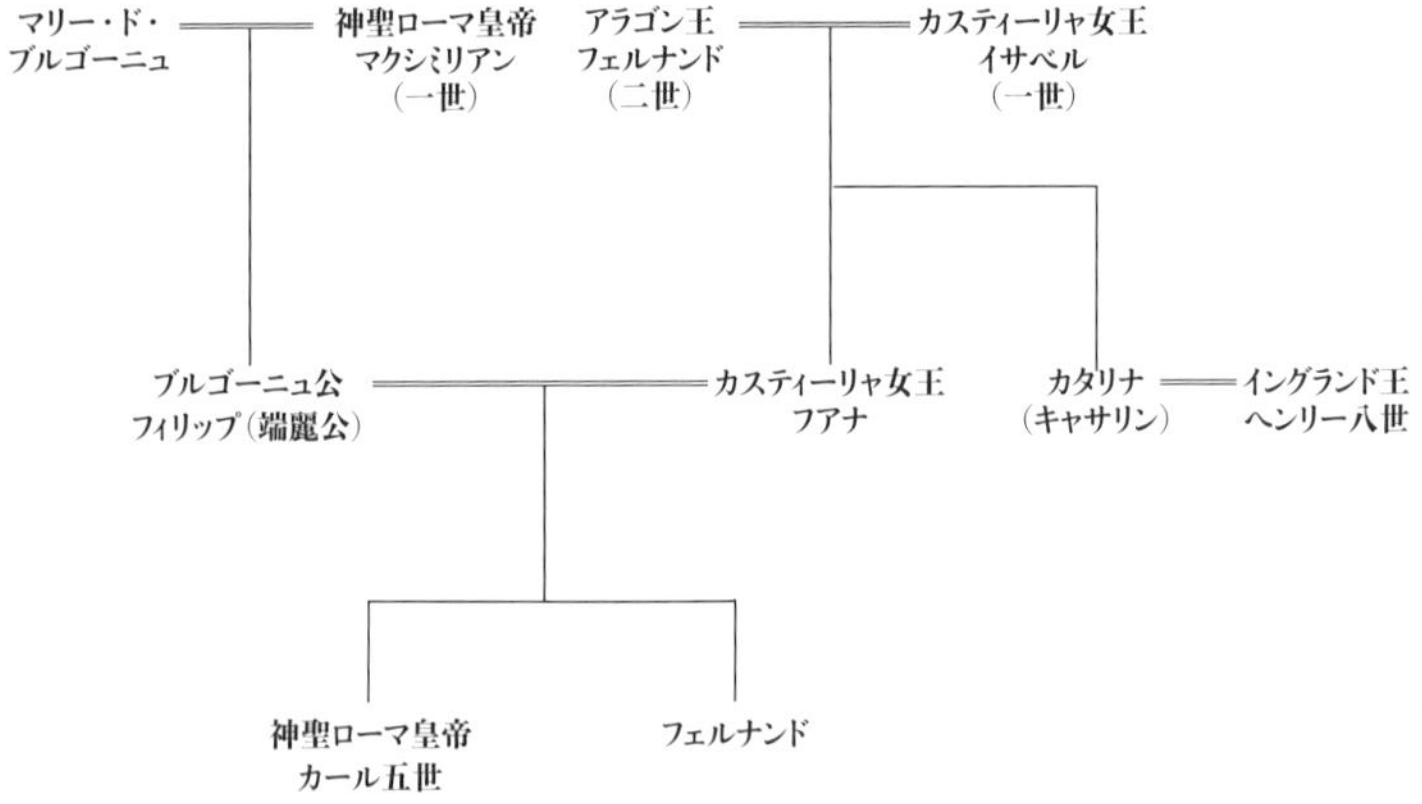

新大陸まで支配するカールが帝冠をも手中にするとなれば、虎が翼を得るようなものである。妃キャサリンの甥に当たるとはいえ、カールの戴冠はヘンリーにとって望ましい結果ではなかった。さりとてフランス王が勝利するのはもっと忌まわしく、イングランド王としてはせいぜい善戦し、キリスト教世界で存在感を示すのが狙いであったと思われる。ヘンリーの秘書官ペースが選帝侯の許を訪ね、ローマ教皇庁からの親書を示しながら支持を訴え、三人の聖界選帝侯（マインツ大司教、ケルン大司教、トリーア大司教）からヘンリーの支持の確約を取り付けたのは望外の首尾であったかもしれない。

　しかし、六月二十八日午前七時、フランクフルトに集った選帝侯たちが、満場一致で選出したのはスペイン王カールであった。カールはこのとき弱冠十九歳。カール五世として戴冠した彼は、空前の大帝国に君臨しながらも、フランス王の度重なる挑戦や伸長するプロテスタントの攻勢に直面するなど、苦難の日々を送ることになる。

予想どおりと言うべきか苦杯を喫したヘンリーだが、その敗因は何といっても買収工作の中途半端さにあった。カールとフランソワは選帝侯たちに莫大な金品を贈っていたが（純金換算でカールは二トン、フランソワは一・五トンを費やしたという）、ヘンリーは「勝利の暁には」と手形を切ってみせるだけで、「実弾」を投下することはなかったのである。

やがて、選挙工作の実働隊として大陸を駆けずり回っていたペースが帰国し、事の始終をヘンリーに報告することになった。ペースは国王からの厳しい叱責を覚悟して謁見に臨んだが、意外にもヘンリーは「私めにはもったいない温かい言葉をたくさんかけてくださった」ばかりか、「皇帝の座など得なくてよかったと大変喜んでおられた」という。「ブドウは酸っぱいに決まっている」と捨て台詞を残したイソップ寓話の狐を思わせる、ある意味ほほえましいエピソードである。

さて、皇帝マクシミリアンの死から三年後の一五二一年十二月、今度は教皇レオ十世が世を去った。自ら皇帝となる夢破れたヘンリーであったが、教皇の死を知った彼の脳裡で、今また新たな野望が頭を擡《もた》げ始めていた。後継の教皇に自らの腹心ウルジーを就かせようというのである。イングランド人の皇帝選挙出馬が二百六十年ぶりというのなら、イングランド人が教皇に選出されれば、ハドリアヌス四世として即位したニコラス・ブレイクスピア以来三百七十年ぶりの快挙となる。もっとも、この壮図《そうと》も実のところヘンリーの独創というわけではなかった。レオの死の一年前、大陸を訪れていたウルジーに、もし教皇選挙に名乗りを上げるのならば支援しようと新皇帝カールが囁きかけていたのである。この打診が外交辞令に過ぎないと見抜いたウルジーは丁重に断ったというが、ウルジー擁立案は、後に皇帝とヘンリーが会談した際にも再浮上し、ヘンリーはこれを前向きに受け止めたのだった。

しかし、翌一五二二年一月の教皇選挙《コンクラーヴェ》で後継に選出されたのは、かつてカール五世の家庭教師を務めたネーデルラント出身の神学者アドリアン・フロリスだった。非イタリア人として久々に選出されたアドリアンは、ハドリアヌス六世として登極する。ところがこの新教皇は、即位から二年も経たぬうちに急逝してしまう。この時、後任教皇として本命視されたのが、ジューリオ・デ・メディチ枢機卿であった。枢機卿は亡きレオ十世の従弟に当たり、血縁や枢機卿団への影響力はウルジーの比ではない。しかし、ここで簡単に諦めるヘンリーではなかった。何と言っても、腹心をキリストの代理者の座に押し上げることは、自らがキリストと同じ高みに上るのに等しいのである。

既に触れたとおり、かつては権勢欲旺盛なウルジー自らが教皇の座を望み、獲得のために奔走したという見方もあった。しかし、彼の行動を顧みると、教皇庁の意向を無視することも多く、教皇選挙を見越して枢機卿団に根回しを行っていた形跡もない。また、一五二二年の選挙の際にローマへ派遣されたウルジーの腹心の書簡には「猊下《げいか》は確かに決して深入りしないと申しておられました」と記されていた。これらを根拠に、ウルジーの教皇選挙への出馬は、彼自身ではなくヘンリーの意向によるものとするとの見方が今日では有力となっている。

そのヘンリーが多数派工作のためローマ駐箚《ちゅうさつ》の使節に与えた指示は次のとおりだった。「メディチ枢機卿の勝利が明白であれば、彼を支持せよ。しかし、メディチが必ずしも優勢といえぬ情勢であれば、ウルジーを候補者に立て、枢機卿団に惜しまず金品を贈るべし」

だが、一五二三年十一月の教皇選挙で聖座を射止めたのは、大方の予想どおりメディチ枢機卿だった。ヘンリーにとっては皇帝選挙に続く苦杯であったが、メディチ――今や教皇クレメンス七世――はイングランドの護国枢機卿《カーディナル・プロテクター》を務めていたことから、親イングランド的と見なされており、実のところ、この結末はさほど悪いものとは受け止められなかった。一切の成り行きをとうに見切っていたウルジーに至っては、主君ヘンリーが「聖下と万事歩調を合わせるでしょう」などと新教皇に請け合っていたが、十年後、ヘンリーの離婚問題がこじれにこじれた末、両者が袂を分かつことを思えば、これも全く皮肉な空手形であった。

破れた平和

百年戦争以来、絶えず角逐を繰り返してきたイングランドとフランスの関係は、しばしば「ライバル」や「宿敵」などと形容されるが、歴然とした国力差や歴史的経緯（イングランド王家は、元はノルマンディー公というフランス王家の封臣である）からすると、少なくともフランス側がそのような見方をしていたとは考え難く、彼らにとってイングランドなど、国土の北辺を時折脅かす、小癪な格下といった存在であった。

当時のフランス王にとって最大の関心事は、キリスト教世界における勢力伸長、とりわけイタリア半島における権益の確保であり、その最大の障壁となるのは、東はオスマン帝国と国境を接し、西はアメリカ大陸にまで及ぶ広大な版図に君臨するカール五世であった。カールへの敵愾心《てきがいしん》は、ロンドン条約を批准してもなお抑えがたく、一五二一年に入るとフランソワは公然と挑発を開始する。九年前にスペインに占領されていた小国ナバラへの軍事援助を行うとともに、フランスと神聖ローマ帝国の双方に領地を持つブィヨン公を唆し、ルクセンブルクに侵攻させたのである。

この挑発をロンドン条約への違反と見たカールは、フランソワへの共闘をすかさずヘンリーに呼びかける。イングランド王にとっても、ここでカールの要請に応じ、フランスに宣戦するのは有力な選択肢だった。主産品である羊毛の最大の輸出先はカールの支配するネーデルラントであり、経済的紐帯を考慮すれば、皇帝との友誼は何よりも優先すべきであった。しかし、最終的にヘンリーが選んだのは、ロンドン条約のホスト国らしく、ぎりぎりまで調停の可能性を追求することだった。そうして一五二一年八月、イングランドの呼びかけで、神聖ローマ帝国、フランス、ローマ教皇庁の代表団がカレーに集い、和平交渉が開始されたが、この会議は初めから波乱含みであった。皇帝の使節はフランスへの速やかな宣戦布告をイングランドに求め、自分たちには和平を議論する権限などないとして、交渉を取り仕切るウルジーと皇帝が直接会談するべきと突っぱねたのである。

使節の権幕に押されたウルジーは、カレーを離れ、皇帝の待つフランドルの町ブルージュに入る。しかし、ロンドン条約を守り抜こうと、皇帝に謁した代償は大きかった。イングランドの速やかな派兵を求める皇帝を前にしては、さすがのウルジーもフランスへの軍事行動（後にヘンリー周辺では「大いなる企て《グレート・エンタープライズ》」と称された）の開始を二年後、一五二三年の春まで遅らせるのが精一杯であった。もちろんその二年の間に緊張が緩和することも期待されたし、フランスと開戦するにしても軍備増強の必要があったから、時間稼ぎを可能にしたという意味でも、このブルージュの密約はイングランドの一方的な失策というわけではなかった。

平和の調停者として振る舞うのは、戦争よりもずっと安上がりに国際的威信を得られる上策である。一方、神聖ローマ帝国とフランスの双方を敵に回すことが、「二等国」イングランドにとっては最悪の下策であり、この両大国が矛を交えた際に、敗者側に就いてしまうのがそれに次ぐ下策といえた。仮に両者が衝突したとして、未曾有の超大国に君臨する皇帝カールが簡単に敗れるとは考え難く、ヘンリーにしてもそう悪くないところに落ち着いたのである。

もっとも、来るべきフランスとの戦争は、十年前の親征のようにヘンリーの心を躍らせるものではなかった。皇帝に無理強いされて同盟したという経緯もさることながら、かつてのフェルナンドやマクシミリアンの振る舞いから、同盟者というものがいかに当てにならないか思い知らされていたからである。フロドゥンの勝者第二代ノーフォーク公トマス・ハワードの長子サリー伯に一軍を与え、フランス東部ピカルディで攻城戦を繰り広げたが、士気も上がらなかったのだろう、さしたる戦果もないまま撤兵を余儀なくされた。

即位して早《はや》十余年、常に英雄的とはいかない戦争の現実を否応なく知ることになったヘンリーだったが、昔年のフランス遠征時に抱いた血沸き肉躍る思いを蘇らせる事件が出来《しゅったい》する。フランス陣営に謀反人、しかも大物の謀反人が現れたのである。

この反逆者——ブルボン公シャルルは、フランス王国大元帥にして、王家の傍流という血筋である。さらに無類の戦上手でも知られたブルボン公が王に反旗を翻したのは、自分が相続するものと当て込んでいた亡き妻の遺領を王に没収されたためであった。一五二三年六月には、ヘンリーとカール、そしてブルボン公が三方向からフランスへ進攻すると約され、八月末にはヘンリーの義弟サフォーク公率いる一万の軍が海を渡った。当初サフォークの目標は、フランス北部の拠点ブローニュであったが、ウルジーの進言で一気に敵の心臓部パリを狙うこととなり、十月にはパリまであと五十マイル（約八十キロ）という地点まで迫ったのである。この報せにヘンリーは宿願のフランス王位を半ば手にしたと確信し、大いに色めき立ったと伝えられる。しかし、サフォークと呼応して進撃するはずのカールとブルボン公の部隊は、いずれもフランス軍に撃退され、サフォークは冬の訪れも近い中、

◉図 20――パヴィアの戦い（National Museum of Capodimonte 蔵）

敵の都を目前にして孤立無援に陥ってしまう。

ヘンリーは初めこの現実を受け入れることができず、飢えと寒さで士気を失ったサフォークの進攻軍に戦闘の継続を命じるも、間もなくこれ以上の深入りは利のないことを悟り、心は次第に和睦へと傾いていくのである。

ところが、一五二〇年代のヨーロッパの国際情勢は、有為転変定まりないというほかなく、一度は遠のいたフランスの王冠は再びヘンリーの許に転がり込もうとする。イタリアに進攻中のフランソワ一世率いるフランス軍が、一五二五年二月、ロンバルディア地方の町パヴィアの城外で神聖ローマ帝国軍と交戦し、四時間半に及ぶ激戦の末、国王フランソワ自ら捕虜となる歴史的な大敗を喫したのである。これを知ったヘンリーの喜びようはひとかたならず、報せを届けた使者に「汝はまるで受胎告知のため聖母の前に現れた天使ガブリエルのようだ」と言葉をかけたと伝えられる。

国王を捕虜とされたフランスとの和平など愚の骨頂でしかない。勝ち馬に乗れとばかりに、ヘンリーはフランスの分割を皇帝に持ちかける。しかし、皇帝にしてみれば、パヴィアの勝利にイングランドがどんな貢献をしてくれたのかというわけで、労なくして分け前に与《あずか》ろうとするヘンリーの振る舞いに、「イングランド王は真の友として力を貸すどころか、義務さえ果たそうとしなかった」と怒りを日記に書きつけるほどだった。

もっとも、カールのつれない態度もさることながら、主を失ったフランスに攻め入ろうにもイングランド王には先立つ金がなかった。実のところ、ヘンリーはこの絶好の機会を逃すまいと、ウルジーと知恵を絞り「好意に基づく上納金《アミカブル・グラント》」と称する臨時税を課して軍資金を捻出しようとしていた。しかしながら、聖職者は収入の三分の一（収入が十ポンド以下の場合は四分の一）、俗人は収入の六分の一を税率としたこの新税は、厭戦気分の庶民たちの好意を得られず、東部で暴動が起こるに至っては撤回を余儀なくされたのであった。

パヴィアでの皇帝軍の勝利は、キリスト教世界のパワーバランスをも変えようとしていた。皇帝という最高の権威を帯び、先進地帯のイタリアとネーデルラントを含む広大な版図に君臨するカールに唯一対抗できるのが、豊饒な国土とヨーロッパ屈指の人口を誇るフランス王国であった。しかし、そのフランスは王を捕虜に取られた上、屈辱的なマドリッド条約を強要され、ブルゴーニュ公位への主張を放棄させられる有り様だった。要するに、ここに来てヨーロッパの君主たちのパワー・ゲームは、皇帝一強の様相を呈し始めてきたのである。

◉図21――メアリー王女（1522年頃）

◉図22――ヘンリー・フィッツロイ

突出した勢力が現れれば、これに対する包囲網が生まれるのは常道である。一五二五年八月、ハートフォードシャーはモアのウルジー邸で、まずイングランドとフランスの和平が約され、翌年五月にはフランス、教皇、ヴェネツィア共和国らによるコニャック同盟が成立すると、イングランドはその「保護者」となったのである。

こうして、金襴の陣で友誼を誓い合ったイングランド、フランス両国王は、紆余曲折を経て再び手を取り合い、この先十年以上にわたって和を保つことになる。フランスをパートナーとする選択は、その後ヘンリー最大の懸案となる離婚問題の展開を考えれば、賢明だったといえる。国内の教会は教皇ではなく国王の権威に服するという、いわゆるガリカニズムの伝統を有するフランスは、十四世紀には教皇を南仏アヴィニョンに「捕囚」するなど、ローマの教皇権に挑戦的な一面を有していた。そんなフランスと手を結んだことは、爾後ローマとの亀裂を深めていくヘンリーには、万の味方を得たように思われたのだった。また、フランスとよりを戻したこの頃には、すでに四十の坂に差し掛かっていた王妃キャサリンが夫王と寝所を共にすることはなくなっていたとされる。二人の間の子女のうち、無事に長じたのはメアリー王女のみで、男子の世継ぎを熱望するヘンリーとキャサリンの間には確実に隙間風が吹き始めていた。愛人エリザベス・ブラントに産ませた庶子ヘンリー・フィッツロイをリッチモンド公爵に叙し、王位継承への布石を打ったと囁かれたのもこの時期のことである。メアリーこそ王位を継ぐにふさわしいと考えるキャサリンはこれに強く抗議し、王妃に同調した三人の侍女が宮廷から追放される事件さえ起こっていた。

　思えばヘンリー即位後の十数年は、戦争と平和が織りなす煌びやかな外交の季節であった。戦争にせよ平和にせよ、キリスト教的友愛と騎士道的美徳、さらには人文主義《ヒューマニズム》の理想とで、いとも麗々しく飾り立てられていたのである。ところが、この暑い外交の夏が過ぎ去ると、王妃との離婚問題が浮上し、ヘンリーの関心はその一点に向けられることになる。ロンドン条約の基本精神となったキリスト教徒の友愛は、兄嫁との結婚生活はそれ自体罪だったのではないかと思い悩む国王の良心の呵責に取って代わられる。そして、絢爛たる平和を演出したウルジーも王の寵愛を新興貴族の娘に奪われ、退場を余儀なくされるのである。次章ではこのヘンリーの離婚問題とこれに端を発するイングランドの宗教改革に焦点を当てるが、その前に「平和外交の立て役者」ウルジーが内政面で残した事績を紹介して本章を締めくくることにしたい。

ウルジーの内政面の事績――税制改革と囲い込み《エンクロージャー》

いつの世もとかく戦《いくさ》は金を食う。ヘンリー最初のフランス遠征が国王の歳入の十倍という天文学的な巨額を要したことは既に触れたとおりだが、この財政難はウルジーの創意工夫の才を大いに刺激したらしい。王の懐を潤そうと、忠実な枢機卿が手を付けたのは税制である。

中世以来、イングランドには、十分の一税・十五分の一税をはじめとする議会承認税と、上納金などの名目で、議会の承認を経ることなく国王大権に基づいて課される税とがあった。後者に該当する「好意に基づく上納金《アミカブル・グラント》」の導入には失敗するウルジーだが、持ち前の巧みな議会操縦術で、時代遅れとなっていた十分の一税・十五分の一税を補完する、新たな税目を議会に認めさせていたのである。以下、そのあらましを追ってみよう。

テューダー朝が成立した時点で、議会承認税の柱となっていたのは、十分の一税・十五分の一税だった。これは元々、臣民の動産を課税対象とする税目で、王領地や都市の住民には十分の一、それ以外の住民には十五分の一の税率を課したのがその名の由来である。しかし、住民の所有する動産をすべて把握するのは難しく、課税対象として捕捉できないものも少なからずあったらしい。そのため、エドワード三世治下の一三三四年に大きく見直され、住民の担税力を基に定められた課税割当額を、都市や村落などの共同体単位で納税する形に移行したのである。当時としては画期的な試みであり、長らく直接税の基幹を担うことになるのだが、百五十年を経てテューダー朝が成立する頃には、大きな問題を抱えるようになっていた。一三三四年の導入以降、共同体への課税割当額が、ほぼ見直されることなく維持されていたのである。この百五十年の間に、黒死病が流行し、産業構造の変化も見られ、都市や村落の栄枯盛衰も様々であったことを思えば、富の総量や分配の変化を反映しない、時代遅れの税になっていたと言ってよい。

そこでウルジーは、この旧態依然とした十分の一税・十五分の一税に代わる直接税の柱として、新税の導入を断行する。一五一三年、当時まだ国王評議会の一員に過ぎなかった彼が打ち出した新税――「特別税《サブシディ》」――の新機軸は、納税者の担税力を正確に把握する点にあった。納税対象者は申告に偽りのないことを宣誓した上で、官吏の査定を受けることとされ、査定対象は、地代収入、労働所得、資産運用益など複数の区分に及んだ。そして、そのうち最も高い税収につながる一区分のみが実際の課税対象となったのである。この査定に関しては、貴族やジェントリたちといえども例外扱いされず、それればかりか、低所得者の負担を和らげるべく累進税率が採用されたのである。フランスやスペインでは貴族たちが納税を免除されていたことを思えば、その先進性は明白であった。

当時としては革新的なこの税を従来の十分の一税・十五分の一税と併用することで、国王の懐はいくらか潤されることになる。もっとも、これとて莫大な遠征費や奢侈な宮廷生活を賄うには十分とはいえず、その後ヘンリーは国王大権に基づく借り入れを繰り返し、ついには貨幣の悪鋳といった「禁じ手」にも手を染めることになる。とはいえ、この特別税は、ヘンリーの娘エリザベス一世が死去し、テューダー王朝が終焉するまでの約九十年のうちに、二十六回も議会で承認され、財政の柱の一つとして定着することになる。

さて、主人ヘンリーの関心のありかを物語るように、したたかな交渉者《タフ・ネゴシエーター》として外交面で名を鳴らしたウルジーだが、そもそも彼は大法官として法を司り、正義を実現する立場にあった。高慢で強欲、およそ正義とは程遠い人物として描かれることも多い枢機卿は、意外にも世の正義のために尽力し、この分野でも少なからぬ功績を残しているのである。ウルジーの大法官就任以降、民事と刑事の両面で存在感を高めていた星室庁裁判所に監督権を与え、国王の寵臣たちが自身の領内で行った不法行為を厳しく処断させたのはその一例だが、こうした正義と公正の実現の一環として大法官が手を付けたのが、当時大きな社会問題となっていた囲い込み《エンクロージャー》の取り締まりである。地主たちが、牧羊地とするために耕地や共有地を生け垣などで囲い込むこの現象は、トマス・モアが主著『ユートピア』の中で「羊が人を食う」と形容したように、農民から土地を奪い、共同体を破壊する悪弊と見なされていた。さらに、この囲い込みと並行して、外部の投機家たちの手で複数の農地が集約され、余剰と見なされた農民たちが土地を追われる事態にも発展していたため、当局によるいち早い解決が望まれていたのである。

こうした中、ウルジーは一五一七年から足かけ二年にわたる実態調査を断行する。農地荒廃の実態把握、囲い込みを行っている者の特定が行われ、「嫌疑」をかけられた地主たちは法廷に召喚されていく。この時、呼び出された者たちの中に、意外な人物の名があった。自著で囲い込みを厳しく批判していたはずのトマス・モアである。オックスフォードシャーの自身の農地を囲い込んだとして召喚されたモアは、すでに元の耕作地に戻し、破却された家屋も再建したと釈明するほかなかったとされる。

召喚された二百六十四名の地主たちの弁明は様々で、囲い込みの事実を認め、原状回復を約束する者もあれば、公益のためにはむしろ囲い込みは望ましいのだと主張する者もあった。牧童と牧羊犬を放ち、あとは羊に草を食ませていれば上質の羊毛を刈り取れるのだから、確かに囲い込みの経済合理性は高そうではある。しかし、実際は十六世紀を通じ、羊毛の価格は穀物価格と比較して低下気味であり、地主たちの囲い込みへのインセンティブはさほど強いものではなかったとされる。それでもウルジーが熱心に取り締まりを進めたのは、テューダー朝史の大家ジョン・ガイ博士が説くように、この枢機卿もプラトンの道徳思想や理想主義を奉じる、宗教改革以前の人文主義の申し子だったということだろうか。

とまれ、彼の理想主義も筋金入りというわけではなく、戦費捻出のための特別税に議会が難色を示していると見るや、懐柔策として、囲い込みの取り締まりを一時緩和するといった妥協にも応じている。ウルジーの理想は、何よりも、国際政局の檜舞台で主人ヘンリーを輝かせることであり、ヘンリーもそのための最善策を右腕に求めていたのである。しかし一五二七年を境に、ヘンリーは全く別のものを望み、その実現をウルジーに求めるようになる。それは王妃キャサリンとの離婚であった。

第三章

離婚問題——国王陛下の重大事案《キングス・グレート・マター》

待たれる男子誕生

十七歳の若さで王位に即くや、次々と積極的な対外政策を打ち出し、キリスト教世界にその存在を印象付けたヘンリーだったが、その彼をしても、即位後二十年近くを経てなお手にすることの叶わぬものがあった。世継ぎの男子である。即位の同年、一五〇九年に六歳年上のキャサリンを妃に迎え、王妃は早々に懐妊するが女児を死産。その翌年、待望の男児が生まれ、ヘンリーと名付けられるも、生後五十二日で世を去っていた。その後も王妃は度々懐妊するものの、流産と死産を繰り返す。廷臣や外国使節らによって確認されているだけでも、その回数は七回に上った。全くの不生女《うまずめ》というわけではなく、とにもかくにも王妃は子を宿すのである。それだけに男児を望むヘンリーの思いは募る一方で、結婚十年目の一五一九年には、もしも神の恵みによって世継ぎを得られるなら、自ら十字軍を率いてトルコに遠征すると誓いを立てるほどであった。しかし、即位後二十年近くを経ても、無事に長じていたのは一五一六年に生まれたメアリー王女ただ一人であった。

このメアリーを王妃は掌中の珠の如くに慈しんだ。それればかりか、将来イングランド王位を継ぐ身と思い定め、なし得る限りの最高の教育を施したのである。メアリーが三歳になるや、ヨーク家出身（その父はエドワード四世の弟クラレンス公である）で、学識の豊かさで知られたソールズベリー女伯マーガレット・ポールが教育掛に任じられ、その後ほどなくして、エラスムスとも親交のある高名な人文主義者ファン・ルイス・ビベスがスペインから招聘され、王女の教育団に加わることになった。

キャサリン王妃が娘の王位継承を自然なことと見なしたのには、もちろん理由がある。王妃の母イサベルは大国カスティーリャに君臨した女王であり、イベリア半島からイスラム勢力を放逐するという偉業さえ成し遂げていた。そのような女傑を母に持つキャサリンにとって、女が王座を占めるのは何ら憚られることではない。しかし、ヘンリーはじめ多くのイングランド人はそうは考えなかった。彼らの知る女性君主といえば、四百年も昔のマティルダ（モードとも）であり、彼女は父ヘンリー一世の死後、王国を実効支配したものの、やがて従兄スティーブンの挑戦を受け、国を内乱の底に突き落としたのであった。

また、女王となったメアリーが外国の君侯と縁づけば、夫は必ずイングランド王位に野心を示すであろうことも大きな懸念材料だった。

世継ぎの男子に恵まれぬ以上、王国の将来は盤石ではない。こうした不安は、治世が進むにつれ、国王の行動にもはっきりと反映されるようになっていた。

一五二一年二月、すでに三年も懐妊の兆候がなく、遠からず子を宿さぬ身となることを悟っていたキャサリンは、イングランド東部の巡礼地ウォルシンガムへ向かっていた。聖母マリアに捧げられたこの聖廟で、男児の誕生を祈願するためである。この巡礼には、王妃の熱意にほだされたヘンリーも同行していたが、目的地を眼前にしながらロンドンへ引き返してしまう。王国屈指の大貴族バッキンガム公に謀反の動きありと、ウルジーから急報がもたらされたのである。

【バッキンガム公爵家 略系図】

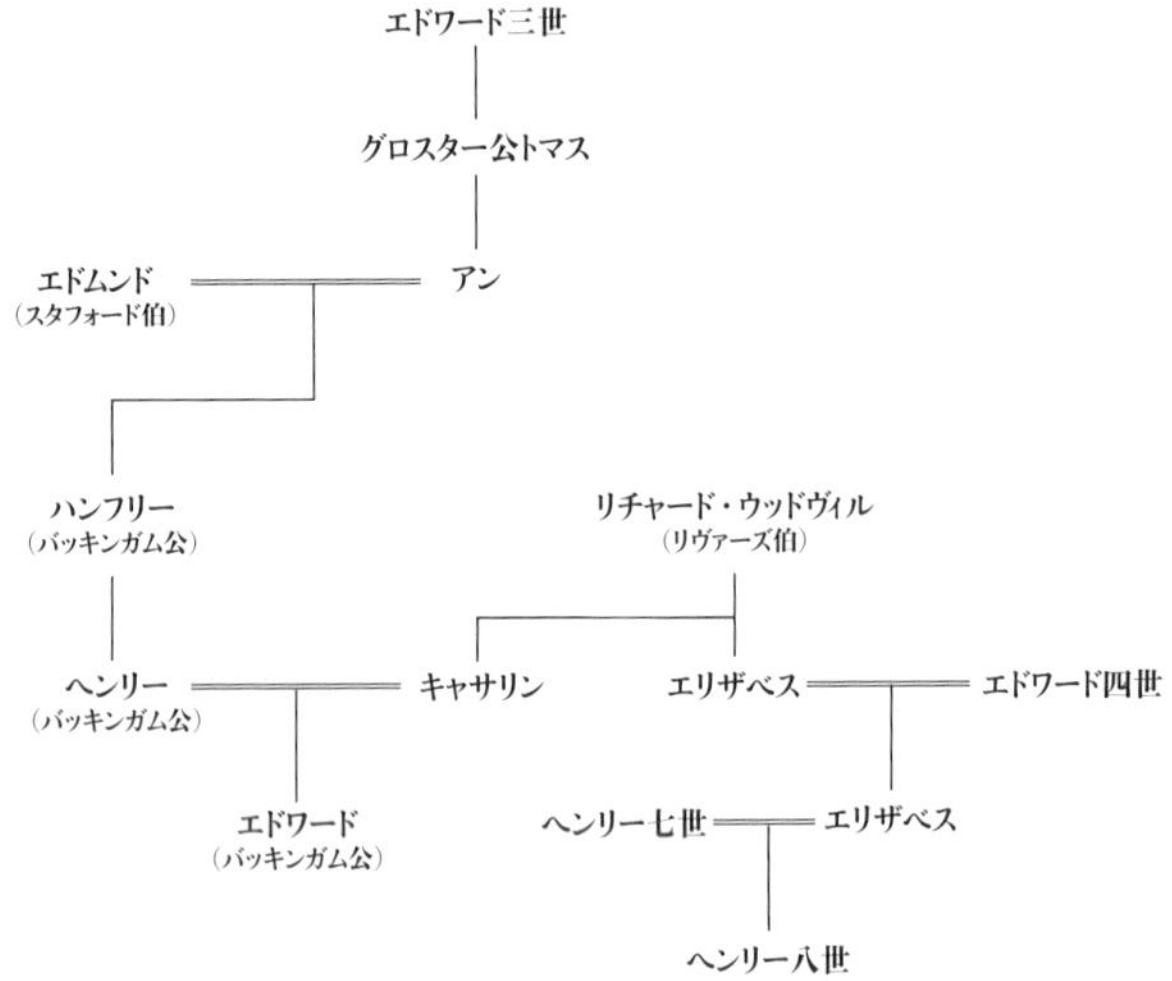

エドワード三世
グロスター公トマス
エドマンド
（スタフォード伯）
アン
ハンフリー
（バッキンガム公）
リチャード・ウッドヴィル
（リヴァーズ伯）
ヘンリー
（バッキンガム公）
キャサリン
エリザベス
エドワード四世
エドワード
（バッキンガム公）
ヘンリー七世
エリザベス
ヘンリー八世

このバッキンガム公エドワードは、父方は十一世紀の「ノルマンの征服」以来の名門で、王家との所縁深く、その母もエドワード四世の王妃エリザベス・ウッドヴィルの妹であったから、ヨーク家とは身内も同然であった。ヘンリーは直ちに公爵を逮捕し、形ばかりの裁判にかける。その罪状は「国王の死を願い、思い企てた」というものだった。バッキンガムは無罪を主張したが、公爵の破滅を強く望むヘンリーは、自ら証人に振り付けをするといった念の入れようで、結局公爵は死罪を宣告され、未熟な死刑執行人が三度も斧を振るった末に首を斬り落とされたのである。

実際のところ、公爵は自らの高貴な血筋を誇り、ウルジーはじめ卑賤の出の廷臣たちを虫けらのごとく見下していたものの、王位転覆を企てるような野心も気概もなかったとされる。しかし、王位継承への不安を強めていた国王に目を付けられてしまっては、潜在的な脅威として取り除かれるのは必然であった。かくしてバッキンガムは、増長の一途をたどっていた国王の猜疑心の犠牲となったのである。

心に不安を飼い太らせていたヘンリーは、やがてキャサリンとの結婚は神の定めた摂理に反するものであったと思い至り、程なくこれを確信へと変えていく。イングランドの宗教を一変させることになるこの存念がいつ王の脳裡を占めるようになったのか、時期を特定するのは難しい。しかし、一五二七年が暮れる頃には、ヘンリーは自ら熱心に神学書に目を通し、学者たちとも議論を深めた末に上述の見解にたどり着いたと公言するようになっていた。罪深い結婚を罰するため、神は世継ぎの男子をお与えにならないというのである。ヘンリーの確信には神学的な根拠があった。旧約聖書中の一書レビ記には、次のように記されているのである。

「汝の兄弟の妻と淫するなかれ。汝の兄弟を辱むるなればなり」（第十八章第十六節）

「人もしその兄弟の妻を取らば、これ汚らわしきことなり。その兄弟の陰所を露したるなれば、その二人は子なかるべし」（第二十章第二十一節）

要するに、兄弟の妻と関係を持つことを神はお許しにならず、これに反すれば神罰を受け、子に恵まれることはないというのである。

それにしても、一国の王が、二十年近く続けた結婚生活を「罪深い」と一刀両断するのは尋常のことではない。元来、極めて敬虔で、神学の造詣も深かったヘンリーが神学者と議論を重ねたのは事実であったろうが、王妃との罪に塗れた結婚は無効と主張する国王の陰には、一人の女の姿が見え隠れしていた。その女性とは、王妃キャサリンの侍女アン・ブーリンである。

アン・ブーリン

国王のアンに対する執心ぶりが初めて公にされたのは、一五二六年二月に行われた四旬節恒例の馬上槍試合であったとされる。この日、「あえて望むまい」の言葉《モットー》と燃え盛る心臓の意匠をあしらった陣羽織を纏い、衰え知らずの槍さばきを見せたヘンリーは、以降その言葉とは裏腹に、アンの気を引こうとあの手この手でアプローチを仕掛けた。この年の秋、自ら射止めた鹿の肉を添えて初めての恋文を送ったのを皮切りに、指輪、ブレスレット、頭飾り用のダイアモンドなど、贈り物を雨あられのように降らせ、翌年のイースターの頃には、「あなたが身も心も捧げてくれるなら、私もすべてを捧げるばかりか、あなた以外の女性への思いを退け、あなた一人に仕えましょう」という手紙を送っている。一見結婚を申し込んでいるかのようなこの恋文は、バーミンガム大学のアイヴス教授によれば、王が死ぬまでその地位を保証される公妾の座を約束したものであったという。しかし、この提案に魅力を感じなかったアンは、これ以上の深入りは無用とばかりに宮廷から引き揚げてしまう。実は彼女の姉メアリーは、ヘンリーの愛人となっていたところ、つい先年、三年にわたる関係の清算を言い渡されていた。野心的で知恵の回る女性だったアンは、姉の轍を踏むつもりはなかったのである。もっとも、いくら上昇志向の強い彼女とて、この時点で「王妃に迎えられる

●図23――アン・ブーリン

のでなければ、王の愛には応えられない」と考えていたわけではなかっただろう。臣下の身から王妃となったのは、エドワード四世妃エリザベス・ウッドヴィルの一例を数えるのみであり、キャサリンを王妃の座から押しのけて自らが納まるというのは、あまり現実的とは思われなかった。

しかし、このアンのつれない態度は、宮廷の女をわが物にするなど訳ないことと自惚れていたヘンリーの「狩猟本能」をいっそう刺激することになる。そして、後継問題に頭を悩ませる国王は、一五二七年の夏には、アンとの結婚こそが、彼女の愛情と正統な男子後継者を勝ち得る一挙両得の解決法であると、ハタと思い至るのである。

かくてヘンリーが次の王妃と思い定めることとなったアンは、一五〇一年、ブーリン家の次女として廷臣の父トマスと母エリザベスとの間に生まれた。ブーリン家は由緒を誇る旧家ではない。アンの曾祖父ジェフリー・ブーリンが故郷のノーフォークからロンドンへ上り、絹物商人として成功し、一四五七年にロンドン市長を務めるまでに立身したことで家運が開けたのである。ジェフリーとフー卿の娘との間に生まれたウィリアム（アンの祖父）は、アイルランドの名家オーモンド伯爵家から妻を迎えて着実に家格を高め、その子でアンの父トマスは若くして宮廷に職を得て、イングランド屈指の名門ハワード家から妻を娶っていた。

閨閥頼みのいわば新興貴族の娘に生まれたアンは、十二歳の頃、ネーデルラントのメヘレンの宮廷に行儀見習いとして送り出された。その後、フランス宮廷に移り、自身の縁談のため帰国するまでの七年近く、フランソワ一世の妃クロードに侍女として仕えた。メヘレンにせよパリにせよ、アルプス以北のルネサンスの中心地である。ここで彼女は、洗練された身のこなしと、音楽の技能、そして流暢なフランス語を習得したのである。また、アンが滞在したフランス宮廷では、聖書の権威を重んじ、カトリック教会内部の改革を目指す福音主義が浸透していた。事実、クロード妃の妹ルネは福音主義の信奉者として内外に知れ渡っており、こうした雰囲気の下、アンは聖書中心主義的な宗教観に親しんでいったのである。

ちなみに、本書でもこの後何度も登場する「福音主義（派）」という言葉は、主にアメリカ合衆国の現代政治を語る上で頻出する「福音派」とは区別が必要である。「福音派」が聖書を文字どおりに解釈し、進化論を容認しないなど、原理主義的傾向を有するプロテスタント内部の「保守派」と定義されるとすれば、ヘンリーの時代の「福音主義（派）」は、聖書を拠り所に伝統的なカトリック教会の権威に疑義を呈する「改革派」と呼ぶべき存在だった。

さて、フランス帰りとの触れ込みでイングランド宮廷にデビューしたアンは、廷臣や青年貴族たちの興味を大いに引き付けたらしい。アンの容姿については、彼女とも親交のあった聖職者バーローが、長らくヘンリーの愛人だったエリザベス・ブラントと比較して「エリザベスの方が美人だが、アンは表情豊かで能弁、優雅でまずまず美しい」との評を残している。また、ヴェネツィア共和国大使の報告書によれば「絶世の美女とはいえず、中背で浅黒く、首は長い。口は大きく、胸はあまり豊かではないが、瞳は黒く美しい」ということで、彼女に対して敵意や偏見を抱かぬ人々から見ても、特筆すべき容姿の持ち主ではなかったことが分かる。しかし、それでもなお人目を引かずにいられなかったのは、フランス仕込みの洗練された物腰と、ウィットに富んだ当意即妙な会話力の賜物であった。

遠縁のジェームズ・バトラーとの縁組みが破談となったアンは、北方の雄パーシー家の跡取りヘンリーや詩人としても名高い廷臣トマス・ワイアットらと関係を深める。ことにワイアット（すでに既婚者であった）はヘンリーと恋のさや当てを演じてみせるが、間もなく国王の執心が宮廷人にはおなじみの恋愛遊戯を超えていることに気づかされる。身を引くのが賢明と判断したワイアットは、イタリアへの外交使節に自ら名乗りを上げ、しばし宮廷から遠ざかるのだった。

ヘンリーの求愛を一身に受けるようになったアンは、やがて王がキャサリンに代えて自らを王妃に迎えるつもりであることを悟る。そして、ささやかな装身具――乙女がひとりで舵を取る船をかたどっていたとされる――を贈り、結婚を望む王の意思を受け入れる。一五二七年の夏のことである。この時ヘンリー三十六歳、アンは二十六歳であった。

ところで二人の関係、とりわけ結婚に至るまでの性的関係については、近年の研究で大きく見直されているから、この点について簡単に触れておこう。これまでの通説は、好色で性的に放縦だったヘンリーが関係を迫るものの、計算高いアンはこれを拒み、結婚が成

◉図 24——アン所有の時祷書（British Library 蔵）
「あなたを心から慕っています。同じくらい強い思いで、たとえ祈りの最中でも、あなたが私の愛を思い出してくれれば、私が忘れられてしまうことはないでしょう」とヘンリー自らフランス語で書き込んでいる。血を流すキリストの画の下を選んだのは、愛する人と結婚できない煩悶を、キリストの苦しみと重ねたためであろう

就するまで「おあずけ」にしていたというものだった。しかし、近年はヘンリーがアンやローマ教皇庁に送った書簡の記述を根拠に、当初二人は肉体関係を持っていたものの、むしろヘンリーの側から結婚成立まで関係を慎むよう提案し、六年もの間、二人は禁欲を貫いたとする説が提示されている。道徳心を振りかざし、キャサリンとの結婚を神の掟に反するものと主張しながら、婚前のアンが妊娠しようものなら、ヘンリーの訴えは全く説得力を失ってしまう。そして、何よりもアンの産む子が正統な王位継承者として扱われるためには、一にも二にも彼女自身が国王の妻である必要があり、結婚の目途が立たぬうちに子を孕むわけにはいかなかったのである。ローマとの交渉が不調となり、禁欲生活が長引くことは予想していなかっただろうが、共に敬虔で、理念の崇高さを重んじたヘンリーとアンの選択としては、確かにうなずけるものがある。本書ではこの見解に沿って話を進めることにしたい。

聖書の論点

キャサリンを廃し、新たにアンを妃に迎える決意を固めたヘンリーには、乗り越えなければならぬ高い壁があった。キャサリンとの罪深い結婚は無効であるというヘンリーの確信が、レビ記の言葉を拠り所としていたことは既に述べたとおりである。しかし、このレビ記の記述から結婚無効の結論を直ちに導き出せるかといえば、事はそう簡単ではなかったのである。

ヘンリーが王妃に初めて離婚の意思を打ち明けたのは、一五二七年六月二十二日のことであった。二人の結婚生活は罪深く、初めから存在しなかったのだと告げられたキャサリンは激しく泣き崩れ、ヘンリーも場を収めるため、宥めすかすほかなかったという。しかし、滂沱《ぼうだ》の涙を流しながら、キャサリンは一歩も引くまいと心を固めていた。離婚を認めることは、王位後継者として育て上げてきた一人娘メアリーを私生児と認めることにほかならない。涙を拭ったキャサリンは、この問題を夫の支配するイングランド国内だけで片づけさせてはならぬと、甥の神聖ローマ皇帝カール五世の許へ使者を走らせ、事の次第を知らせる。さらには、来るべき法廷論争を睨み、教会法の権威としてヨーロッパ中に名を知られたロチェスター司教ジョン・フィッシャーをはじめ、錚々たる顔ぶれの「弁護団」で脇を固めた。彼らは聖書の緻密な解釈をもとにキャサリン擁護の論陣を張り、聖書の言葉を引き合いに結婚の無効を訴えるヘンリーの前に立ちはだかるのだった。

国王の離婚という一大事——事実、関係者の間では「国王陛下の重大事案《キングズ・グレート・マター》」のコードネームで呼ばれることになる——をめぐる論争はどのようなものであったか。ヘンリーが結婚無効の論拠としたレビ記の記述をもう一度見てみよう。

「汝の兄弟の妻と淫するなかれ。汝の兄弟を辱むるなればなり」(第十八章第十六節)

「人もしその兄弟の妻を取らば、これ汚らわしきことなり。その兄弟の陰所を露したるなれば、その二人は子なかるべし」(第二十章第二十一節)

キャサリンはかつてヘンリーの兄アーサーの妻であった。つまり「兄弟の妻」キャサリンを妻に娶ることは「汚らわしきこと」であり、それゆえに二人の間に「子なかるべし」というのである。自身とキャサリンの結婚は、まさにこのレビ記の禁忌に触れるというのがヘンリーの主張であった。しかし、この主張にはいくつかの弱点があった。

まず、「子なかるべし」というものの、実際にはキャサリンは全く子を産まなかったわけではない。ただ男子の世継ぎを儲けていないだけなのである。当然のようにフィッシャーら王妃派はこの点を鋭く指摘する。これに対し国王側は、ケンブリッジ大学のヘブライ語学者ロバート・ウェイクフィールドらを動員し、レビ記原典のより正確な訳は「子」ではなく「息子」であるとの見解を導き出して、ヘンリーの見解を援護射撃する。

次の問題点は、旧約聖書の別の書の中に、レビ記と矛盾する記述があることだった。申命記第二十五章第五節は次のように説く。

「兄弟ともに居んにその中の一人死して子を遺さざる時は、その死したる者の妻出でて他人に嫁ぐべからず。その夫の兄弟これの所に入り、これを娶りて妻となし、その夫の兄弟たる道をこれに尽くすべし」

兄弟のうち一人が死んだ場合、生き残った方が未亡人を娶って妻としなければならないというわけで、レビ記の記述とはまさに正反対である。ヘンリーと兄嫁キャサリンの結婚は罪であるどころか、当然の道理ということになってしまう。これに対して国王側は、申命記の記述はユダヤ民族の部族法を引き写したに過ぎず、すべてのキリスト教徒を拘束するものではないと反論する。しかし、王妃派の司教フィッシャーは、「仮に部族法に過ぎないとしても、法の道理に反することを、申命記という旧約聖書の一書の中で神がお命じになるだろうか」と、兄嫁との結婚は決して神の禁ずるところではないと論駁したのである。

さらに、キャサリンと亡きアーサーとの結婚の顛末も問題となった。もし二人が床入りによって結婚を「完成」していれば、教皇といえどもキャサリンがヘンリーと再婚するのを許可することはできないと考えられていたからである。逆に二人の結婚が「完成」していないのであれば、教皇が特赦によって許可する余地が認められるのである。この問題について、ヘンリーとキャサリンの結婚を許可したユリウス二世の特赦状は、本書の序章で触れたとおり、「性交により完成されたかもしれない」とあやふやな判断を下していた。

この曖昧さが仇となり、国王、王妃両陣営は激しく応酬することになる。ローマから派遣された教皇特使の尋問に対し、キャサリンは「アーサーと寝所を共にしたのは七回だけで、亡夫は自分に手を出すことはなかった」と証言した。すると国王側は、初夜の翌朝シーツが汚れていたと当時の寝所係に証言させただけでは飽き足らず、「潔白」を強硬に主張するキャサリンをヘンリー自ら「頑固者」と叱責するなど、あの手この手で圧力をかけ続けたのである。

こうしてヘンリーは聖書を持ち出して結婚の無効を訴えたものの、議論が議論を呼ぶ結果に終わる。さらにこの議論は「聖書上の禁忌を教皇といえども特赦できるのか」という教皇の権威に関わる論点さえ含んでいるだけに、容易に収拾するとは思われなかった。

離婚裁判

とはいえ、ヘンリーも最初から挑戦的な姿勢で教皇と対峙したわけではない。そもそも彼は即位以来「教皇の忠実な息子」を自任するほどローマの教権に親しんでいたし、マルティン・ルターの主張に反論する『七つの秘跡の擁護』を著した功により、教皇庁から「信仰の擁護者」の称号を与えられてもいた。キャサリンに離婚の意思を告げてから三ヵ月後の一五二七年九月、ヘンリーはキャサリンとの結婚無効の承認と、アンとの結婚に必要な特赦状を求め、使節をローマに派遣する。アンとの結婚になぜ特赦が必要かといえば、ヘンリーはかつてアンの姉メアリーを愛人としていたため、アンとの結婚は教会法が禁じる近親婚に当たるからである。そして彼は、教皇がこの特赦状をすんなり与えてくれると信じて疑わなかったのである。

しかし、色よい返事を待ち望むヘンリーに、教皇クレメンスが寄越した答えは「アンとの結婚の特赦は、キャサリンとの結婚の無効が確定してから」という期待外れのものだった。結婚の無効は聖書の記述に裏付けられた当然の道理と確信するヘンリーは、落胆している暇はないとばかりに直ちに二の矢を放つ。翌一五二八年二月には再び使節をローマに送り、結婚無効の是非をイングランド国内での裁判で決するよう交渉させたのである。この時、教皇との交渉に当たったのは、ウルジーの秘書で、後に宗教改革への抵抗派として名を馳せるスティーブン・ガードナーであった。ヘンリーが教皇への不信を強めていることを知るガードナーは、もし教皇がヘンリーの望みどおりの決定を下さないのなら、イングランドはローマの権威に背を向けることになると脅しをちらつかせる。これが奏功したのか、教皇はウルジーとイングランドの護国枢機卿だったロレンツォ・カンペッジオを教皇特使に任じ、両名に裁判を主宰させることに同意する。さらに、この裁判における判決は最終的な拘束力を有し、ローマに上告することはできないとされたのである。これはヘンリーにとっては朗報であった。判事役を務めるのが、自身の右腕ウルジーと、護国枢機卿としてイングランド寄りと見なされていたカンペッジオと決まった以上、彼らの下す判決がヘンリーにとって都合の悪いものになろうとは思われなかったからである。

しかし、ヘンリーの期待は見事に裏切られる。教皇クレメンスは密かにカンペッジオに指示を与えていた。教皇の密命——それは判決の言い渡しをできるだけ引き延ばすべしというものだった。クレメンスの一見姑息な指示の背景には、前年の五月にローマを見舞った歴史的な惨事があった。ブルボン公率いる二万余りの皇帝軍がローマに侵入し、一ヵ月近くもの間、破壊と殺戮の限りを尽くしたのである。世にいう「ローマ劫掠《ごうりゃく》」である。この蛮行の結果、ローマの誇るルネサンスの文化財は略奪と破壊の憂き目に遭い、クレメンスも命からがら要塞サンタンジェロ城に逃げ込んだものの、事実上、皇帝の虜囚となったのである。こうした状況で、あっさりヘンリーの主張を通してしまえば、キャサリンの甥である皇帝を刺激することになる。さりとて、この苦境の下、イングランドと決裂するのも望ましくなく、結局、時間稼ぎが最善という結論に落ち着いたのであった。

痛風を患っていたとされる教皇特使カンペッジオの足取りは重く、ローマを出発してから二ヵ月余り経った十月九日にロンドンに到着する。二週間後、ヘンリーとカンペッジオの間で四時間にも及ぶ会談が行われたが、結婚は無効とするヘンリーの確信にはいささかの揺らぎもなく、特使は「たとえ天使が舞い降りて来ても、イングランド王を翻意させることはできないだろう」と諦めにも近い言葉を残している。

◉図25——キャサリン・オブ・アラゴン（1530年頃）

その二日後、カンペッジオはウルジーを伴い、今度はキャサリンの許へ足を運ぶ。彼には「秘策」があった。修道女になるよう王妃に勧め、万事丸く収めようというのである。やはり離婚裁判の末に尼院に入ったフランス王ルイ十二世妃ジャンヌの先例を引きながら、これこそが王妃自身の名誉を保ち、神の御心にもかなう道であると熱心に説いたものの、キャサリンが首を縦にすることはなかった。そもそも彼女は、教皇特使たちがここロンドンで裁判を結審するのを認めるつもりなどなく、ローマ教皇直々の裁きを求めようと既に腹を固めていたのである。

教皇特使がロンドンに到着すれば、速やかに離婚が認められると楽観視していたヘンリーは苛立ちを隠せないでいた。次第に不機嫌になっていく主人に言い知れぬ恐怖を覚えたウルジーは、腰の重いカンペッジオに凄みを利かせる。ルターの思想に共鳴し、教皇の権威に挑戦するドイツ諸邦を引き合いに出し、イングランドもその列に加わるであろうと言い放ったのである。しかし、それでもカンペッジオは、ヘンリーに与するとの言質を決して与えなかった。

特使カンペッジオの到着から八ヵ月後の一五二九年六月十八日、国王夫妻を当事者とする世紀の裁判が、ロンドンのドミニコ会修道院を舞台にようやく開廷の運びとなった。この裁判は冒頭から波乱含みとなる。審理初日のこの日は、慣例に従い、当事者の宣誓が代理人の手で行われることになっていた。ヘンリーはこの慣わしどおりに代理人を送り込んだが、対するキャサリンの陣営は、驚くべきことに王妃自ら法廷に姿を現したのである。四人の司教たちと侍女団を随えて出廷した彼女は、目を丸くする教皇特使たちを尻目に、イングランドで開かれる法廷に公正な裁きなど望むべくもなく、審理をローマに移送するべきと主張したのだった。

三日後に開かれた正式審理の場は、さらに劇的な展開を見せる。国王夫妻が揃って出廷することもあり、このセンセーショナルな裁判を見届けようと、法廷の一隅は傍聴人たちが埋め尽くし、前室にまで溢れ出す有り様だった。午前九時過ぎ、王妃と判事役のウルジーとカンペッジオが入廷し、続いて国王ヘンリーが姿を現すと、廷内に据えられた玉座に腰を下ろした。役者は揃い、ウルジーが開廷を宣言し、いよいよ審理の開始となる。

「イングランド王妃キャサリン、出廷あられたし！」程なくして、呼び出し役の廷吏の声が鳴り渡ると、王妃は二人の教皇特使の前に歩み出る。そして、三日前と同様、ローマでの審理を求める旨を陳述すると、夫ヘンリーの方へ顔を向けた。

ヘンリーはキャサリンとの結婚は罪に塗れたものであり、良心の呵責に耐えかねていると、やはりこれまでの自説を繰り返す。しかし、王妃は「今頃になって良心の咎めなどと言い出されるのですか」と痛烈にやり返したのである。二十年も連れ添っていながら、何を今更というのである。公然と反撃を浴びたヘンリーは、「神聖ローマ皇帝の手中に落ちたローマへ移送して公正な裁きが得られようか。イングランドでの裁判こそ、キャサリンにとっても公明正大なものになるのだ」と自己弁護に努めたが、大観衆の前で王妃と舌戦を展開するというのは、国王にとっては体裁よい振る舞いとは言えなかった。

この応酬の直後、キャサリンは意表外の行動に出て、再び廷内を騒然とさせる。不意に国王の許に駆け寄ると、その足下に跪き、スペイン訛りの英語で一世一代の訴えに及んだのである。この一幕を生々しく描いたシェイクスピアの史劇『ヘンリー八世』から、王妃の言葉を引いてみよう。

陛下、どうぞ私のために公正なお裁きを、さらにはお慈悲をお願いいたします。
もともと私はご領地の外で生まれた他国者《よそもの》であり、頼るものとてない
あわれな女にすぎません、この場にもだれ一人、
公正な態度で、悪意なく裁判をすすめてくれそうな人は見当たらないのです。
ああ、陛下、いったい私のどこがいけなかったのでしょう？
どのようなふるまいがご不興を招くもととなり、このように離婚を迫られ、
陛下から見捨てられる原因となったのでしょう？
天も照覧あれ、私は陛下の忠実でつつましい妻でした。（略）
ですから陛下にお願いいたします、どうかしばらくご猶予ください、
スペインにおります私の身内のものにはかり、その意見を聞いてみたいので。
それがお許しいただけなければ、み心のままになさいますよう。
（小田島雄志訳）

王妃は哀切な調子で、しかし、堂々と夫と満座に向けて胸のうちを訴えると、立ち上がり、膝を折って一礼した。そして、廷吏が制するのも構わず、法廷を後にしたのである。こうしてこの日の審理は、一方の当事者を欠いたまま散会となった。グリニッジ宮殿に退いた王妃は、その後は再三の召喚に応じることなく、裁判は教皇特使たちの手で粛々と

進められたのである。もっとも、その間、王妃も手を拱《こまぬ》いていたわけではない。ローマでは彼女の甥、皇帝カール五世の使節が教皇庁に乗り込み、キャサリンの要求を容れ、審理をロンドンからローマへ移送するよう強硬に主張していたのである。

皇帝の圧力に耐えかね、ほとんど心神耗弱状態に陥っていた教皇クレメンスは、七月下旬、ついにローマへの審理移送を決断する。その頃ロンドンでは、相も変わらず時間稼ぎを目論むカンペッジオが、「本国ローマが収穫の季節を迎え、休暇期間に入ったため、本法廷もこれに合わせて十月一日まで休廷とする」と宣言した。判決が言い渡されるものと期待していた国王周辺の狼狽と怒りは大変なもので、ヘンリーの義弟サフォーク公は、ウルジーとカンペッジオの前に進み出ると、拳を机に叩きつけ、「枢機卿やら教皇特使やらの連中は、イングランドに来てもろくなことをせぬと昔から言われてきたが、全くそのとおりであったわ！」と苦々しげに言い放っ

◉図26――ヘンリーの前に訴え出るキャサリン王妃　©UK Parliament

たほどだった。

ウルジーの失脚

サフォーク公の毒々しい言葉は、主君ヘンリーの胸のうちを代弁していた。ヘンリーにしてみれば、聖書に裏付けられた自身の主張は否定の余地などないのである。これを容れようとしないローマに対する国王の不信は、憎悪と叛心に変わろうとしていた。教皇庁への一層の圧力が必要とみたヘンリーは、驚くべき行動に出る。離婚への道筋を一向につけることのできない長年の忠臣ウルジーを切って捨てたのである。

枢機卿失脚の予兆は、カンペッジオの休廷宣言の直後から、外交筋の間では取り沙汰されていた。八月にロンドンに到着した神聖ローマ帝国の新大使シャピュイは、既に権柄《けんぺい》がノーフォーク公（アン・ブーリンの母方の伯父）、サフォーク公、アンの父ロッチフォード子爵らに渡り、国王との面会を求めるウルジーの訴えは、新たに国王秘書官となったガードナーの手で退けられたと本国に報告している。

焦りを募らせたウルジーは、何とか国王の目通りを得ようと、一計を案じる。折しも、本国への帰還を控えた教皇特使カンペッジオが、離任の挨拶のためヘンリーを訪ねることになっていたため、これに同行して自身も謁を賜ろうと企てたのである。魔術を使って国王の心を摑んでいるとさえ囁かれてきた「人たらし」のウルジーである。一度顔を合わせて話さえすれば、王の寵を取り戻せるとの読みもあったのだろう。

九月十九日、カンペッジオと連れ立ち宮廷を訪ねたウルジーは、これまで同様、自身の控えの間に入ろうとするが、宮内官に「そのような場所はない」と制されてしまう。見かねたある廷臣が自身の更衣室を提供したため、立ちんぼする羽目にはならなかったものの、「もう一人の国王」とまで呼ばれた昔日の威光は見る影もなかった。

さて、いよいよ謁見となり、枢機卿たちは伺候の間に通された。満座の関心は、死に体のウルジーに国王がどのような態度を見せるかの一点である。玉座の前に進み出たウルジーが跪き、一同の間に言い知れぬ緊張が走る。ところがヘンリーは大方の予想に反し、笑顔で枢機卿の手を取ると、立ち上がるように促したのである。そして、二人で窓際に移り、長々と談じ込んだのだった。この時ヘンリーは、離婚裁判におけるウルジーの働きを怠慢と決めつけ、会談は決して穏やかな雰囲気で進んだわけではなかったらしい。しかし、この日、国王と晩餐を共にしたアン・ブーリンは、枢機卿への態度が生ぬるかったと、ヘンリーをつらつら詰《なじ》ったとされる。元々ウルジーがフランス王家から新王妃を迎えようとしていたことを知るアンは、裁判が遅々として進まないのは、枢機卿の悪意のためと思い込み、強い敵意を抱いていたのである。

国王への目通りは叶ったウルジーだが、結局、失地回復はならなかった。十月九日、王権軽視罪（教皇尊信罪とも）の罪状で、王座裁判所に告訴されたのである。王権軽視罪とは十四世紀に法定された罪名で、国王の裁判所が所管すべき事案を、国外の権威、とりわけローマ教皇の司法権の下に置くのを禁ずるものである。カンペッジオと共に教皇特使として裁判を主宰したこと、それ自体が国王を教皇の風下に置く行為と断罪されたのだった。ウルジーが教皇特使の立場で判事役を務めることは、元々ヘンリー自身も同意していたことであり、今さら罪に問うのは茶番と呼ぶほかなかった。しかし、教皇特使であり、枢機卿でもあるウルジーを王権軽視の罪状で弾劾することで、ヘンリーは教皇への圧力をもう一段強めてみせたのである。

告訴の約一週間後にはウルジーは大法官職を解任され、人文主義者としてヨーロッパ中に名を馳せる俊英トマス・モアが後任に指名された。そして十月二十二日には、ウルジーはすべての罪状を認め、国王の慈悲に身を委ねると白旗を上げたのである。

実際のところ、この「政変」は、今や国王周辺を固めるブーリン一族らの手回しや、何より教皇庁への圧力強化という戦術的観点から決行されたもので、長年親しんできた忠臣ウルジーをヘンリーは決して憎んでいなかったとされる。事実、ウィンチェスター司教職や、イングランド随一の富を誇るセント・オールバンズの修道院長の座を召し上げながら、ヘンリーはかつての権臣がヨーク大司教の職に留まるのは許したのである。北の都ヨークで静かに余生を送るがよいと、国王は支度金一千ポンドを与えたばかりか、使者を介して慰めの言葉さえかけているのである。ところが、根っからの政治的人間であるウルジーは、権力闘争から身を引くつもりは毛頭なかった。ヨーク大聖堂に着座するや、大司教区会議を召集し、ローマ教皇庁にも使者を派遣するなど、往年の精力的な働きぶりをはや取り戻した感さえあった。しかし、ウルジー復権を恐れる政敵たちが、息の根を止めようと虎視眈々と窺う中、こうした派手な振る舞いに及ぶのは全く賢明ではなかった。

果たして一五三〇年十一月、教皇庁と私通したとしてウルジーは再び囚われの身となるのである。この期に及んでは、もはやヘンリーも慈悲を与えるつもりはなく、かつて権勢を恣《ほしいまま》にした功臣を待ち受けているのは大逆罪による死であった。裁判のためロンドンへ移送されることになったウルジーは、しかし既に死病に冒されていた。そして十一月二十九日朝、ロンドンへの道筋、レスターの大聖堂で静かに息を引き取ったのである。

宗教改革議会の幕開け

ウルジーの退場後、ヘンリーの股肱《ここう》の座を占めたのは、アンの伯父第三代ノーフォーク公トマス・ハワード（フロドゥンの英雄である第二代公爵の同名の息子）やアンの父ロッチフォード子爵（一五二九年十二月、ウィルトシャー伯に昇叙）といった人々であった。両名は何と言ってもアンの身内であり、国王とアンとの結婚が実現すれば、自身の栄達も間違いなしというわけで、国王の離婚が一日も早く実現するようにと、教皇の権威に挑戦するような言動を繰り返していた。ウィルトシャー伯など、「たとえ聖ペテロ（初代ローマ教皇）が蘇っても、ここイングランドでは教皇など問題にもならない。何となれば、国王は王国の中では皇帝にして教皇なのだから」と嘯いていたほどである。「皇帝にして教皇」とは、俗界と聖界の両方で最高の権威を有するということで、この考えに立てば、ヘンリーは自身の結婚問題で教皇の許可など得ることなく、イングランド国内で解決できることになる。

教皇の主宰するローマの法廷に召喚されるいわれなど全くないのである。

この主張はもちろんウィルトシャーの独創というわけではなかった。この二年ほど前、アンは福音主義者（教会や聖職者の権威より、聖書の権威を重んじる人々）ウィリアム・ティンダルの著作『キリスト者の服従』を読むようヘンリーに勧めていた。ティンダルはこの著の中で「神が地上の最上位に置いたのは教皇でなく国王であり、君侯が教会の権威に屈するのは恥である」と言い切っていた。一読したヘンリーは深く感じ入ったらしく「これはまさに朕のための書だ。国王たる者、皆これを読むべきである」との言葉を残している。教皇が離婚を認めないのなら、聖俗両界で頂点に立つ自らの権限でこの問題を決着させるという考えは、現実的な選択肢として既にヘンリーの脳裏に浮上していたのである。

◉図27——第三代ノーフォーク公トマス・ハワード

要するに、ヘンリーには取るべき途が二つあった。一つは、教皇に圧力をかけて、ローマへの審理移送を取り消させた上で、キャサリンとの結婚の無効を承認させること。もう一つは、教皇が何と言おうと、「皇帝にして教皇」たる自身の権限で決着をつけることであった。ウルジーの失脚後も、ヘンリーは両方の選択肢を視野にローマとの交渉を進めていたが、教皇の権威を否定する後者の道を取るとすれば、少なくとも国内の聖職者の同意を取り付けておくことは不可欠であった。ところが、教皇の権威と教会法の独立という概念は、イングランドの聖職者の間でもしっかりと根付いており、彼らがすんなりローマと袂を分かつわけはなかった。果たせるかな、聖職者の反発に直面したヘンリーは、恫喝と威嚇をもって応じ、反対の芽を摘み取っていくことになるのだが、この聖界との対決の主戦場となったのが、一五二九年十一月三日に開会した議会だった。

後世に「宗教改革議会《リフォメーション・パーラメント》」の名で伝わるこの議会は、途中、休会を挟みながら、六年五ヵ月の長きにわたって継続することになる。当時のイングランドの議会は、貴族や高位聖職者らが議席を占める貴族院と、州《シャー》の代表として選出された騎士や都市代表の市民を議員とする庶民院とで構成されていた。これら両院のうち、庶民院にはヘンリーの治世前半から反聖職者感情が渦巻いていたとされる。実のところ、宗教改革前夜のイングランド庶民層の聖職者に対する感情については、大きく見解が分かれている。一つは金権主義的でモラルの低下した教会に、庶民は見切りをつけていたというもので、聖職者に対する彼らの否定的な感情が、聖書の権威を重んじる宗教改革が進行する土壌となったと説く。もう一つは、イングランドにおけるカトリック教会の健全性を強調する見解で、庶民たちは教会に進んで寄進するなど、聖職者に敬意を抱きこそすれ、否定的な見方をしていなかったとするものである。

どちらに分があるのか、筆者がここで断じることはできない。しかし、教会関係者らの蓄財が顕著に見られたロンドンでは反聖職者感情は根強く、また法律家や商人、一部の廷臣たちの間でも教会への否定的な見解が少なからず存在していたのは事実だった。そして、現に一五二九年の議会でも、庶民院議員たちは序盤から聖職者の特権や腐敗を議題とし、舌鋒鋭く批判を展開したのである。

ヘンリーはこの庶民院の反聖職者感情を巧みに利用しながら教皇の権威や聖職者の特権を否定し、ついには国王を頂点とする新たな教会――イングランド国教会――を打ち建てる。しかし、そこに至る道のりは決して平坦ではなく、ヘンリーは貴族院(時には庶民院でも)や聖職者会議などの場で、保守的な貴族や聖職者らの抵抗に直面し、彼らとの対決を余儀なくされるのである。以下ではその経過をざっと見ていこう。

「聖職者の服従」

一五二九年に開会した議会は、聖界への反感を鬱積させていた庶民院が、早々に聖職者批判の声を上げる。テューダー朝前期の代表的な年代記作家で、シュロップシャー選出の議員として自らも庶民院に議席を有したエドワード・ホールによれば、かつては異端と指弾されるのを恐れて聖職者批判を控えていた議員たちが、堰を切ったように反聖職者色の強い法案を提出したというのだった。これらの法案は同年十二月には庶民院で可決され、当時問題視されていた、聖職者が俗人の生業に手を染める、あるいは任地に赴かず聖職禄だけ受け取るといった行為が取り締まりの対象とされたのである。しかし、こうした庶民院の動きは、聖職者にとって到底座視できるものではなかった。本来、聖界内の問題は、聖職者を議員とする聖職者会議で議論されるもので、この時の庶民院の立法は彼らの目には越権行為と映っていたのである。とりわけ、キャサリン王妃派の論客だったロチェスター司教ジョン・フィッシャーの反発は大きく、議会の立法を不服として教皇に上告するほどであった。しかし、このフィッシャーの振る舞いはヘンリーの怒りを買い、司教は数ヵ月間ではあるが投獄の憂き目に遭う。

聖職者へのもう一段の圧力が必要とみたヘンリーは、先にウルジーを破滅に追いやった罪状——王権軽視罪——を国内の聖職者全員に着せるという荒業を繰り出す。イングランドの聖職者らは、枢機卿ウルジーの意を受けて活動していたのだから、ウルジーが罪に問われる以上、彼らもまた同罪であるという理屈だった。前代未聞の罪に問われた聖職者会議は戦意を失い、一五三一年二月、国王の年収に匹敵する十一万八千ポンドを差し出すと申し出て、ようやく王

◉図28——ロチェスター司教ジョン・フィッシャー

の赦しを得たのである。

ヘンリーの攻勢はなおも続く。イングランドの聖職者の首席カンタベリー大司教が主管する大司教区会議に対し、「国王ヘンリー八世こそがイングランドの教会における最高の首長《スプリーム・ヘッド》であると認めよ」と迫ったのである。再び難題を突き付けられた聖職者たちは苦肉の策として「キリストの法が許す限りにおいて（最高の首長である）」という但し書きを付すことを提案し、ヘンリーもこれを受け容れた。自身の要求は事実上満たされたと判断したのである。これまでもヘンリーは、国王が「皇帝にして教皇」であるとの見解を支持していた。しかし、今回はついにヘンリー自身が聖俗両界の頂点に立つと主張し、これを臣下に受け容れさせたのである。聖界至高の権威を有する存在としてヘンリーが理想とし、自らを擬えたのはソロモンやダビデといった旧約聖書の国王たちであり、コンスタンティヌス大帝らキリスト教徒のローマ皇帝だった。この頃ヘンリーは、ケンブリッジ大学の特別研究員だったトマス・クランマーやエドワード・フォックスらに命じ、聖書や史書、アングロサクソン時代の法典などから国王の至上性の根拠となる記述を洗い出させ、「原典編纂集《コレクタニア・サティス・コピオーサ》」として集成している。これは出版して世に出されることこそなかったが、国王の至上性を唱えるヘンリーが理論武装する上で一定の役割を果たすことになった。

さて、明けて一五三二年の議会には、ついにローマ教皇庁を直接狙い撃ちにした法案——初収入税上納禁止法案が提出される。初収入税とは、新たに司教が叙任された場合、その司教区の初年度収入をローマ教皇庁に上納するもので、歴代教皇の懐を大いに潤していた。法案は、この初収入税をイングランドの富をローマに流出させるものと指弾し、教皇庁への納税を禁止しようとするもので、これを可決すれば教皇側の激しい反発を招くことが予想された。イングランドの教会もローマ教皇を頂点とする国際的なカトリック教会の一部である。教皇の怒りを買い、絶縁されようものなら聖務を行うのもままならない。教皇庁に敵対的な法案が、聖職者らが議席を占める貴族院で抵抗を受けるのは必至であった。

果たして、貴族院では聖職者ばかりか俗界貴族からも反対の声が上がり、原案どおりの成立は見込めない状況となる。なかなか結婚無効を認めない教皇への脅しとして法案を成立させたいヘンリーは、自ら議会に三度も臨席し、議員らを恫喝してようやく可決の運びとなったが、最終的には法の施行をしばし猶予するという大きな譲歩を余儀なくされた。

庶民院に移送された法案は、意外やここでも大きな抵抗に遭う。法案提出が王妃との離婚を急ぐヘンリーの計略の一環であることは誰の目にも明らかで、可決となれば王妃の甥、皇帝カール五世が反発を強めるのは明白だった。皇帝はイングランド経済の死命を制すネーデルラント（羊毛の主要な輸出先）を支配しており、報復として同地での取引停止を命じる可能性があった。これはイングランドの商人たちには致命的なシナリオであり、彼らの意を汲んだ庶民院議員の一部が強力な抵抗を示したのである。この従順ならざる庶民院に対し、ヘンリーは前例のない干渉に踏み切る。採決の際、議員を賛成者と反対者とに分け、議場内で別々に集合させたのである。法案に反対する不届き者が一体誰なのか、一目瞭然にしてしまえというわけである。これにより、国王の勘気を恐れる消極的な反対者が賛成に転じたことで、法案は何とか成立の運びとなったのだった（ただし、前記のとおり、法の施行は延期されることになったため「初収入税上納仮禁止法」として成立した）。

さらにこの年には、ローマ教皇の権威を否定する重要な文書が庶民院の名義で提起されている。その名を「教会裁判権に反対する庶民院の嘆願書」という長大な嘆願は、「聖職者会議は世俗に関する各種の法や布告を日々制定し、そのうちのいくつかはこの王国の法と矛盾するものとなっている」と指摘し、聖職者の立法権や教会法に基づく裁判権に対し、否定的な見解を示していた。嘆願書を提出されたヘンリーは、これをカンタベリー大司教区会議に回付し、今後は国王の同意なく教会が立法することは認めないと迫った。聖職者たちはこれに必死の抵抗を示す。聖書に根拠があるか否かを重んじるヘンリーの論法をようやく理解し始めた彼らは、聖職者が自律的に立法するのは聖書が認めるところであると反論し、容易に屈しようとはしなかった。業を煮やしたヘンリーは、またしても恫喝をもって屈服させようと試みる。庶民院の代表者らを召し出し、司教たちが教皇に対して行った宣誓文を示し「あの者たちは半分ほどにしか朕の臣下とは呼べぬのだ」と決めつけると、聖職者の立法権を制限する法案を庶民院で審議するよう促したのである。

国王の度重なる要求にも不屈の姿勢を示してきたロチェスター司教フィッシャーが病臥する中、圧力に耐えかねた大司教区会議は、七名もの司教が欠席したにもかかわらず採決を行い、とうとう国王の要求を受け容れてしまう。聖職者が国王の同意なく法を制定する権利を放棄したこの一連の動きは「聖職者の服従《サブミッション・オブ・ザ・クラージー》」と称され、二年後の議会において法制化される。これによりヘンリーは教会法をも自在に解釈できるようになり、教皇や国内の聖職者の意向を顧みることなくキャサリンとの結婚解消に踏み切ることが可能になったのである。

カンタベリー大司教区会議で聖職者らが国王の要求に屈した翌日、トマス・モアが大法官職を自ら辞し、後任にはブーリン家と親密なトマス・オードリーが指名された。離婚問題においてはキャサリン王妃寄りの姿勢を見せ、伝統的なカトリック信仰の持ち主だったモアは、自らの良心と大法官として王の望みを遂行する使命との間で板挟みにあっていた。しかし、「聖職者の服従」が重大な帰結をもたらすことを直ちに見抜くと、健康上の理由を挙げて職を辞し、政界から半ば引退する道を選んだのである。

トマス・クロムウェル

一五二九年に開会し、ローマ教皇や聖職者の特権を否定するいくつもの法案を成立させてきた宗教改革議会だが、一五三二年を迎える頃には、一人の国王顧問官がその運営に大きく関与するようになっていた。顧問官の名はトマス・クロムウェルである。一五三一年初頭に国王評議会の一員に名を列ねたクロムウェルは、同年秋には卓越した議会操縦の手腕が評価され、評議会内でも一目置かれる存在となっていた。

やがてヘンリーの右腕となり、イングランドの宗教改革において大きな足跡を残すことになるクロムウェルだが、その前半生については判っていない点も多い。独立自営農民《ヨーマンリー》階級に属し、旅籠を営んでいたとされる父ウォルターの子として、テューダー朝が成立した一四八五年頃に生まれた彼は、少年時代をロンドン南郊の町パトニーで過ごしたとされる。ちなみに英国史におけるクロムウェル姓のもう一人の有名人といえば、ピューリタン革命の中心人物オリヴァー・クロムウェルだが、彼はトマスの姉キャサリンの玄孫《やしゃご》に当たる。キャサリンはウェールズ出身の法律家モーガン・ウィリアムズに嫁ぎ、一子リチャードを儲けるが、このリチャードが偉大な叔父を顕彰してクロムウェル姓に改めたのである。

◉図 29——トマス・クロムウェル

十代にしてイングランドを離れたクロムウェルは、フランス軍に身を投じてナポリ北郊での戦闘にも参加し、その後はフィレンツェのフレスコバルディ銀行やアントワープの商人コミュニティなどで実務経験を重ねていった。やがて祖国へ帰国すると、都市代表（選挙区は今日まで特定されていない）の庶民院議員を務めた後、四十を手前にしてウルジーの家政の一員となり、枢機卿が畢生の事業とした自身のための壮麗な霊廟、そして、その故郷イプスウィッチのグラマースクールとオックスフォード大学の学寮（今日のクライストチャーチ・カレッジ）の管理に当たった。主人の失脚により、クロムウェル自身も宮廷周辺から追われるかに思われたが、ウルジーに同情的だったジョン・ラッセル（後に哲学者バートランド・ラッセルや高名な政治家を輩出するラッセル家の祖）らのとりなしにより、国王に仕えることとなったのである。その後のクロムウェルの栄進は目覚ましく、一五三一年の年頭に国王顧問官となったのは先に触れたとおりである。

ヘンリー八世の大宰相としてウルジーと並び称されるクロムウェルだが、主君との関係は前任者とは相当異なっていたようである。ある廷臣の証言によれば、ヘンリーはクロムウェルを週に二度は「ごろつき」呼ばわりし、頭を殴りつけることもあったとされる。この証言に多少の誇張が含まれているにしても、腕組みして共に散歩することもあったウルジーとの関係に比べれば、君臣関係はよほど緊張を孕んだものであったと考えられる。そこに齢を重ねたヘンリーの性格の変化を見ることもできようが、ウルジーが権勢を振るったのは、ヘンリーが即位してからまだ日の浅い頃であり、年若い国王は政務より遊興に流れるきらいもあった。しかし、クロムウェルが政界の中枢に躍り出た頃には、ヘンリーはすでに二十年以上も玉座にあった。顧問団に名を列ねることになったクロムウェルに、かのトマス・モアは「陛下には何をなすべきかを説くべきで、何ができるかなど決して教えてはならない。獅子が自分の力を知ってしまえば、もはや誰も制することはできなくなるのだから」と助言していたが、王妃との離婚問題が大詰めを迎えたこの頃には、すでにヘンリーは自分の実力を十二分に理解していたのである。自身が関心を寄せる事案に深く関与するのは若い時分からであったが、ひとかどの神学者を自任するヘンリーは、神学上の教義と自身の結婚問題が主要なアジェンダとなった一五三〇年代には、これまで以上に深く政治に関与するようになっていた。その結果、クロムウェルは国王への政務報告の際には、些事にわたる詳細なメモを作成して臨まざるを得なかったとされる。遊び好きで鷹揚な青年君主の姿はもはや過去のものであった。

クロムウェル最大の事績といえば、ヘンリーを首長とするイングランド国教会の成立過程で推し進められた一連の宗教改革立法と修道院の解散であろう。彼自身の宗教観については研究者の間でも見解は様々だが、オックスフォード大学のマカロック教授によれば、国王に出仕する以前から、初の英語完訳聖書の翻訳者として名を残すマイルズ・カヴァデールと親交を結ぶなど、福音主義との接点が少なからず確認されるという。宗教改革に否定的な向きからは、マルティン・ルターの信奉者と謗《そし》られることになるものの、彼が心から共鳴していたのはエラスムスの思想——聖書重視と人間の自由意思の尊重——であったとされ、ヘンリーの右腕となるや、この人文主義の巨人の著作を贔屓の出版業者に次々と出版させている。筆者は先に、宗教改革立法と修道院の解散を「クロムウェル最大の事績」と書いたが、これらはイングランドの光景を文字どおり一変させた点において、むしろヘンリー八世治下の最大の事件と呼ぶにふさわしい。それぞれイングランド国教会の首長と国王宗務代理という聖界最高の権威を帯び、一五三〇年代の宗教改革を推し進めることになるヘンリーとクロムウェル。両人の宗教観は必ずしも一致していたわけではないし、ヘンリー治下の宗教改革自体、その理解をめぐっては専門家の間でいまだに議論が絶えない。ともあれ、エラスムスの薫陶を受けた両者を推進源とするイングランドの宗教改革が、ルターの教説——とりわけ信仰義認（人は善行ではなく、ただ神の恵みにより、信仰によってのみ救われるとする）——の否定と聖書の重視を柱として展開し、一五四〇年にクロムウェルが非業の死を遂げた後も（ヘンリーの存命中は）この路線に大きな修正が加えられなかった点は注目に値するだろう。本書でも宗教改革の進展については、引き続きできる限り丁寧に紹介するが、その前にこの大改革の引き金となった二人の女性、キャサリン王妃とアン・ブーリンの境遇に劇的な変化が生じていたから、それについて触れることにしよう。

アンの戴冠

ドミニコ会修道院の法廷で大立ち回りを演じ、夫と完全に決別したかに見えた王妃キャサリンだが、彼女の望みはあくまで王妃の座と娘の正当な地位を守り抜くことであって、いたずらに夫を刺激するのは決して本意ではなかった。夫が離婚の意思を撤回し、かつての平穏な日々が戻ることを願うキャサリンにとって選びうる最善の道とは、従順で忠実な妻として振る舞うことであった。事実、宗教改革議会で反聖職者的な法案が審議され、離婚の成立も近いと思われるようになっても、キャサリンは新婚以来の習慣を守り、甲斐甲斐しく夫の下着に刺繍を施していたのである（これはやがてアンの知るところとなり、ひと悶着を招く結果となった）。こうして表向きは従順な妻として振る舞いながらも、彼女は闘志を失ってはいなかった。甥の神聖ローマ皇帝カール五世との連絡は絶やさず、自身の窮状を訴えるとともに、神と教会の正しい教えを守るため、ヘンリーの思惑どおりに事を進ませてはならぬと呼びかけ続けていたのである。

一方、アンの立場も国王の離婚が成立しない以上、依然として不安定なままだった。一五三〇年には三十路目前となった彼女は、当時の基準でいえば既に婚期を逃しており、神聖ローマ帝国の大使シャピュイの報告によれば「今頃、別の男性に嫁いで、子を儲けていたはずなのに」と、いつになっても自分を王妃にすることのできないヘンリーに恨み言を並べていたという。

しかし、一五三二年に「聖職者の服従」が成り、イングランド国内で離婚問題を決着させる道が開けるとともに、トマス・モアらキャサリン王妃を支持する者たちが顕職から離れると、アンが王妃として戴冠する日もいよいよ近いと思われた。ロンドン南郊の広大なハンワースの邸宅がアンに下賜され、前年には二百二十ポンドだった彼女への出金は三百三十ポンドに跳ね上がっている（もっとも、そのうち五十ポンドは彼女と興じた賭けトランプに負けてこしらえたものだったが）。決定的だったのは、同年八月にカンタベリー大司教ウォラムが現職のまま世を去ったことだった。表向きは「聖職者の服従」を容れながらも、ウォラムは決してアンに好意的ではなかった。教皇庁の裁判権を否定して、イングランド国内で離婚問題を審理するとなれば、その任に当たるのは国内の聖職者の首席たるカンタベリー大司教である。たとえ国王が聖界の「最高の首長」であるにせよ、審理の主宰者たる大司教は国王の意に忠実な人物であることが望ましかったのは言うまでもない。

後任の大司教の有力候補は、本来であれば教皇庁との交渉で手腕を示したウィンチェスター司教スティーブン・ガードナーであった。しかし、彼は「聖職者の服従」の過程でヘンリーに反対するという致命的な失策を犯し、王の不興を蒙っていた。ウォラムの死から二ヵ月後、ヘンリーがイングランドの首座大司教に指名したのは意外な人物——トマス・クランマーであった。当時、クランマーはイングランド西部トーントンの助祭長に過ぎず、司教職の経験のない者がカンタベリー大司教に就任するのは異例中の異例であった。

◉図 30——トマス・クランマー

新大司教がヘンリーの目に留まったのは、一五二九年夏のこととされる。この頃、ケンブリッジ大学の特別研究員だったクランマーは、巡幸中の国王に同伴していたガードナーに、ヘンリーとキャサリンの結婚が無効であるか、ヨーロッパ中の神学者に意見を求めてはどうかと献策したのである。着想自体はさほど目新しいものではなかったが、教皇特使カンペッジオによる裁判が膠着状態に陥った直後ということもあり、闘争の場を法廷から大学に移し、国際世論をテコに状況を打開しようとするこの提案は、ヘンリーの目には非常に魅力的なものと映ったのだった。しかし、大抜擢の決め手となったのは、何と言ってもアンとの距離の近さだった。自らも福音主義に共鳴していたアンは、ケンブリッジ大学を拠点とした改革派の神学者らを庇護しており、クランマーもその恩恵に与っていたのである。

実直で学究肌だったクランマーは、イングランドの聖職者の頂点に立ってからも政治的な立ち回りを好まなかったが、苛烈の度を深めていくヘンリーがほぼ一貫して彼を信任し続けたのは、意外にも、その篤実な人柄を深く愛していたからとされる。ルター派の神学者の姪と結婚していたクランマーは、ヘンリーよりもずっと福音主義的な思想の持ち主であったとされ、カンタベリー大司教就任後は、自らの信仰と国王への忠誠心の狭間に立たされ続けるのである。

さて、意中の人物を次期大司教に指名した一五三二年十月、ヘンリーはいよいよアンを王妃とするべく、もう一つの大仕事に乗り出そうとしていた。教皇庁ばかりか神聖ローマ皇帝とも溝を深め、キリスト教世界の中で孤立する危険に瀕していたヘンリーが、フランスと接近していたのは前章で触れたとおりである。教皇を無視し、イングランド国内で離婚を成立させてしまえば、教皇と皇帝の怒りを招くのは必至である。教皇がイングランド王を破門し（事実、六年後にはそうなるのだが）、異端征伐のための十字軍を呼び掛ける可能性すらある以上、フランス王との「友情」をとくと見せつけ、牽制しておく必要があった。十二年前、金襴の陣で初顔合わせした二人の国王は、こうして再びフランスの地で相見えることとなったのである。

もっとも、今回の真の主役はヘンリーではなく、間もなく王妃になろうとするアンだった。彼女をフランス王にお披露目し、将来のイングランド王妃として認知させるのが重要な使命であった。フランス王と面会するにふさわしい格式を添えるため、アンはペンブルック女侯爵に叙され、その頭上にはヘンリー自身の手で宝冠が載せられた。また、彼女の身を飾るため、キャサリン王妃は所有する宝石の多くを譲り渡すよう強いられたのである。

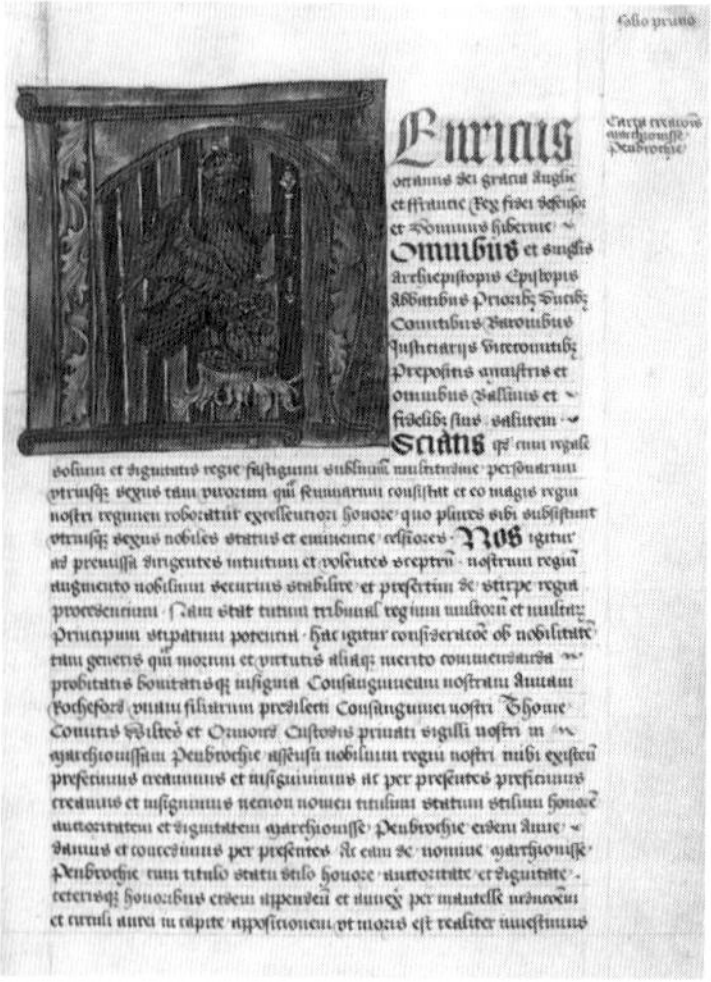

◉図31――アンをペンブルック女侯爵に叙する特許状（British Library蔵）

当初イングランド側は、アンとフランソワ一世の初対面の席に、フランス王妃以下、多くの貴婦人たちが参集し、場に威儀を添えるよう求めていた。しかし、二年前にフランソワの許に輿入れしていたレオノール妃はキャサリンの姪であり、彼女の参席は望むべくもなかった。結局、フランス側の貴婦人の公式参加は見送るものの、フランソワとアンが非公式に面会することで折り合ったのである。

十月二十一日、ヘンリーはフランス北部ブローニュでフランソワとの対面を果たした。フランス貴婦人の姿はなく、ヘンリーもアン以下の女性たちをカレーに残したままだったから、この時の祝宴は今日でいうスタッグ・パーティー（結婚前夜に新郎のために男友達が開くパーティー）だった。頂上会見《サミット》のクライマックスは、この六日後に訪れる。

ブローニュで歓待を受けたヘンリーは、返礼としてフランソワを自領のカレーに招くことになった。祝砲として三千発もの砲弾が鳴り響く中、宿舎に案内されたフランス王は、パリの商人頭を使いに立て、三千五百ポンド相当のダイアモンドをアンに贈った。そして、二十七日の夜、仮面をかぶり、六人の貴婦人たちと祝宴に現れたアンは、フランソワの前に進み出ると、その名も告げず王をダンスに誘った。やがて二人が踊りを終えると、ヘンリーがアンの仮面を外し、将来の王妃をフランス王に紹介したのである。

二日後にはフランソワはカレーを発ち、頂上会見も幕引きとなったが、この間の一連の出来事はヘンリーとアンにフランス王の友情を確信させるに十分なものだった。揚々とロンドンへ戻ろうとする国王一行だったが、あいにくドーヴァー海峡は嵐に見舞われ、一行は二週間ほどカレーに足止めされることになった。恐らくこの間のことだろう、結婚への障壁があらかた取り除かれたと確信したヘンリーとアンは、もう六年ほど慎んでいた肉体関係を再び持つに至ったのである。そして、数週間後にはアンの妊娠が判明したのだった。

アンが身ごもったことで、結婚と新王妃の戴冠は待ったなしとなった。彼女が妻でない以上は、せっかく生まれてくる子も庶子扱いとなってしまう。明けて一五三三年の一月下旬には、クランマーの立ち会いの下、結婚式が秘密裡に営まれた。そして、五月二十三日には、成立したばかりの上告禁止法（後述）の規定により設置され、大司教クランマーが主宰する法廷が、キャサリンと国王の結婚は無効であるとの判決を下したのである。

六月一日には、いよいよ新王妃の戴冠式が挙行された。祝典につきものの野外劇は四日にわたって上演され、テムズ川はロンドン市の同業者組合が提供した大小三百余りに上る飾り船で埋め尽くされたという。表向きの華やかさとは裏腹に、この祝典を見守るロンドンの市民たちがどのような感情を抱いていたか、推し量るのは難しい。敬虔で穏やかな人柄で知られたキャサリンは市民からの人気が高く、女性たちの中には、彼女を王妃の座から追いやったアンを憎む者も少なくなかったとされる。しかし、ヘンリーの威信を懸けて行われた戴冠式は、自らも参席したヴェネツィア共和国大使の言葉を借りれば「この上なく整然かつ平穏に」幕を下ろしたのである。

身重の身で戴冠式に臨んだアンは、三ヵ月後の九月七日、グリニッジ宮殿で女児を出産する。後のエリザベス一世である。あれほど男子の世継ぎを望んでいたヘンリーのこと、生まれてきたのが女児と聞いてさぞ落胆しただろうと思いきや、国王のそうした反応を伝える記録は伝わっていない。赤子は至って元気な上、アンの産後の肥立ちも良好だったから、すぐに男児を授かることもできると楽観していたのかもしれない。ヘンリーとアン両方の母親にちなんでエリザベスと名付けられた王女は、後に女王となり、イングランドが世界帝国へと発展する礎を築く。しかし、その物語は本書の射程を超えていようから、これを紹介するのは別の機会に譲ることにしたい。

第四章

変貌する王国

ローマとの絶縁

ヘンリーがフランソワとの会見の準備に追われていた一五三二年九月、クロムウェルはその後のイングランドの歩みに決定的な影響を及ぼす重要な法案の起草を進めていた。法案は幾度におよぶ修正の末、翌年四月に「上告禁止法」として成立するが、その「革新性」は次の一文から始まる前文が端的に物語っている。

古く正しき数多の史書や年代記が示すように、このイングランド王国は、皇帝の尊厳と地位を有する最高の首長にして国王たる一人の人間が支配する帝国《エンパイア》であり、世界もこれを認めるところであることを明確に宣言し、表明するものである。

イングランド王国は「帝国《エンパイア》」だというのである。便宜上"empire"を「帝国」と訳したが、これは我々が今日「帝国主義」などの言葉から連想する「多数の民族や領域を支配する国家」という意味ではなく、「神の他に上位者を戴かない政体」を表す、当時よく用いられた政治用語である。

この上告禁止法は、「使徒の聖座」として特別視されていたローマ教皇庁を「ローマ司教座」に過ぎないと決めつけ、宗教関連事案の解決を教皇の裁定に委ねることを禁止した。そうしてイングランド国内の教会が、外部の干渉を受けることなく紛争を解決することができると宣言したのである。これによって、長年の懸案であったヘンリーの離婚問題は、ついにイングランド国内で解決されることになったのである。

上告禁止法が成立した一五三三年から翌一五三四年にかけては、教皇を戴くカトリック教会と袂を分かち、国王を頂点とするイングランド国教会の創設につながる重要な立法が相次いでいる。まず、一五三二年に成立したものの、施行は留保されていた初収入税上納仮禁止法に代わって「初収入税上納禁止法」が制定され、ローマ教皇庁への上納金の支払いはいよいよ打ち切られることになった。この法律には司教の選任方法についての新たな規定も置かれ、国王は人事を通じてイングランド国内の教会に対する統制をより強化していくのである（ところで、イングランド国教会をルーツとする聖公会では、カトリック教会の「司教」に相当する職位を「主教」と称する。しかし、聖書学者の田川建三氏が説くように「ヘンリー八世がローマ教会と喧嘩した瞬間から「司教」と「主教」を訳し分けるのはいかにも珍妙であるから」本書でも引き続き「司教」の語を用いることにしたい）。

「上告禁止法」の前文で、「最高の首長」と謳われた国王の地位は、一五三四年十一月の新たな立法――「国王至上法」によって決定的となる。国王を「すべての名誉、尊厳、卓越、支配権、特権、権威、罰の免除、利益、価値あるもの」（！）を享受する教会の最高の首長と位置付けた国王至上法は、教皇が握っていた聖職叙任権、教会収入の管理権、さらには教義の決定権という、教会関係のあらゆる権限を国王に付与し、一般にこの法の制定をもってイングランド国教会が成立したとされる（ただし、国王至上法においては、国王が最高の首長であることは所与の事実とされ、議会が国王をその地位に押し上げられたという表現は用いられていない点には留意する必要がある)。法の立案に大きく貢献し、「最高の首長」ヘンリーを輔佐する「国王宗務代理」の地位が与えられたクロムウェルは、揺籃期のイングランド国教会の教義確立のため、国王の右腕として力を揮うことになった。

また、国王至上法の成立直後には、国王が最高の首長であることを「悪意をもって」否定する者を反逆者として断罪する「反逆法」も可決され、ヘンリーの至高の地位を認めぬ者は、命をもってその非を償うこととされたのである。

このように、ローマとの絶縁と国王の至上権の確立という、当時のヘンリーにとっての最重要課題が議会の立法という形で実現を見、その後も国内の宗教改革が議会の権威を利用して推進されていく点は注目に値する。

一連の宗教改革議会のイングランド議会史における位置付けについては、北海学園大学准教授の仲丸英起氏が『ヘンリ8世の迷宮』(指昭博編)中の論稿で明快に整理しておられるので、ここでは氏の整理をお借りしながら記述を進めたい。

まず、大前提として、イングランドにおいては、フランスやスペインなどの大陸諸国と比較して、議会の地位が相対的に高かった。ことに庶民院は不満の表明の場としての地位を認められ、ヘンリーをもってしても強権を発動せねば意に沿わせることのできない場面のあったことは、先にも触れたとおりである。

こうして臣民の代表機関としての地位を高めつつあった議会が、宗教改革を実現する主体となったため、議会制定法の効力が教会関係事項を含むより広い範囲に拡大され、至上の法として認められるようになったと説いたのが、二十世紀を代表するテューダー朝史家ジェフリー・エルトンである。エルトンによれば、議会制定法や議会そのものの権威が飛躍的に高まったことで、国家の統治システムに次のような変化がもたらされたとされる。まず、権威を増した議会制定法が、裁判所では迅速な決着が難しい個別の問題を解決する手段として用いられるようになり、さらには、議員の地位が臣民の社会的地位上昇の手段として利用されるようになったのだという。そうして、議会が支配者と被支配者の「接触点」として機能することで、結果的にイングランドという国家の安定性の維持に大きく貢献したというのである。

エルトンのこの見解は、発表されるや議会史研究の分野に大きなインパクトを与えたものの、近年では様々な批判が提起されている。その中でも特に重要な指摘が二つあり、一つは、議会代表に関するエルトンの理解は余りに近代の尺度に引きずられており、当時の議員の選出は、臣民の権利というより国家や共同体へ奉仕するための義務として理解されていたというもの、もう一つは、国王の権力は非常に強力で、当時の議会の召集と解散は国王の一存にかかっていたと説くものである。

これらの批判が的を射ているとすれば、一五三〇年代の宗教改革議会が、すでに今日的な代表制機関の性格を帯び、議会を一挙に近代的な機構に様変わりさせたとする主張は成立しないだろう。一方で、イングランド議会史を俯瞰してみると、数々の革新的な法案を成立させ、国家という共同体全体の意思決定機関としての性格を強めた宗教改革議会が、議会主権の原則が確立する上での一つの潮目となったということはできそうである。

ヘンリーと議会の関係について特筆すべき点を挙げるとすれば、この王が意外にも議会を重視していたことであろう。治世の後半の十二年間、一度も議会を召集することのなかった父ヘンリー七世とは対照的に、ヘンリー八世が召集した議会の会期は、一五〇九年から一五三一年の間に十一回、一五三二年から一五四〇年の八年間に至っては十回に及んでいる。一五三〇年代に入って召集が重なったのは、この頃には政界の第一人者となり、優れた議会操縦術を誇ったクロムウェルの影響も認められようが、ヘンリー自身も議会に重きを置いていたことは、一五四二年に庶民院で王自身が行った演説が物語っている。この時、議場に臨席したヘンリーは、満座の議員たちに「議会に臨むとき以上に朕が国王として至高の地位を帯びることはない。ここ議会では、朕は頭として、諸君らは四肢として、一個の政体を織りなしているのだから」と語り掛けているのである。

この言葉は議員への単なるリップサービスというわけではない。事実、ヘンリーは幾次にわたる議会で多くの議会制定法を成立させているのである。もっとも、その背景には、自身の意向を法として明文化し、従わぬ者には厳罰を処すことで自らの権威を高めようとする思惑があったことを見逃してはなるまい。先述の「反逆法」は、まさにその典型である。それまでのイングランドの反逆法（一三五二年制定）といえば、国王の殺害や廃位を目論んでいるのが明らかな者を「反逆者」として断罪していた。ところが、一五三四年に新たに成立した反逆法は、国王を「不信心」「異端」「暴君」などと悪意をもって呼ぶ者まででも、有無を言わさず反逆者として誅するとしたのである。

実のところ、この「言葉による反逆罪」は、すでに判例も蓄積されており、コモン・ロー（一般的慣習法）上は確立した法理であった。しかし、ヘンリーはこれを議会制定法の形にすることで、反対勢力や不穏分子を抑え込む強力な武器へと仕立て上げた。常に従順というわけではなかった議会は、時にはこうして国王の「共犯者」にもなったのである。悪法もまた法であるという。ヘンリー治下の「法の支配」の実態が垣間見えるのではないだろうか。

相次ぐ粛清

アンとの結婚とローマ教皇との絶縁を強行し、イングランド国教会の最高の首長として名実共に聖界に君臨することになったヘンリーは、これを当然の帰結と見なし、神の摂理と考えていた節さえあるが、一連の激変をすべての臣民がすんなり受け容れたわけではなかった。「新秩序」への反対の声は臣下の各層から沸き起こり、大いに憤慨したヘンリーは成立したばかりの反逆法を振りかざし、時に残忍な顔を覗かせながら、これを力で抑え込んでいくのである。

最初にヘンリーの逆鱗に触れることになったのは、少々風変わりな年若い修道女であった。本名をエリザベス・バートンといい、「ケントの聖なる乙女」の呼び名でも知られるこの修道女は、少女の頃から度々幻視を経験していたとされ、十九歳の頃には奇跡の力を得て重病から回復したとして、カンタベリー周辺の人々から尊崇される存在となっていた。身分は聖墳墓修道院の一修道女ながら、当時のカンタベリー大司教ウォラムさえ彼女の起こす奇跡を認め、その活動を公認していたとされる。

このまま生を全うすれば、聖女として名を残す可能性もあったバートンだが、やがて彼女は国王の離婚問題に絡んだ「預言」を口にし始める。それによれば、天使が彼女の前に姿を現し、「国王を訪ね、アンとの結婚を思いとどまらせよ」と命じたのだという。さらに、この天使は「アンと結婚すればヘンリーは一ヵ月後には国王ではなくなり、無残な死を遂げる」と告げたとされ、バートン自身も「死後のヘンリーが、地獄のどの場所で責め苦に遭うか知っている」と臆面もなく言い放ち、宮廷筋を震撼させたのである。

驚くべきことに、その後バートンは天使の命ずるまま、二度も国王の許を訪ねているが、残念ながらその時の模様を伝える記録は現存していない。預言や奇跡というものが人々の日常において確固たる地位を保っていた当時、彼女のような神憑《かみがか》りは、今日われわれが想像する以上に敬意をもって遇されていた。事実、国王に謁見したバートンは、カンタベリー大司教、キャサリン王妃派の中心人物ロチェスター司教フィッシャー、「聖職者の服従」に抗議して大法官を辞職していたトマス・モアといった人々と次々に面会している。国王が最高の首長であると認めなかったとして、やがて反逆罪を宣告されるフィッシャーとモアだが、バートンに対する両名の態度は実に対照的だった。彼女の預言を耳にするや、涙を流して喜んだというフィッシャーに対し、慎重居士のモアは、政治色の強い彼女の発言に耳を傾けようとせず、そうした言葉を口にするのは危険極まりないと釘を刺したと伝えられる。

バートンの預言は間違いなくヘンリーを狼狽させたであろうが、アンとの結婚を断念させるには至らなかった。結婚から一ヵ月を経てもヘンリーは依然として王位にあり、預言が成就しなかったことは世人の目にも次第に明らかになっていった。バートンは「ヘンリーはいまだに玉座に居座っているが、神の目からご覧になれば、もはや国王ではなくなっている」と、やや苦しい論法で自身の預言を正当化したが、彼女の神憑りがいかさまと見たヘンリーは、一五三三年七月、「偽聖女」の取り調べをクロムウェルに命じた。四ヵ月後にはバートンは交流のあった修道士らと共に逮捕され、拷問の末に自身の言動はすべてまやかしだったと自白したのである。

その後のヘンリーの対応は周到かつ残忍であった。聖女という存在が、往々にして民衆の心情を揺さぶり、大きな政治的うねりをもたらす可能性さえあることは、前世紀のジャンヌ・ダルクの活躍が雄弁に物語っている。また、彼女の活動の中心地ケントは、十四世紀のワット・タイラーの乱、十五世紀のジャック・ケイドの乱の震源地となったように、イングランドの支配者にとっては鬼門と呼ぶべき土地柄であった。

バートンが偽聖女だと人々を納得させるため、ヘンリーはセント・ポール大聖堂の公開説教台に彼女を引っ立て、さらし者にした。そして、その傍らで、ハイド修道院長ジョン・

カポンにバートン弾劾の演説をぶたせたのである。さらに彼女の崇拝者たちが発行していた『修道女の書』と題するバートンの「奇跡」の記録も、当局の手によって根こそぎ押収され、発禁処分となったのである。

こうして「売女」「悪女」と決めつけられた末、私権を剥奪されたバートンは、翌一五三四年四月、タイバーンの刑場で縛り首にされ、その首級《しゅきゅう》はロンドン橋の入城門に晒されたのである。

女預言者の脅威を退けたヘンリーは、返す刀で反対者への圧力を強めていく。忌まわしき偽聖女と交流があったとして、フィッシャーとモアの両名はすでに反逆者隠匿罪で告発されていた。このうちモアは、バートンへの支援を否認して、ひとまず放免となっていたが、フィッシャーは彼女とのやり取りを包み隠さず明らかにしなかった点を咎められ、有罪を言い渡されてしまう。

しかし、老司教に対するヘンリーの攻撃は、これで打ち止めとはならなかった。一貫してキャサリン王妃のために論陣を張り、聖職者の古来の権利を擁護し続けていたフィッシャーは、ヘンリーにしてみれば何としても屈服させねばならない相手であった。

だが、当時すでに六十五歳のこのロチェスター司教は、並大抵の聖職者ではなかった。ヘンリーの祖母で、ヘンリー七世の生母マーガレット・ボーフォートの聴罪司祭を務めた経歴を持ち、その令名は高潔な人格と優れた学識の人としてキリスト教世界に轟いていた。さらにはエラスムスの聖書翻訳を後押しし、古典ギリシャ語やヘブライ語習得に意欲を燃やす人文主義者の鑑であり、昇進の機会を何度も提示されながら、イングランドの司教座では最貧とされたロチェスターの司教職に留まり続けたという人物だった。

バートンに共鳴していたのは明らかであるにもかかわらず、ヘンリーがこの老司教を直ちに葬り去ることができなかったのは、生きる聖人として広く尊敬を集める司教を誅殺して、国の内外の反発を招くのを恐れたからにほかならなかった。

しかし、国王の前に立ちはだかる信仰の人フィッシャー、さらにはトマス・モアをも窮地に追いやったのは、エリザベス王女の誕生を受け議会で成立し一つの法律だった。一五三四年三月に制定されたこの法律――王位継承法（二年後に成立する同名の法と区別するため「第一次王位継承法」とも呼ばれる）は、メアリー王女を庶子に格下げする一方、将来王子が生まれない限りエリザベス王女を王位継承者とすると定め、十四歳以上の男子臣民に対して、これを受け容れるとの宣誓を義務付けたのである。しかしこの年の春、宣誓を求められたフィッシャーとモアは、いずれもこれを拒み、直ちにロンドン塔の監獄へと送られる。

宣誓を拒み続けたフィッシャーは、翌年一月にはロチェスター司教の職を解かれ、病身にもかかわらず、獄中で襤褸《ぼろ》を纏うことしか許されず、食事もろくに与えられぬという過酷な扱いを受けた。同年五月、カトリック教会のために尽力してきた高潔の士が危地にあると知った教皇パウルス三世は、フィッシャーを枢機卿に任命する。教皇に次ぐ高位の聖職者とすることで、生きる聖人の命が救われることを願っての措置であったが、これをローマ教皇庁からの挑発と受け取ったヘンリーの激しい怒りを招く結果に終わる。その後、尋問は一層苛烈なものとなり、六月二十二日、国王の至上権を否定したとして反逆罪に問われたフィッシャーは、ロンドン塔内タワー・ヒルで斬首されたのである。

やはり王位継承法の求める宣誓を拒み、ロンドン塔の獄窓にあったモアの命運も尽きようとしていた。フィッシャーをキリスト教世界に名を馳せるイングランド聖界の良心と呼ぶとすれば、モアはイングランド最良の人文主義者としてヨーロッパ中から仰ぎ見られる存在であった。

自身は王位継承法の求める宣誓を頑なに拒否しながらも、「何人たりとも他人の良心に干渉すべきではない」として、宣誓に応じた人々への批判を一切口にしなかったモアの姿勢は、ヘンリーには到底理解できるものではなかった。臣下が自分と異なる考えを持つのを受け容れられず、時に甘言を弄してでも同調を求めるヘンリーが臣下の同意を欲するのは、もちろん許可を得るためではなく、忠誠心を確認したいからである。そうして、心の内奥に土足で踏み込んでおいて、相手が靡《なび》かないと見るや怒りを爆発させるというのがこの王の悪癖であり、多くの心ある臣下たちがその犠牲となるのであった。

イングランドの誇る俊英をどうしても自陣に取り込みたいヘンリーは、宣誓のために六週間の猶予を与えるとともに、国王の至上権に関する見解を明らかにするよう獄中のモアに命じた。国王は臣下が良心にまつわる問題に対して沈黙を保つことすら許さなかったのである。六月三日、ロンドン塔の監獄を訪れたクランマー、クロムウェル、アンの父ウィルトシャー伯らに返したモアの回答は「国王至上法とは諸刃の剣である」というものだった。この法の下では、臣下が魂（良心）を守ろうとすれば、王の怒りによって肉体の破滅を招き、肉体を守ろうとすれば、魂は永遠に地獄の責め苦に見舞われるというのである。この答えはもちろんヘンリーを満足させるものではなかった。

国王の至上権を認めず、「悪意をもって」沈黙し続けているとして大逆罪で起訴されたモアは、さすがに前大法官だけあって堂々たる自己弁護の論陣を張り、一分の隙も示さない。しかし、法務次長リチャード・リッチが、モアが国王の至上権を明白に否定する発言をしていたと事実を歪曲した証言を行ったことで、死罪が宣告される。

◉図32――トマス・モア

フィッシャーの処刑から二週間後の七月六日、やはりロンドン塔のタワー・ヒルで斬首されたモアは、没後四百年の一九三五年、時の教皇ピウス十一世の手で聖人の列に加えられる。もっとも、モアが殉じたのは、ローマ教皇庁のためというより、「キリスト教世界共通の信仰」を守り抜くためであった。傑出した法律家でもあった彼の信ずるところ、ロンドン市がイングランド議会の方針と異なる法を定めることができないのと同様、イングランドという一王国が、キリスト教世界共通の信仰に反する法を定め、それを臣下に強制するなど到底許されるべきことではなかったのである。

アン・ブーリンの破滅

フィッシャーとモアの処刑から半年後、新たな年を迎えたヘンリーは重大な訃報に接していた。一五三六年一月七日、キャサリン・オブ・アラゴンが隠棲先のキンボルトン城で世を去ったというのである。四年以上も最愛の娘メアリー王女から引き離され、胃癌による激痛のため心身ともに衰弱著しかったキャサリンは、しかし最期まで王妃としての矜持を失わず、カトリック教会と絶縁した「夫」ヘンリーの魂が救われることを祈りながら、静かに天に召されたのであった。

前王妃の死は、彼女の境遇に同情する多くの人々の涙を誘ったが、ヘンリーの反応は全く異なっていた。「アーサー王太子未亡人」キャサリンの死を告げられた国王の第一声は、「神が戦争の不安から解放してくださった!」というものだったと伝えられる。キャサリンの甥である神聖ローマ皇帝カール五世が、ローマ教皇と手を結んでイングランドへ侵攻する可能性は、離婚の成立以降、相当な現実味をもって取り沙汰されていた。しかし、キャサリンが世を去った以上は、皇帝が苦境の叔母を救うために軍事介入する危険は後退したと考えられたのである。

もっとも、ヘンリーの喜びは、ただ平和の到来を祝してというだけのものではなかった。七年前のドミニコ会修道院での離婚裁判をはじめ、幾度となく自身の前に敢然と立ちはだかったキャサリンへの愛情はとうに失われていた。宮廷に訃報が届けられた翌日、神聖ローマ帝国の大使シャピュイの報告書によれば、ヘンリーとアンは帽子から靴まで、全身黄色の衣装に身を包んでミサに出席し、喜びを表現したという（ただし、ホールの年代記によれば、黄色の装束を着ていたのはアンだけで、この色はキャサリンの祖国スペインでは弔意を表す色であったとされる）。いずれにせよ国王夫妻が「共通の敵」であるキャサリンの死に安堵していたのは疑いようがなく、ヘンリーは二週間後、愛好してやまない馬上槍試合大会の開催を命じる。

グリニッジで開催されたこの大会には、四十四歳の国王自身も選手として参加したが、これが思わぬ事態を招く。対戦相手の突撃を受けて落馬したヘンリーは、不運にも馬の下敷きになって卒倒し、二時間後にようやく意識を取り戻した。国王が昏迷の淵を彷徨っている間、男子継承者を欠いたテューダー王朝も、文字どおり存亡の危機に瀕することになったのである。

馬上槍試合とは、いわば擬似的な戦争である。その舞台で確かな技量を示せば、騎士としての名誉を勝ち得ることもできる。自らフィールドに立つこと数知れず、そのたびに卓越した槍さばきを見せつけてきたヘンリーは、生得の自尊心と自己愛をこの馬上槍試合の場で飼い太らせてきたに違いなかった。しかし、この落馬事故後、ヘンリー自ら槍を揮うことはなくなってしまう。もう十数年も前から王の大腿部に巣くっていた静脈瘤（腫瘍の一種）が、落馬の衝撃で破裂してしまったからである。それからというもの、腫瘍からは常に膿が流れ、国王に多大な苦痛をもたらしたとされる。

騎士としての栄光を追求する術を失い、以後は歩行もままならずに肥満していったヘンリーが、自尊心を大きく傷つけられたであろうことは想像に難くない。そして、自尊心が満たされず、不安の虜となった君主が臣下への猜疑心を強めるというのも、これまた自然な成り行きである。ローハンプトン大学のスザンナ・リップスコーン教授は、すでに冷酷な専制君主としての顔を覗かせていたヘンリーが、いよいよ暴君と化す契機となったのがこの落馬事故であったと説くが、傾聴に値するだろう。

◉図33——ヘンリー八世（1535年頃）

四十四歳といえば、この時代の基準ではすでに老境である。馬上槍試合の名手として声望を恣にした青春の日々は遠く過ぎ去り、死は親しむべき存在となりつつあった。そうした中、落馬事故で九死に一生を得る思いをした国王が、男子の世継ぎの必要性を痛感したのもまた自然なことであった。

ところが、この五日後の一月二十九日、奇しくもキャサリンの亡骸が埋葬された当日、妊娠四ヵ月だったアンは流産してしまう。彼女の流産はこれで二度目だった。胎児は男児だったと聞かされ落胆を大きくする夫に、アンは「流産したのは先日の事故のショックが大きすぎたから」と訴えたが、ヘンリーは「神は男児をお授けにならないようだ」と冷たく言い放ったのだった。

アンの流産の原因は、今となっては知る由もないが、少なくとも彼女自身は先の落馬事故のほか、もう一つの精神的ショックのなせる業と考えていた。自らの侍女ジェーン・シーモアと夫の関係にただならぬものを感じていたのである。このジェーンの存在が宮廷筋の目に留まり始めたのは、一五三六年二月中旬頃とされる。例のシャピュイの報告書によれば、国王はジェーンにひっきりなしに贈り物を届け、三月に入ると、金貨のぎっしり詰まった財布に手紙を添えて贈ったらしい。ところが、この手紙の中身はベッドへの誘いと見抜いたジェーンは贈り物には手を付けず、そのまま国王の許へ送り返したのである。この時、ジェーンは次の言葉を王に伝えるよう使者に頼んだという。「わた

◉図34――ジェーン・シーモア

しにとって貞節ほど大事な宝はありません。たとえ千度命を失うことになろうとも、これを失うつもりはございません。陛下はこうして金貨を下さろうとなさいますが、わたしはむしろ神が良縁を授けてくださることを願っております」

王からのアプローチへの慎重な態度はかつてのアンを思い起こさせる。しかし、ジェーンは現王妃とは全く肌合いの違う女性だった。口数は少なく、控えめ。高慢な一面もあったとされるが、少なくともヘンリーに対しては従順そのものであった。また、青ざめて見えるほど色白、金髪という容姿が伝わっており、肌は浅黒く、美しい黒髪を誇り、国王に対しても明け透けな物言いを止めなかったアンとは正反対といってよかった。さらに、福音主義に共鳴するアンに対し、ジェーンの宗教観は至って保守的といってよかった。もっとも、一五三六年の春先の時点で早くもヘンリーが王妃の首を挿げ替えようと目論んでいたかといえば、それは疑わしい。というのも、この頃ヘンリーは、アンを正統な妻として認めさせようと、皇帝カール五世に対する交渉を活発化させていたからである。王にとって、ジェーンはまだ恋愛遊戯のお相手に過ぎなかったと見るべきであろう。

しかし、四月に入ると、宮廷の最奥部でにわかにスキャンダラスな噂が囁かれ始め、事態を一変させることになる。事の発端は、国王の傍近くで仕えるサー・アンソニー・ブラウンと、その妹ウスター伯爵夫人の兄妹喧嘩だった。妹の身持ちの悪さをたしなめる兄アンソニーに、奔放な伯爵夫人は「どうしてわたしが責められなければならないのでしょう。王妃の方がよほど気ままになさっているのに」とやり返し、あろうことか王妃の不義の相手として、宮廷楽師マーク・スミートン、国王の近習長ヘンリー・ノリス、そして王妃の弟ロッチフォード子爵ジョージ・ブーリンの名を挙げたのである。

この衝撃的な告白は直ちに王の許へ届けられた。あまりの内容に顔色を失ったとされるヘンリーは、報告の信憑性を疑いながらも、事実の調査を行うことを許可する。

四月三十日、容疑者のうち最も身分が低く、供述を引き出しやすいと見られた楽師スミートンが逮捕され、連行先のクロムウェル邸で拷問をちらつかされた末に、アンと三度肉体関係を持ったと自白する。三日後の五月二日には、ノリス、ロッチフォード子爵、さらにアンまでもが身柄を拘束され、ロンドン塔に収監されてしまう。

彼らは実際に不義（さらには近親相姦）を働いたのだろうか。実のところ、その後の尋問や裁判でも、スミートンを除いては誰一人として罪状を認めた者はおらず、研究者の間でも、アンが本当に不貞を働いていたと見る向きは少数派のようである。しかし、アンと彼女を取り巻く廷臣たちの関係が、宮廷人が嗜みとした「愛の戯れ」の域を超えていたらしいことは、アンが監禁先のロンドン塔で、自身の看守役でもある塔の守備責任者キングストンに打ち明けた話からも窺える。

囚われの王妃がキングストンに語ったのは、四月末に起きた二つの出来事だった。四月二十九日土曜日、アンが謁見室に足を踏み入れると、スミートンが物憂げな顔をして窓際に佇んでいた。「何を哀しそうにしているのです？」と声をかけると、楽師は「何でもありません」とだけ答え、ため息をつく。楽器弾き風情が王妃に想いを懸けるなど、思い上がりも甚だしいと腹を立てたアンは「貴族に対してするように、お前に言葉をかけるとでも思っているの？　お前は出が卑しいのだから」と厳しい言葉を吐きつける。するとスミートンは「見てくださるだけで十分なのです。それではさようなら」と言って、その場を辞したというのだった。

王妃のもう一つの告白は、ヘンリーの親友とも呼べる存在だった近習長ノリスにまつわるものである。四月三十日、アンは自身の従姉妹マーガレット・シェルトンの婚約者でもあったノリスに、なぜマーガレットとの結婚に踏み切ろうとしないのかと尋ねた。ブーリン一族の権勢に陰りが見え始めている中、王妃の近親者との結婚に及び腰になっているのだと勘繰っていたアンは、なかなか煮え切らないノリスに、「あなたは死者の財産を狙っているのね。もし陛下に万一のことがあったら、あなたはわたしを抱くつもりでしょう」と際どい言葉を浴びせかけたのだった。

騎士道の愛の嗜みにおいては、最高の貴婦人である王妃が、宮廷の男たちから愛を捧げられる存在だったことは言うまでもない。しかし、それは厳格な規範に則ったプラトニックなものでなくてはならなかった。そうした観点から見ると、王妃が打ち明けたいずれのやり取りも不適切というほかなく、とりわけ王の死の可能性に言及していたノリスとの会話は、反逆罪に問われてしかるべきものだった。

五月十二日、スミートン、ノリスらに反逆罪による四つ裂き刑が宣告され、続く同十五日には、ブーリン姉弟の裁判がロンドン塔内で開かれる。姉弟の伯父ノーフォーク公を裁判長とし、王国の二十六人の貴族が判事役を務めたこの法廷には、二千人もの見物人が押しかけ、前代未聞の審理を見守ったという。

アンはもちろんすべての罪状を否認したが、確実に有罪判決が導き出されるようクロムウェルの手で慎重に人選されていた判事役の貴族たちは、全会一致で王妃に不義ありとの結論を出す。そうして、ノーフォーク公は空涙を流しながら大逆罪による死刑を姪に言い渡したのであった。

王妃に死刑判決が下された直後、被告人として出廷したのはロッチフォード子爵である。王妃姉弟の近親相姦という筋書きは、さすがに荒唐無稽と思われたらしく、外交筋の見立てでは、彼は釈放されるとの見方が有力だったようである。しかし、姉に似て勝ち気だったロッチフォードは、被告席での振る舞いゆえに身の破滅を招く。

元々、非常に仲の良かったブーリン姉弟は、王の衣装のセンスや詩作についてあれこれ品評し、国王の寝室での出来事までも明け透けに話題にしていたらしい。アンは弟に、ヘンリーは夜の営みが下手で、性的不能の疑いすらあると言い放ち、エリザベスはいったい誰の子なのだろうと二人で笑い合っていたとされる。ロッチフォードの起訴状には王妃とのこうしたやり取りが克明に記されており、判事団は被告席の子爵にこれを黙読するように促した。内容が内容なだけに、くれぐれも声を出して読み上げてはならぬというわけである。しかし、裁判自体が理不尽と憤っていたロッチフォードは、この指示を敢然と無視し、王の秘中の秘を大声でぶち明けてしまったのである。

この振る舞いに眉をひそめた判事団は、ロッチフォードにも死罪を宣告し、二日後、彼はスミートン、ノリスらと共にロンドン塔内で斬首刑を執行された。

最後に断頭台に上ることになったのはアンである。五月十九日金曜日、灰色のダマスク織りのガウンに華やかな毛皮のマントを纏った彼女は、四人の侍女たちを随えてロンドン塔の断頭台に姿を現した。そして、国王への感謝の言葉を述べ、ヘンリーがフランスから呼び寄せた死刑執行人の前に跪くと、剣の一閃の下に首を斬り落とされたのである。

王妃の刑死というこの異常事態の真相は、未解明の点が多いヘンリーの治世の中でも最大の謎とされている。従来の有力説は、王妃と反目したクロムウェルが、保守的な宗教観を持つ貴族たちと一時的に手を結び、二度に及ぶ流産に鬱憤を募らせていた国王にはジェーンという「餌」をちらつかせ、アンを破滅に追い込んだというものである。しかし、この説が成立するには、共に福音主義的な宗教観を共有し、長らくおおむね良好な関係を保っていたアンに対し、クロムウェルが突然反旗を翻すに至った経緯がうまく説明される必要がある。たしかに、一五三六年に入ると、後述する修道院の解散や外交政策をめぐって二人が意見を異にする場面も見られるようになっていた。修道院解散により得られた資産を救貧や教育機関のために用いるべきと考えていた王妃に対し、クロムウェルは軍事費、とりわけ軍備の刷新に充てようと目論んでいたとされる。また、キャサリンの死後、神聖ローマ帝国との和解を強力に推し進め、そのためには教皇庁との緊張緩和やメアリー王女の復権も視野に入れていたクロムウェルの姿勢は、アンには行き過ぎた譲歩と映っていた。

これらの意見の相違は、クロムウェルに王妃の破滅を画策させるほど大きなものだったのだろうか。これに否定的な研究者は、別のシナリオを提示している。前出のリップスコーン教授によれば、クロムウェルも（そしてヘンリーも）、最初から王妃の死を画策したわけではなく、ただ偶然もたらされた王妃の不義の噂を信じたに過ぎなかったという。いっこうに世継ぎに恵まれぬ不満やジェーンへの関心を強めていたヘンリーは、怒りの衝動に身を任せて、アンの不義を信じ込み、クロムウェルは王の意向を汲んで、王妃とその「愛人たち」の死を演出したというのである。

五百年を経ても真相は藪の中である。ともあれ、その機智と大胆さとで王妃の座に登りつめたアンは、向こう見ずで不用意な言動で自らを窮地に追いやり、最後は父ウィルトシャー伯からも見放された末に、伯父ノーフォーク公から死を宣告されたのである。落魄した王妃のために弁じようという者はなかったが、ただカンタベリー大司教クランマーだけは彼女の潔白を信じ、不義が明白とならぬ限り断罪すべきではないとの勇気ある意見を手紙にしたため、ヘンリーへ届けさせている。アンの処刑当日の早朝、憔悴した様子で大司教公邸の庭を歩いていたクランマーは、ロンドンに滞在中のスコットランド人神学者アレシウスに出くわした。そうして「今日、何が起こるか知っているかね。イングランド王妃であられたお方が、天上の王妃になられるのだ」と語りかけると、目から涙を溢れさせたのだった。

このクランマーは、イングランド聖職者の首座として、三年前にはアンと国王の結婚式を司っていたが、こうも早く新たな王妃のために婚儀を整えることになるとは予想だにしていなかっただろう。王命により、大司教は五月十七日（アン処刑の二日前）には、アンとの結婚の無効を宣言し、アン処刑当日の同十九日には、ヘンリーとジェーンの結婚のための特赦状を発行することになったのである。結婚が無効であるのなら、そもそもヘンリーとアンは夫婦でなかったわけだから、「不義」や「姦通」などあったものではないはずだが、当時はそうした疑義を呈する者はなかったようである。この王から死を運命づけられた以上、理に訴えてそれを回避することはできないのだ。そして同三十日には、ヘンリーはホワイトホール宮殿の小さな礼拝堂にジェーンを迎え、ささやかな結婚式を挙げたのである。

小修道院の解散

クランマーがアンの処刑の日の朝に涙を流したのは、恩義ある庇護者の悲運に心を痛めたからにほかならないが、福音主義を信奉し、教会改革に積極的だったこの大司教が、やはり改革派だった王妃の死により、時計の針が戻るのを恐れていたのも事実だった。しかし、クランマーの懸念も杞憂に終わる。大司教の盟友クロムウェルは、アン追い落としの過程で一時的にメアリー王女を奉じる保守派と手を結んだものの、すぐに彼らと袂を分かっていた。そして、誰より国王ヘンリー自身が、アンの没落以降も福音主義に基づく教会改革とイングランド国教会の教義確立に意欲を示し続けるのである。

この年一五三六年は、前王妃の死で幕を開け、落馬事故で国王が人事不省に陥ったかと思えば、王妃が不義を疑われて刑死し、すぐに新王妃が誕生するという慌ただしさで、前半だけを見ても激変の年と呼ぶにふさわしいが、同年三月に議会で成立した法案は、やがてヘンリーを絶体絶命の窮地に立たせることになる。

その法――いわゆる「小修道院解散法」は、年収二百ポンド未満の小規模修道院の解散を命じるもので、この対象となる修道院は、イングランド全体でおよそ三百あったとされる。

ヘンリーはなぜ修道院を攻撃の的としたのだろうか。議会や外国使節のレセプションなど、しばしば重要な国事の舞台を提供し、またヘンリー自身がグリニッジ宮殿に隣接するフランシスコ会修道院の付属教会で洗礼を授けられた事実が示すように、王権と修道院は従来密接な関係にあった。しかし、ローマ教皇に忠誠を誓い、イングランド国内に莫大な所領や資産を有する修道院は、まるで教皇庁の出先のようでもあったし、聖遺物（キリストや聖人たちの遺骸や遺品と信じられている品々）や偶像を崇拝する彼らの姿勢は、聖書の記述と「最高の首長」たる国王の権威を重んじるヘンリーの目には、自身の地位を脅かす存在と映り始めていた。そして何よりも、キャサリンとの離婚にあからさまに反対したエリザベス・バートンが修道女であったように、一部の修道院は、ローマ教皇庁と絶縁し独自の教会を打ち建てようとするヘンリーの方針に強い異議を唱えていたのである。

財政的な動機もなかったわけではあるまい。この前年には、ヘンリーは国内の教会や修道院の資産状況を把握すべく、徹底的な現地調査を命じ、その結果を「教会財産査定録」として取りまとめさせており、修道院の財産に対しても、国王が少なからず関心を抱いていたことが窺われる。ところが、小修道院から得られるとされた資産は、年間一万八千ポンド程度であり、修道生活から退き、還俗することになった修道士たちへの年金支払い分などをここから差し引けば、国王の手許に残る額はそう多くはないのだった。つまり、財政的な理由から修道院の解散を企てたとするのであれば、当初から大修道院の解散も視野に入れていたと考えねば説明がつかないのだが、次に述べるとおり、一五三六年春の時点で大修道院がすでにヘンリーの攻撃目標になっていたとは考え難いのである。

そもそもなぜ小規模修道院のみがやり玉にあがり、大規模修道院は手つかずにされたのだろうか。この疑問への答えを求めて「小修道院解散法」に目を向けると、小修道院が「明白な罪、さらには邪悪で肉欲にまみれ、おぞましい行いが日常茶飯事になっている」と断罪される一方で、これら小修道院の修道士らが「善き教えが守られているこの王国の大修道院」に移籍するのを認める記述がみられる。つまり、この時点では「規律が維持されている大修道院」と「堕落した小修道院」が明確に区別され、解散の必要があるのは後者だけと結論付けられていたことがわかる。

イングランド国教会の最高の首長たるヘンリーは、臣民の精神生活にも最終的な責任を負うとされた。そうしたヘンリーの立場からは、小修道院の堕落した（とされる）生活とは、直ちに幕引きすべきものであり、これを断行することが、聖界に君臨する者としての務めと考えられたのである。小修道院解散の結果、一定の収入増加も期待されたものの、これはあくまで余禄といったところであり、一義的には国王至上権確立の一環として実行されたと見るのが妥当だろう（もっとも、この点については、修道院の解散の主要な目的は、その莫大な財産の収奪にあり、激しい反発が予想される大修道院の解散はまずは先送りし、抵抗が少ないと考えられた小修道院から着手したとする見解もある。この見解に立てば、大修道院を「善き教えが守られている」と肯定した小修道院解散法の立法者は、その真の狙いを巧みに秘していたということになるだろうか）。

恩寵の巡礼

モアやフィッシャー、さらにはエリザベス・バートンといった信念ある人々が、王の怒りを買って命を失ったのは既に触れたとおりだが、改革の進行に不満を募らせていたのは、市井の民衆も同じであった。解散を強いられることになった修道院にしても、修道士の瞑想の場というだけでなく、学校や病院、さらには旅籠としての役割も果たしており、庶民の生活と少なからぬ接点があったから、人々の反発も大きかった。

特に北部イングランドでは、南部に比較して数が少ない教区教会以上に人々の宗教生活にしっかり根を下ろしていたのが修道院であったとされる。そこに先述の教会財産調査のため現地を訪れていた巡察官が再びやって来て、今度は教会付属の礼拝堂をすべて打ち壊し、銀の聖餐杯を粗末な錫製のものと取り換えるらしいとの噂が流れたものだから、住民の怒りと不安は頂点に達しようとしていたのである。

一五三六年十月二日、こうした不穏な空気が支配していた北東部リンカンシャーの町ラ

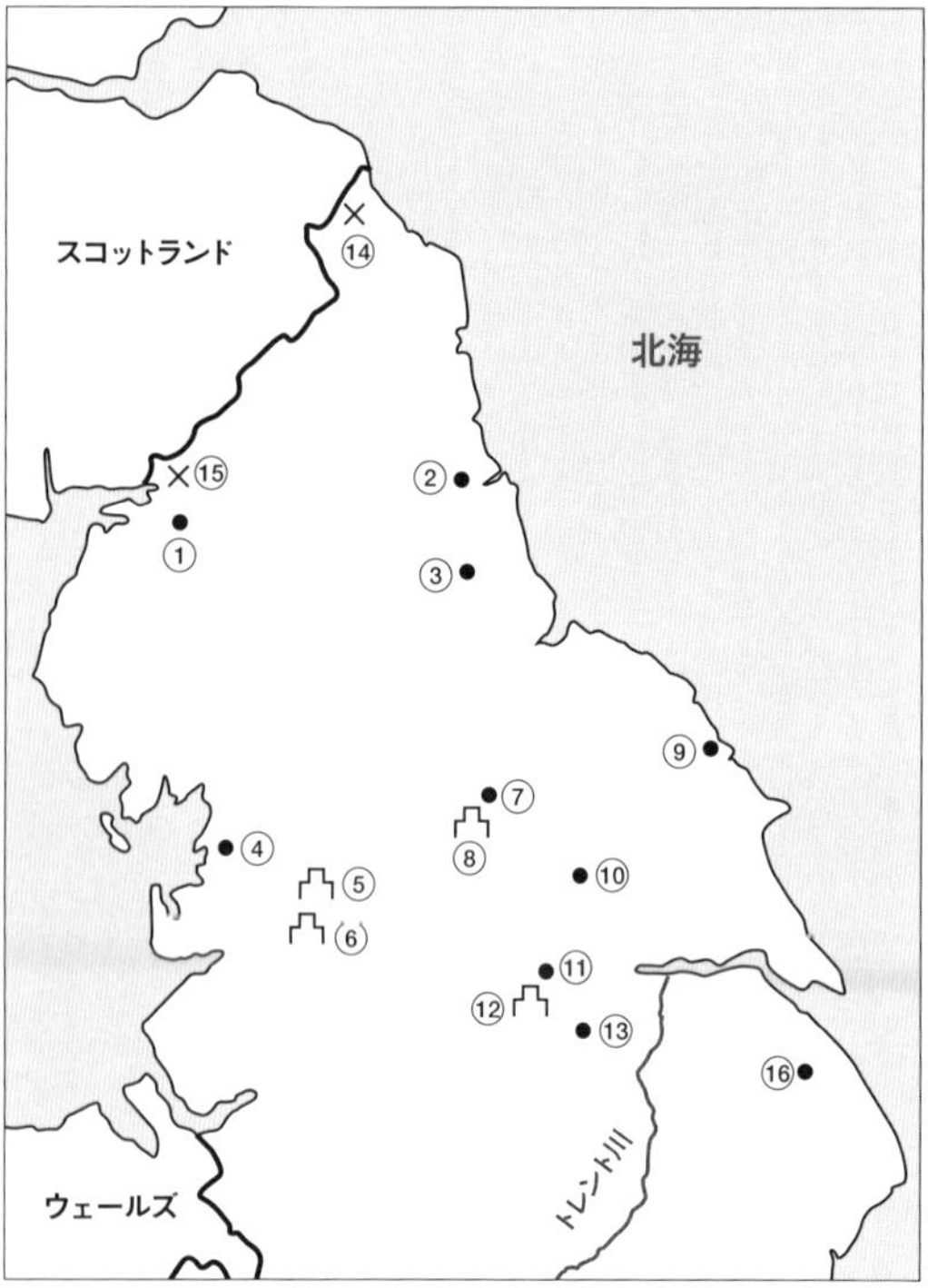

【北部イングランド】

① カーライル
② ニューキャッスル
③ ダラム
④ ランカスター
⑤ ソーリー修道院
⑥ ウォーリー修道院
⑦ リポン
⑧ ファウンテンズ修道院
⑨ スカーバラ
⑩ ヨーク
⑪ ポンテフラクト
⑫ ノステル修道院
⑬ ドンカスター
⑭ フロドゥン
⑮ ソルウェイ湿原
⑯ ラウス

※ D. MacCulloch 著 "Thomas Cromwell" 中の図をもとに著者作成

ウスで、町役人選挙の監督のために訪れていたリンカーン司教の代理人が、暴徒化した住民に襲撃されるという事件が起こる。靴職人の親父に率いられた暴徒は、司教の代理人が教会財産を没収しに来たのだと思い込んでいたのである。

ラウスで発生した暴動は、一帯の郷紳たちを糾合しながら瞬く間にリンカンシャーの中北部全域に広がり、既に進行中だった修道院の解散は中断を余儀なくされる。暴徒の勢いは止まることを知らぬかとさえ思われたが、二週間後に大貴族シュルーズベリー伯が鎮定の構えを見せると、もはや目的を果たしたと考えたのか、暴徒らは潮が引くように姿を消してしまった。

しかし、リンカンシャーで人々が蜂起したとの報せは、やはりヘンリーの宗教政策に不満を抱いていた北部の民衆を勇気づけた。そして、十月八日頃にはヨークシャーの地で、現地の法律家ロバート・アスクを指導者とする蜂起が発生する。アスクを首領とするこの蜂起は、その後、北部を中心に同時多発的に発生した騒擾と合わせて、テューダー朝治下最大の民衆反乱「恩寵の巡礼」に発展し、ヘンリーの宮廷を震撼させるのである。

それにしても武装蜂起の呼び名が「巡礼」とは、いかにも風変わりだが、これは当の反乱者らが自分たちを「巡礼者」と称したからである。当時の修道院には、聖遺物を納めた聖廟が付属していたものも少なくなかったが、これらの聖廟は巡礼の目的地として人々の尊崇の対象となっていたのである。反徒たちは自らを巡礼者と称することで、修道院解散をはじめとする一連の宗教政策への抗議の意思を示そうとしたのであろう。

反乱者たちは一週間ほどで北部イングランドの中心都市ヨークに入城し、市内の修道院を復活させると、数日後には、ダーシー卿ら数名の貴族とヨーク大司教が避難していたポンテフラクト城を陥れる。この時、要衝ポンテフラクトをあっさり手中にできたのは、籠城していた貴族たち、とりわけリンカンシャーの旧族ダーシー卿が反乱者たちに共鳴していたからである。このダーシー卿は国王とクロムウェルが進める改革に反対し、神聖ローマ帝国の大使シャピュイと密かに通じ、皇帝がイングランドに進攻するよう唆していたともされる。

◉図35――「恩寵の巡礼」の軍旗「キリストの五つの傷」

　こうして不平貴族をも味方に引き入れた反徒たちは、十月が終わる頃には総勢四万にも達していた。この大勢力はヨークシャー南部のドンカスターで、ノーフォーク公とシュルーズベリー伯が指揮する追討軍（総勢一万強）と対峙する。もっとも、追討軍の兵数が物語るように、ヘンリーは反乱の規模を読み違えていたらしい。小競り合いの末、衆寡敵せずと判断した現地司令官ノーフォーク公は、反乱者たちと交渉する途を選ぶ。結果、反徒の代表者二名が請願を国王の許へ届け、その間は休戦することで折り合ったのである。この時ヘンリーの手に渡った請願は、信仰の護持、教会とその特権の維持を訴え、「神と王国の法を踏みにじる」クロムウェルやクランマーらの放逐を訴えるものだった。反乱者らを蜂起へと駆り立てたのが、宗教改革により精神生活が一変することへの不安感であったことが窺えよう。

十一月下旬に反徒らがとりまとめ、ノーフォーク公に提出した「ポンテフラクト信条」は、改革を強行する現政権への反発をより顕著に示している。この信条は、クランマーら福音主義的な司教らを「異端」と断罪し、国王の至上権に疑問を投げかけ、修道院解散の撤回を要求するばかりか、カトリックを奉じるメアリー王女を嫡出と認めるよう訴えていたのである。

要求の声を高める雲霞のごとき賊軍と正面から事を構えるのは得策でない。そう悟ったヘンリーは、意外や全面的な恩赦を切り出す。さらに、修道院の復活と、ヨークでの議会開催、この地での王妃ジェーンの戴冠式挙行にも同意したが、実のところ彼には約束を守る気など初めからなかったのである。この不実な態度にまんまと欺かれたのが、乱の指導者アスクだった。ヘンリーは通行証を与えて身の安全を保証した上で、共にクリスマスを祝おうと、この反乱指導者を宮廷に招待する。ロンドンに到着したアスクは、緋色の繻子《サテン》織りの上衣を贈られるや、すっかり王の善意を信じ込み、北部統治の要諦についてひとしきり助言すると、年明けにはヨークへと引き揚げていった。その道中、同志のダーシー卿にしたためた手紙では「陛下はお優しく、親切にしてくださった」と感激を露わにしていたが、当のヘンリーは不埒な反逆者の首をいつ締め上げてやろうかと、虎視眈々と機を窺っていたのである。

国王の復讐の機会は遠からずして訪れる。一月中旬、ヨークシャー東部でサー・フランシス・ビゴッド率いる新たな反乱が発生したのである。国王が約束を果たすと信じて疑わぬアスクは、ビゴッドの動きを軽挙と糾弾したが、この新たな反乱は、約束を反故にする恰好の口実を国王に与えてしまう。三月に入ると、復讐に燃える国王は待っていたとばかりにアスクら反乱指導者の身柄を拘束し、ロンドン塔で尋問を開始したのである。

反乱者への処断は苛酷なものだった。王の本心をようやく悟ったアスクは、大逆罪による死刑を宣告され、暴動の余燼くすぶるヨークで刑を執行された。ダーシー卿らその他の中心人物の末路もまた同じで、刑死者の数は百八十名近くに上ったとされる。

◉図36——破却された大修道院の一つ、ファウンテンズ修道院跡（著者撮影）

一時はヘンリーを狼狽させた恩寵の巡礼は、こうして惨たらしい結末を迎えたが、この反乱は解散の対象外だったはずの大修道院の命運をも暗転させた。乱後、反徒らに加担したとして修道院長や修道会士らが相当数処刑されたが、その後もヘンリーは修道院を反乱の温床と見なし、敵愾心を露わにしていた。その結果、大修道院の自発的な（もっとも、当局が圧力をかけたケースもある）解散が相次ぎ、反乱終息の二年後、一五三九年に「大修道院解散法」が成立して、この流れは決定的となる。結局、一五三六年に小修道院の解散が打ち出されてから四年のうちに、八百もの修道院が姿を消してしまったのである。

解散に追い込まれた修道院の財産は、新設された「国王増加収入裁判所」の手で管理されることになるが、ヘンリーの治世が終わる頃には、この莫大な資産の多くが財源捻出のために売却されてしまう。ジェーン・オースティンの小説『ノーサンガー・アビー』や、わが国でもテレビ放映された歴史ドラマ『ダウントン・アビー』など、タイトルに「アビー（修道院の意）」の名が付く作品がいくつも見られるが、これは舞台に設定されたカントリーハウス（貴族や郷紳たちの地方の本宅）が修道院の跡地や所有地であったことを示している。かくして修道院解散は、テューダー王朝の下で顕著だった郷紳層の勃興にも一役買うことになったのである。

イングランド国教会の展開①――宗教改革とヘンリー八世の信仰

すでに見てきたとおり、国王至上権を認めぬ者へのヘンリーの仕打ちは苛烈を極めたが、これは正義が常に自らの側にあるという傲慢とも呼べる信念のなせる業だった。ヘンリーにとって、自身を首長とするイングランド国教会の確立とは「異端」との戦いにほかならず、その主敵が「使徒の聖座」を僭称する堕落したローマの教権であったことは言うまでもない。しかし、独特の信仰の持ち主だったヘンリーには、マルティン・ルターらの唱えるプロテスタントの教義も受け容れられるものではなかった。

イングランド人の精神生活に大きな転機をもたらしたヘンリーの信仰とはどのようなものだったのだろうか。ここではまず、一五一七年の「九十五箇条の論題」に始まる初期プロテスタントの展開の概略に触れた上で、この大変動への反応ぶりを明らかにしながら、ヘンリーの神学的な立場を改めて見ていくことにしよう。

一五一七年十月三十一日、ヴィッテンベルク大学の神学教授だったマルティン・ルターは「九十五箇条の論題」を提示してカトリック教会に議論を挑んだが、この直接の契機となったのが、サン・ピエトロ大聖堂の建設費用調達のための贖宥状（免罪符）の発行だったことはつとに知られた史実である。当時のカトリックの教義では、ほとんどの信徒は死後、天国と地獄の中間にある煉獄に魂を留め置かれ、ここで苦痛に満ちた浄罪を完成させてから天国に向かうと

●図37——Ferdinand Pauwels 画《九十五箇条の論題を城扉に打ち付けるルター》

されていた。ところが教皇庁は、教会の発行する贖宥状を購入すれば、煉獄での魂の償いの時間を短縮できると触れ込んだのである。ルターの論題は、これに真っ向から疑義を唱えるものであった。

何にも増してこの贖宥状を問題視したことは、信仰に対するルターの基本的姿勢を雄弁に物語っている。彼が生涯にわたり追い続けたのは罪と赦し、すなわち魂の救済の問題だった。落雷の恐怖に駆られてアウグスティヌス会修道士となり、厳しい修道生活を通じても救いの確証を得られなかったルターは、救いとは善き行いによって獲得されるものではなく、ただ神の恵みによって与えられるという確信を深めていた。そんな彼にとって罪の赦しとは、ひたすら神と向き合い、信仰を貫くことで授けられるものであって、教会が金銭と引き替えに赦しを与えるなど、越権以外の何物でもなかったのである。

ルターによる改革の烽火《のろし》は、当時、長足の進歩を遂げつつあった印刷術の力を得て、キリスト教世界に大きな反響を呼び起こす。チューリヒのツヴィングリ、ストラスブールのブツァーらの改革者たちは、ルターの影響を受けながら、やがてプロテスタントと総称される一団を形成することになる。その思想や教義は必ずしも一様ではないが、次の二点において一致していることは重要である。すなわち、すべてのキリスト者の手引きとして、聖書よりも大きな権威を認めない点、そして、神の存在を確信し、信仰することによってのみ「義」とされ、救いへと導かれるという「信仰義認」の教理を採る点である。

彼らのこうした姿勢は、「聖書のみ（Sola Scriptura）」や「信仰のみ（Sola fide）」として表現されるが、前者の聖書中心主義の帰結として、伝統的なカトリックの典礼も見直しの俎上に載せられることになった。古来、カトリック教会では「サクラメント」(わが国では「秘跡」と訳される)と呼ばれる特別な儀礼が行われてきた。この訳語が示すように、サクラメントの目的は、目に見える儀式「跡」によって、目に見えない「秘」、つまり神の特別な恵みを与えることであり、十二世紀以降、「洗礼」「堅信」「聖体」「罪の赦し(告解)」「病者の塗油」「叙階」「婚姻」の七つが認められていた。しかし、プロテスタントの改革者たちは、聖書の中に根拠がないとして、「洗礼」と「聖体」以外のサクラメント(秘跡)を排除したのである(ちなみに、秘跡の範囲をめぐり、なぜ改革者たちが熱心な議論を繰り広げたかといえば、秘跡とは人間が作り出した儀式ではなく、神からの授かりものであり、この範囲を正しく把握することは、人間に対する神の意思を正確に理解することにつながると考えられたからである。さらに言えば、秘跡を執り行うのは聖職者であり、彼らの権威が及ぶのをどこまで認めるかとの問題にも直結したのである)。

また、贖宥状が効力を及ぼすとされた煉獄も聖書に根拠がないとして存在を否定され(もっとも「九十五箇条の論題」提示の時点では、ルターは煉獄の存在自体は認めていた)、さらには聖母マリアや聖人たちへの崇拝は迷信として、教会を美しく飾った聖画像やステンドグラスも偶像崇拝として、おおむね斥けられることになるのである。

こうしたプロテスタントの思想や教義は、一五三〇年代に入ると台頭の波に乗り始め、ローマ教皇庁との決裂の道を歩み始めたヘンリーのイングランドもその影響を免れることはできなかった。

ヘンリーの信仰をめぐっては、かつて『七つの秘跡の擁護』を著してルターに反駁し、その功により教皇から「信仰の擁護者」の称号を与えられた経歴が示すとおり、本質的に保守的であり、彼を首長に戴くイングランド国教会の教義は「教皇なきカトリック」であったとする見解もある。しかし、少年時代からエラスムスの薫陶を受けていたヘンリーにとっては、プロテスタントの教義の柱である聖書中心主義は馴染み深いものであったし、教会機構の改革や聖職者の質の向上に対しては、教皇庁との関係が悪化する前から強い関心を示していた。

国教会の首長となった後も、聖書を重視するヘンリーの姿勢に変わりはなかった。後述のとおり、すべての教区民に神の言葉を届けようと、マイルズ・カヴァデールの手になる最初の欽定英訳聖書『大聖書』を教会に備え置かせたのは最たる例である。しかし、どんなに聖書を重視しようと、プロテスタントの改革者らに全面的に歩み寄ったわけではなかった。彼にとって決定的に重要なのは、自身を首長とする国教会体制の維持であり、聖書の普及にしても、この目的に資するとの判断から実行されたのである。国教会体制を根底から動揺させた「恩寵の巡礼」のごときは、民衆の無知ゆえに引き起こされたというのが彼の理解であり、神の言葉（聖書）を国中に行き渡らせ、人々の蒙を啓くことが一番の解決策と考えたのである。聖書に接することで物事を正しく理解することができるという発想は、すぐれて人文主義的であり、さすがエラスムスの「弟子」ということもできようか。

大陸から発する宗教改革の大波は、確実にヘンリーの宮廷にも押し寄せていた。何と言っても、聖界のトップ二人――国王宗務代理のクロムウェルとカンタベリー大司教クランマー――が福音主義に共鳴し、特にクランマーは、ヘンリーが終生否認し続けたプロテスタントの教義「信仰義認」の支持者であった。もっとも、彼らはまだしも「穏健派」の改革者であって、イングランド国内には「急進的な」教義を信奉する者たちが現れていたのである。そして、その対極として、ウィンチェスター司教ガードナーを筆頭とする保守的な信仰を堅持する一派が隠然たる勢力を保っていたことも忘れてはなるまい。

国教会の首長たるヘンリーは、この状況を信仰生活の混乱の元、ひいては国教会体制への脅威と見なした。そして、恩寵の巡礼の発生前夜、一五三六年七月に「十箇条」を制定し、国教会の教義確立のための第一歩を踏み出したのである。

イングランド国教会の展開②――教義統一への道

正式名称を「キリスト者の平穏と調和を確立し、意見対立を避けるため、国王陛下が定められた条文」といい、その序文で「かくも多様な意見が王国内で跳梁跋扈することは遺憾である」と嘆いてみせた「十箇条」の狙いが、国教会の教義統一だったことに疑いの余地はない。しかし、その制定の過程で繰り広げられた聖職者たちの議論は、まさに喧々諤々、ヘンリー自ら論戦の収拾に当たらねばならない有り様だった。もっとも、当の国王自身の信ずる教義も単純明快とは言えなかったから、なんとか制定にこぎつけた「十箇条」の内容は、伝統的なカトリックと福音主義の奇妙な混合と呼ぶべきものになった。

さて、その内容だが、最初に目を引くのは、カトリック教会が七つと定める秘跡を「洗礼」「聖体」「罪の赦し（告解）」の三つとした点である。もっとも、ここから外れた四つを明確に否定する記述もなかったが、先に述べたとおり、秘跡と聖職者の権威とは表裏一体の関係にある。聖界の頂点に立つヘンリーは、秘跡の範囲を絞り込むことで保守的な聖職者たちに牽制球を投げ込むことに成功したといえよう。

次に注目すべきは、プロテスタント的な「信仰義認」の考え方が明記される一方で、魂の救済を得る上で善行を積むことも必要とされた点である。「罪の赦し」の秘跡に関する条項では、「神は善行の価値ゆえにではなく、ただ救い主イエス・キリストの血と受難の功徳ゆえに、罪をお赦しになる」と、信仰義認説を肯定するような記述が盛り込まれた。ところが、ここでは同時に「心から悔恨し、罪を告解し、慈悲と慈愛に満ちた善行を積まなければ、決して救われることはない」と功徳を重ねることの重要性も説かれているのである。これは、信仰のみで人が救われると考えなかったヘンリーの思想を反映したものだが、そもそも俗界の統治者でもある彼は、信仰という人間の精神的営みばかりを強調し、目に見える善行を軽視してしまっては、社会の秩序を保つことは難しいと現実的な判断を下していたのであろう。

この「十箇条」はまた、聖人への祈りや煉獄の存在といった、神学者らの間で議論が絶えなかった論点についても見解を示している。まず、聖人については、彼らを讃えることは称賛されるべきとした上で、「神にのみふさわしいような敬意」が向けられることを否定し、「神よりも聖人に祈った方が簡単に報われる」との考えは「無益な迷信」であると斥けた。そして、煉獄については、死者の魂のため祈りを捧げるのは善行であるとしながら、カトリック教会が「煉獄」の名の下に行ってきた悪弊は「はっきり打破されなければならない」としたのである。

　このように単純明快と呼ぶには程遠い内容の「十箇条」は、制定の翌月（一五三六年八月）に国王指令が発せられ、各教区での浸透が図られたが、教義統一を目指す動きがここで打ち止めとなったわけではない。特に若者たちの教導が必要と感じていたヘンリーは、簡明な教義要覧の作成を司教や神学者らに命じたのである。「十箇条」策定の際と同様、司教らは激論を戦わせ、その成果は一五三七年九月に「キリスト者の定め」として取りまとめられた。もっとも、この教義要覧は『司教の書《ビショップス・ブック》』という通称が示すように、ヘンリーの正式の裁可を経ることなく公布された。恩寵の巡礼の事後処理や、王妃ジェーンの出産（後述）を間近に控えて多忙を極めていた国王は、事前に草稿に目を通し、一部の教理や表現に不満はあれど、おおむね自身の見解が反映されていることを確認すると、ひとまず公布を許可したのである。しかし、間もなく落ち着きを取り戻したヘンリーは、さすがひとかどの神学者を自任するだけあって、丹念に吟味を始めると、二百五十ヵ所にも上る修文を行いクランマーに突き返した。

　国王の朱書きを受け取ったクランマーは、通常の聖務はいったん脇に退け、返答に心血を注いだ。この時の二人のやり取りは現存しており、両者の相違が最も鮮明になったのが「信仰義認」をめぐる理解であったことを示している。魂の救済のためには善行が必要と考えるヘンリーが自身の信念を押し通した結果、「信仰と希望は、聖職者に告解を行い、その後、赦免を得て、祈りを捧げ、断食と貧者への施しを行うことによってのみ得られる」として、善行の必要性が強調されることになった。ところが同時に、「人間には独力で神の掟を守る能力がない」あるいは「キリストの受難は神への十分な贖罪である」と信仰義認説に立った見解も示され、結局、曖昧かつ相矛盾する記述が鏤《ちりば》められることになったのである。

『司教の書』はまた、「十箇条」では秘跡から外された「堅信」「病者の塗油」「叙階」「婚姻」の四つを復活させる一方、「洗礼」「聖体」「罪の赦し（告解）」はより重要であるとして、七つの秘跡の間でいわば「格付け」を行っている。わずか一年余りのうちに、神学上の大きなテーマである秘跡に関し、顕著な変更が行われたという事実は、司教や神学者たちの意見の隔たりが大きく、国教会の教義もいまだ流動的であったことを物語っている。

揺籃期のイングランド国教会の教義統一を図るため、苦心の末に生み出された「十箇条」と『司教の書』であったが、その見直しが必要であることも次第に明らかになっていく。プロテスタント教理の柱たる信仰義認説を明確に否定しないまま、カトリック的な数々の「迷信」を斥けた結果、今や国教会の教義はプロテスタントに歩み寄ったかのような印象を与えていた。しかし、これはヘンリーの本意ではなかった。このため教義の再確立を図り、国王にとって譲れない一線を明確に示すため、議会制定法の形をとって公布されたのが一五三九年の「六箇条法」である。

この「六箇条法」は、聖職者の妻帯を禁じるなど保守的な色合いが濃く、また、聖体拝領のパンとぶどう酒は実際にキリストの肉と血に変化したとの解釈を掲げるなど、急進的なプロテスタントの教理とは明らかに一線を画していた。ミサで用いられる聖体拝領用のパンとぶどう酒は、司祭が聖別することで、外観はそのままに、実体としてキリストの肉と血に変化するというのがカトリック教会の伝統的な教理だった。ところがこの頃、パンとぶどう酒は実際に肉と血に変わるわけではなく、単にキリストの受難を象徴するに過ぎないとする聖体象徴説主張者《サクラメンタリアン》たちが、頑なに自説を主張し始めていたのである。彼らを異端視していたヘンリーは、「六箇条法」で伝統的な教理を採用することでこれをはっきりと斥けたのである。保守的な色合いの濃い「六箇条法」は、年代記作家エドワード・ホールが「六つの棘を持った鞭」と形容したとおり、異説を唱える者には厳罰さえ用意しており、プロテスタント寄りのウスター司教ラティマーとソールズベリー司教シャクストンは、この法の成立を保守反動と見て抗議し、自ら司教職を辞したほどであった。また、聖職者の妻帯が禁じられた結果、ヘンリーの信任篤いクランマーでさえ、七年前に赴任先のニュルンベルクで娶った妻（著名なルター派の神学者の姪）を大陸へ送り還すことを余儀なくされたのである。

『大聖書』

敬虔で神学の造詣も深いヘンリーの信仰生活において、聖書は常に中心の座を占めていた。キャサリン王妃との離婚と国王至上権の確立という大仕事をやり抜く上で、理論面での支えとなったのが聖書であったことも決して偶然ではないだろう。

国王として臣民の精神生活を正しい方向へ導かねばならぬとの信念は、国王至上法の成立以前の一五二七年、エラスムスに宛てた書簡の中で早くも顔を覗かせていた。この書簡でヘンリーは「キリストの教えを原初の威厳ある状態に復し、神の御言葉が妨げを受けぬ純粋な形で届けられるようにしなくてはならない」と訴えていたのである。

神の言葉を国中に届けようというヘンリーの意志は、その三年後、ウェストミンスター宮殿星室《スター・チェンバー》に会した顧問官と聖職者たちにはっきりと示される。この席上ヘンリーは、アントワープからイングランドに密輸され、人々の間に広まりつつあったティンダル訳の聖書を発禁とし、かわりに司教らと神学者の叡知を結集して新たな英訳聖書を編纂するよう命じたのである。この時、自著を禁書にされたティンダルは、かつて国王の権威は教皇のそれに勝ると説く『キリスト者の服従』を著し、アン・ブーリンの勧めでこれに目を通したヘンリーをいたく喜ばせていたが、その後キャサリンとの結婚無効を訴える王の姿勢を批判し、激しい怒りを買っていたのである。

聖書の翻訳を命じられた司教らの対応はまちまちだった。ウィンチェスター司教ガードナーは、一五三五年半ばまでには自身に割り当てられた『ルカの福音書』と『ヨハネの福音書』の訳を終えたらしいが、もっと保守的なロンドン司教ストークスリーなどは、そもそも聖書の英訳自体に反対し、全く手を付けずにいた。これには取りまとめ役のクランマーも「最後の審判の日が来ても完成することはないだろう」と愚痴をこぼすしかなかった。

司教たちがいまだ翻訳に悪戦苦闘していた一五三七年八月、クロムウェルの手で、一冊の英訳聖書がヘンリーの許に届けられる。これはティンダルの助手も務めていた聖職者ジョン・ロジャーズが「トマス・マシュー」の変名で英訳した新約聖書で、その表現の大半はティンダルの訳業を踏襲したものだった。見本を受け取ってわずか数日後、ヘンリーはこのマシュー訳聖書の刊行を許可する。遅々として進まぬ司教たちの訳業にしびれを切らしていたとはいえ、忌み嫌うティンダルの影響の色濃いマシュー訳聖書を裁可したのは不思議といえば不思議だが、ヘンリーのこの決断は、ちょうどこの直前に王国を大混乱に陥れた「恩寵の巡礼」が、人々の無知ゆえに引き起こされたとする彼の信念と無縁ではあるまい。

とまれ、このマシュー訳を国王に献じたクロムウェル自身、これが英訳聖書の決定版とは考えていなかったらしい。旧知の元アウグスティヌス会修道士で、福音主義に傾倒していたマイルズ・カヴァデールにティンダル訳聖書の改訂を依頼し、一五三九年末にこれが完成するとヘンリーの裁可を求めた。国王の嫌うルター的な表現や傍注を手直ししていたこのカヴァデール訳聖書はヘンリーの裁可するところとなり、一五三九年四月、イングランド最初の欽定英訳聖書『大聖書』として刊行されたのである。

その大きさ（縦十六・五インチ［約四十二センチ］、横十一インチ［約二十八センチ］）ゆえに『大聖書』と呼ばれたこの欽定聖書は、初版が二千五百部印刷され、各教区に備え置かれることになった。人々は教会へ行きさえすれば自由に読めるようになったのだが、彼らの目を最初に引くことになったのは、その内容はともかく、表紙を飾った豪華な口絵であっただろう。

この口絵は、ヘンリーも大いに気に入ったらしく、版を重ねても同じ図柄が採用されるほどだったが、その主題は国教会の最高の首長たる国王の威厳であった。最上部に申し訳程度に（！）顔を覗かせている神のすぐ真下に、玉座に腰を下ろす国王ヘンリーの姿がひときわ大きく描かれ、『ダニエル書』の言葉「わが王国では皆、生きる神を恐れなければならない」を発している。ヘンリーが右手で聖書を渡しているその相手は、聖界を代表するクランマー、王の左手から聖書を受け取るのは俗界代表のクロムウェルである（そう断定することができるのは、二人の紋章もあわせて描かれているからである）。中段には、王から拝領した聖書をそれぞれ聖職者と俗人たちに下げ渡すクランマーとクロムウェルが、下段では説教台の傍近くに集い神の言葉に耳を傾けながら、なんと「国王万歳！」と叫ぶ庶民たちが描かれているのだった。本来であれば、神を讃える言葉を吐かせるべきであろうが、ヘンリーも「生きる神」なのだから仕方がない。さらに興味深いことに、説教台の反対側には監獄が描かれ、枢機卿の緋帽子をかぶった人物が獄窓に呻吟しているのである。これ

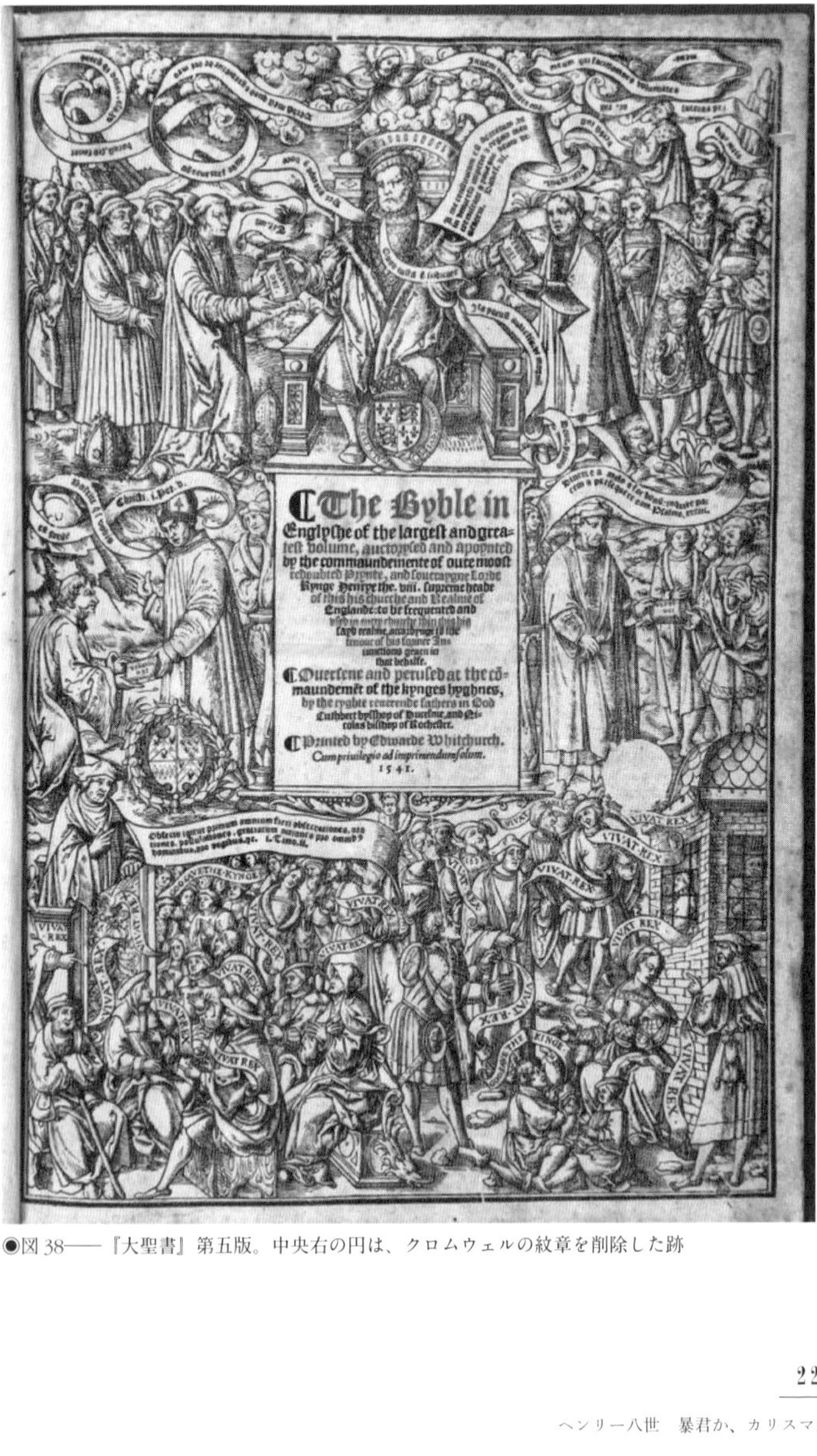

◉図 38——『大聖書』第五版。中央右の円は、クロムウェルの紋章を削除した跡

はキャサリン王妃との離婚問題が浮上して以来、ヘンリーに異を唱え続け、最後は反逆者として斬首されたフィッシャーを当てこすっているのだろう。

ところで、この『大聖書』は版を重ね、二年後の一五四一年には早くも第五版が世に出るのだが、この版の口絵は初版のものをほとんど踏襲しながら、ただクロムウェルの紋章だけがきれいに削除されている。聖書の英訳事業にも大きな情熱を燃やしていた宰相クロムウェルの身に何が起こったのだろうか。これに触れる前に、時計の針を少し戻し、新王妃にジェーンを迎えた後のヘンリーの家庭生活に話を移そう。

父と娘

アン・ブーリンが断頭台の露と消え、程なくしてジェーン・シーモアが新王妃に迎えられたことは、キャサリン王妃に忠誠を誓い、今では「レディ・メアリー」に格下げされたメアリー王女の身を案じる人々を心から安堵させた。エリザベス王女が生まれるや、メアリーを無理やり娘の侍女団に加えて奉仕させる底意地の悪さのあったアンと違い、温和で同情心の深かったジェーンは、すでにアンの没落前から、メアリーの待遇を元に戻してやるようヘンリーに訴えていたとされる。また、信仰に関しても伝統的なカトリックに親しみ、アンのように福音主義に共鳴するそぶりもなかったから、この点もメアリー王女派には喜ばしいことだった。

ジェーンが王妃の座に登ると、新たに「王位継承法」が制定され、エリザベス王女も庶子に格下げされた。メアリー王女を奉ずる人々はこれにも溜飲を下げただろうが、何のことはない、国王の娘たちが二人そろって継承権を失ってしまったのである。アンの刑死の数週間後に、王の庶子リッチモンド公ヘンリー・フィッツロイが急死していたことを思えば、王国の存続にとっては全く由々しき事態であった。

しかし、いくらジェーンに乞われようと、また、どんなに王位継承に不安を残すことになろうとも、ヘンリーはメアリーを嫡出の身分に戻そうとはしなかった。彼女をそのまま元の身分に戻してしまえば、キャサリンとの結婚の有効性を認めることになる。さんざん結婚無効を主張して、カトリック教会との絶縁やイングランド国教会の創設さえ断行したヘンリーにとっては、これは土台無理な相談だった。

アンの死で風向きが変わったことを察したメアリーは、和解を求めて早速父王に手紙を送ったが、ヘンリーは無条件で娘に手を差し伸べようとはしなかった。ノーフォーク公を筆頭とする顧問団を派遣し、いくつもの質問を投げかけて王女に「踏み絵」を踏むよう迫ったのである。この時、メアリーが答えを迫られた問いは「国王を教会の最高の首長と認めるか」「教皇を僭称するローマ司教の管轄権を否定するか」といったカトリックを奉じる者には到底容認できないもののほか、「父ヘンリーと母キャサリンの結婚は神の掟に反したものであったと認めるか」というサディスティックと思えるものさえあり、メアリーは大いに心を痛めたに違いなかった。

意志の固さは母親譲りだったメアリーは、しかし、決して節を枉《ま》げようとしなかった。

王女の頑なさに業を煮やした顧問団の一人は「貴女が私の娘だったら、焼きリンゴのように柔らかくなるまで頭を壁に叩きつけてやるところですが」と言い放ったが、それでもメアリーは怯まなかった。結局この日、顧問官たちはなす術もなく場を辞するほかなかったが、この時の模様を伝え聞いたクロムウェルは一通の手紙をしたため、王女に翻意を促した。彼の手紙は、王女の復権を企てる一派が身柄を拘束され、ロンドン塔で審問を受けている事実を伝えるもので、メアリーがこれ以上頑なな態度を貫くのであれば、支持者たちにも累が及ぶと警告したのである。

手紙を受け取ったメアリーは、すでに二十歳であり、判断力も備えていたのだろう。自身の良心と支持者たちの命を天秤にかけ、顧問団の訪問を受けてから二週間後、身を裂くような思いですべての要求を受け容れ、「告白書」に署名したのである。もっとも、良心の呵責に耐えかねた王女は、密かに神聖ローマ帝国大使シャピュイに接触し、犯したばかりの「罪」に対する赦免を得るべく教皇庁に働きかけるよう求めたのだった。

メアリー帰順の報告を受けたヘンリーの安堵と喜びは大きかった。豪華な衣装と駿馬を贈り、召し使いを好きに選んでよいと約束し、さらには五年ぶりの拝謁を許したのである。

父と娘が心から和解したのか真相は定かではない。ともあれ、その後もジェーン王妃は血のつながらぬ二人の娘への気配りを欠かさず、国事多難な中、ヘンリーはしばし穏やかな家庭生活を送ることができたのだった。

誕生と死

こうして久々に家庭の安らぎを得たヘンリーは、ついに長年の宿願を叶えようとしていた。ジェーンとの結婚からおよそ一年後の一五三七年春、王妃の懐妊が明らかになったのである。この報せは五月下旬には国中に公表され、セント・ポール大聖堂では聖歌テ・デウムが捧げられた。九月十六日には、王妃は出産の場に選ばれたハンプトン・コート宮殿に移った。どうしても男児を望むヘンリーは、過去にメアリー、エリザベス出生の舞台となったグリニッジ宮殿を避けたかったようである。そして、十月十二日金曜日午前二時、王妃は無事に男児を産み落としたのである。

三日後、ハンプトン・コート宮殿の王室礼拝堂で、王子の洗礼式が行われた。式を主宰するのは大司教クランマー、代母役はメアリー王女で、四歳になっていたエリザベス王女は緋色の布を捧げ持つ役を務めた。王子が生まれた十月十二日は、イングランド王室の守護聖人として尊崇を集める聖エドワード（エドワード証聖王）の祝日の前夜に当たっており、これにちなんでエドワードと名付けられた。キャサリンと離縁する決意を固めてからおよそ十年。男児の世継ぎを得るための長い戦いに、ヘンリーはようやく勝利を収めたのである。

しかし、ヘンリーの喜びは長くは続かなかった。産後の肥立ちが思わしくなかったジェーンの容体が、急速に悪化していたのである。一説には、この時王妃を死の淵に立たせたのは、分娩後に胎盤の一部が子宮内に残ってしまう、いわゆる癒着胎盤であったとされる。

◉図39——ヘンリー八世（1537年頃）

◉図40——エドワード王子（1538年）

大量の出血と子宮内の感染症は、当時の医療水準を考えれば致命的であった。果たして、出産から二週間後の十月二十五日深夜、王妃は赤子のエドワードを遺して死出の旅路に就いたのである。悲報を届けられたヘンリーの嘆きは大きく、ホワイトホール宮殿の一室に引き籠もり、しばし人々の前から姿を消したのだった。

四人目の王妃

即位早々にキャサリンとの結婚を決断し、またアン・ブーリンを断頭台に送ってわずか十日余りのうちにジェーンを新王妃に迎えた事実が示すように、こと結婚に関しては、ヘンリーは即断即決を好んだようにも思われる。しかし、ジェーンを喪った悲しみは格別に深かったのか、王妃の死後早々に顧問官たちから再婚を勧められながら、もう二年近くも男やもめのままであった。

もっとも、妃探しは水面下で着々と進められ、二年のうちに九人もの君侯令嬢らが候補に上がり、そのうち五人の許にはヘンリーお抱えの宮廷画家ホルバインが派遣され、肖像画（今日のお見合い写真である）が作成された。

中でもとりわけ熱心に追求されたのが、ハプスブルク家あるいはフランス王家との縁組だった。この頃、神聖ローマ帝国とフランスはミラノ公国をめぐって戦争状態にあり、同盟を「餌」に両国と縁組交渉を行うことは、イングランドの国際的な地位向上に資すると考えられたのである。

◉図41――ハンス・ホルバイン（自画像）

ハプスブルク家の花嫁候補は、この時わずか十七歳ながらミラノ公爵未亡人となっていたデンマーク王家出身のクリスティーナだった。皇帝カール五世の姪であるクリスティーナは、ハプスブルク家との血縁という点では申し分なかったが、彼女はキャサリン・オブ・アラゴンの縁戚（クリスティーナの母方の祖母ファアナはキャサリンの姉）

でもあった。キャサリンがイングランド王妃の座を追われた後、毒殺されたと信じ込んでいたクリスティーナにとって、ヘンリーとの結婚は到底考えられぬものだった。

フランス王家との縁談も並行して進められた。結局スコットランド王家に縁づくことになるギーズ公家のマリーなど、フランス王家ゆかりの女性たちの名が挙がり、この頃にはヘンリーも久々の縁談に前のめりになっていたようである。自分の目で「品定め」したいと考えたヘンリーは、花嫁候補を全員カレーに集めてもらえないかと、なんとも行儀の悪い提案をフランス側に申し入れる。しかし、フランソワ一世から「良家の娘たちをセリに出す馬のように扱うことはできない」ときっぱりと拒絶され、ばつの悪い思いをしたのだった。

ヨーロッパの二大王家のいずれかから妃を迎えようという目論見は、国際情勢の急展開により、結局頓挫してしまう。一五三八年六月、教皇パウルス三世の仲裁により、皇帝とフランス王がニースで会見し、十年の休戦を約したのである。両者の和解に教皇が一枚噛んでいることは、イングランドでは深刻に受け止められた。教皇がいよいよヘンリーを破門し、「異端」のイングランド王を玉座から引きずり下ろすべく、皇帝とフランス王が手を携えて侵攻して来る可能性が現実味をもって取り沙汰され始めたのである（事実、この年の十二月にはイングランド王破門の教皇勅書が発効している）。

良き同盟者の獲得が焦眉の急となる中、最良の選択肢として浮上したのが、デュッセルドルフに都を置くユーリヒ＝クレーフェ＝ベルク連合公国だった。公国の主クレーフェ（ク

◉図 42——クリスティーナ・オブ・デンマーク
ヘンリーの歴代王妃の悲運を知る彼女は「たとえ私に頭が二つあっても、一つはイングランド王のなすがままになるのでしょう」と語ったとされる。結局、彼女がヘンリーに輿入れすることはなかった

レーヴズ）公ヨハンの政治・宗教的立ち位置はほとんど理想的ともいえた。まず、クレーヴズ公の長女がザクセン選帝侯ヨハン・フリードリヒの許に嫁いでいた点は重要だった。ヨハン・フリードリヒはカトリックの庇護者を自任する皇帝に対抗すべくプロテスタント諸侯が結成したシュマルカルデン同盟の盟主だったから、皇帝との軍事衝突が懸念される中、このプロテスタント諸侯の領袖《りょうしゅう》と縁続きになるのは頼もしく思われた。

もっとも、ザクセン公の軍事力を当てにしながらも、ヘンリーは急進的なプロテスタントの教理まで受容していたわけではない。その点、クレーヴズ公本人の宗教政策がヘンリーのそれと相通じるものがあったことは実に望ましかった。エラスムスの崇拝者だったクレーヴズ公は、聖書中心主義に共鳴し、教会改革に力を注ぎながら、プロテスタントの教理には全面的に賛同していなかったのである。

クレーヴズ公の娘のうち、二十四歳のアンナ（アン）と二十一歳のアメリアが縁談の当事者とされたが、ヘンリーの関心は、美人の誉れ高い皇帝の姪クリスティーナと比べても、「クリスティーナが銀色の月なら金色の太陽のような」美貌の持ち主と報告されていたアンに向けられていた。こうしてクレーヴズとの縁談は急ピッチで進められ、一五三九年十月には晴れて協定締結となった。ちなみに、あまりに美化して描いたため、実物と対面したヘンリーが話が違うと腹を立てたとの伝説が残るホルバイン作のアンの肖像画は、実際には協定締結後に国王の手許に届いたようである。

輿入れの途に就いたアンは、この年の暮れにはイングランドの地を踏み、元日はロンドンまで二十五マイル（約四十キロ）ほどのロチェスターに留まり、旅の疲れを癒やしていた。事件が起きたのはこの日の午後のことである。庭先で催されていた「牛いじめ」（雄牛に猛犬をけしかけて闘わせる血なまぐさい見世物）を窓越しに眺めていたアンの許に、頭巾をかぶり、マントを羽織って変装した六人の紳士が前触れもなく現れたのである。紳士の一人がアンの許に歩み出て、贈り物を差し出す。アンは当惑しながらも「国王からのこころざし」だというこの品を受け取るほかなかった。紳士はなおも話を続けようとしたが、どう相手をしたものか判じかねたアンは、再び視線を庭先の牛いじめに移したのだった。

勘の良い読者はすでにお気づきかもしれないが、この紳士はヘンリーその人であった。婚約者のつれない態度に気を悪くした国王は、怒りを押し殺しながら一度その場を離れてしまう。そして、頭巾もマントもかなぐり捨て、正装に身を包んで再びアンの前に姿を現したのである。驚きを隠せないアンであったが、目の前にいるのは夫となる国王である。慌てて立ち上がり、膝を折って深々と頭を下げるほかなかった。

これがヘンリーと二人目の「アン王妃」の初顔合わせとなった。久々に王妃を迎えることになり、気持ちが若返っていたらしきヘンリーは、年甲斐もなく変装までして愛の言葉を囁こうとしたのだが、これ自体は騎士道的な恋愛作法にかなった振る舞いだった。しかし、北ドイツの宮廷で、裁縫こそが良妻の嗜みという価値観で育てられてきたアンには、こうした恋愛遊戯はほとんど馴染みがなかったのである。

二人の不似合いは、これればかりではなかった。ラテン語とフランス語を自在に操り、スペイン語やイタリア語まで理解したヘンリーに対し、アンは母国語のドイツ語しか解さなかった。また、ヘンリーが音楽を大いに愛好し、自ら楽器を演奏するばかりか作曲まで手がけるほどだった一方、「身分ある女性が楽器を弾くなどはしたない」と躾けられてきたアンは、音楽の嗜みなど無いに等しかった。

　アンに対するヘンリーの評価は、グリニッジ宮殿に戻った後、クロムウェルに不愉快そうに語った言葉が端的に物語っている。「レディ・アンはいかがでしたか?」と水を向ける宰相に、国王は「聞いていた話とは全く違う女だった。あんな女だと前から分かっていれば、あれがわが王国に来ることもなかったろうに」と言い放ったのである。

◉図43——アン・オブ・クレーヴズ

　ホルバイン作のアンの肖像画は、クレーヴズへの使節が「生き写しのよう」と証言しているとおり、実はそれほど美化されていたわけではないようである(「肖像画と実物が違う」とヘンリーが激怒した事実はないし、彼が腹を立てた相手はホルバインではなく、アンが大変な美人だと報告した廷臣たちだった)。肖像画のアンをヘンリーの歴代王妃と比べてみても、容姿の面でそれほど劣っているとも思われない。ヘンリーが生涯で最も恋い焦がれたのはアン・ブーリンであろうが、彼女を知る者は揃って「特筆すべき容姿ではない」と断じているから、そもそもこの王の女性の好みを理解するのは容易ではない。ただ、肖像画のアンは、いかにも温厚そうではあるが、やや物憂げで生気に乏しい印象を見る者に与える。趣味も合わず、会話もまともに成立しない婚約者をヘンリーは「鈍重」と感じ、一気に興味を失くしてしまったのだろうか。

この翌日、ヘンリーは再びアンと対面するが、婚約者への嫌悪感はますます募っていったらしい。不本意な結婚から逃れたい一心の国王は、なんとこの期に及んで、婚約を破棄する口実を見つけよと顧問官たちに命じる。イングランド側は、かつてアンがロレーヌ公の子息と婚約していた事実を持ち出し、土壇場でこの結婚をご破算にしようとしたが、クレーヴズ側は「ロレーヌ公国との縁談はすでに解消されており、今さら破棄などとんでもない」と一歩も引かない。これでは、さすがのヘンリーも年貢の納め時と観念するほかなかった。

予定より二日遅れの一月六日午前八時、グリニッジ宮殿の王妃の小部屋で婚礼の儀が執り行われた。大司教クランマーが国王の結婚式を司るのは、これで三度目である。婚儀の当日になってもヘンリーは憤懣やる方なかったらしく、式への道すがら、この結婚は「世界とイングランド王国を満足させるため」との言葉をクロムウェルに吐き捨てている。

アンとの結婚を究極の自己犠牲と考え、自らを納得させたヘンリーだが、王国のため新妻との間に世継ぎを儲けようとは、ついぞ考えられなかったようである。初夜の翌日、王の居室を訪ねてきたクロムウェルに「前から好かぬ女だったが、ますます嫌になった。腹と胸を触ったが、あれは処女ではないぞ」と断じ、身体に触れたものの、「そこから先には進む気にならなかった」と告白したのである。

国王夫妻の間に房事がないというのは、極めて深刻な事態である。アン・ブーリンの弟ジョージの未亡人で、今では新王妃の侍女に納まっていたロッチフォード夫人などは、こういうデリケートな問題にはたいそう察しが良く、また亡き夫に似て明け透けであったから「王妃様はまだお清いままでいらっしゃるでしょう？」と単刀直入に女主人に切り出した。ところが、アンの返事は「どうして清いままということがあるでしょう。毎晩陛下と一緒にお休みしていますのに」と無邪気そのもので、これにはロッチフォード夫人も「本当はそれ以上のことが起こるものなのですよ」とあきれた様子で返すほかなかった。

結局、国王夫妻のぎこちない関係が修復されることはなかった。妃に失望すると、すぐに別の女性に目を移すのがヘンリーの習い性である。間もなくアンの侍女キャサリン・ハワードに魅せられた国王は、娘のメアリー王女より六歳も年下の彼女の許に足しげく通うようになっていた。そして結婚から半年後の六月には、アンはリッチモンド宮殿へ移るよう命じられ、その二週間後には、国王が離婚を望んでいることが告げられたのである。結婚解消の表向きの理由は、例のロレーヌ公子との婚約の「未解消」であった。

使者から報せを届けられたアンは、その場に居合わせたクレーヴズ公の家臣が「冷血漢でも心を動かされる」と評するほど、悲しみの涙に暮れたという。しかし、従順な心根のアンは、かつてのキャサリン王妃のように抗戦するなど思いも寄らなかった。離婚を受け容れたアンに、ヘンリーは「王の妹」としての待遇を約束し、リッチモンドとブレッチングリーの両宮殿を下げ渡したのである。こうして悠々自適の生活を約束されたアンだったが、わずか半年で結婚生活に終止符を打たれた無念は隠しきれず、用済みとなった結婚指輪を受け取りに来た国王の使者に「もう何の値打ちもないのだから、粉々に砕けてしまえばいいのに」と呟き、切ない胸の内を覗かせたのだった。

クロムウェルの最期

イングランド国内はおろか、やがてヨーロッパ中をも驚愕させる政変が起こったのは、一五四〇年六月十日土曜日の午後、聖職者会議がアン・オブ・クレーヴズと国王の結婚無効を宣言するひと月前のことだった。

この日、昼の正餐を終えたトマス・クロムウェルは、定例の国王評議会に出席するため、ウェストミンスター宮殿の一室に入った。他の顧問官たちは既に各々着席している。クロムウェルが自席に腰を下ろそうとすると、ノーフォーク公が信じられない言葉でこれを制した。

「クロムウェル、そこに座るな！　反逆者の席などないぞ。反逆者が紳士たちと同席してはならぬ！」

一瞬、呆気にとられながらもクロムウェルは「私は反逆者ではない」と敢然と応じてみせる。すると、後ろから衛兵隊長が歩み寄り、クロムウェルの腕を摑んで逮捕すると告げた。「何の罪があるというのだ?」と迫る宰相に、衛兵隊長は「ほかの場で知ることになるでしょう」と意味ありげな言葉を返す。そこにノーフォーク公が割って入り、「反逆者がガーター勲章を付けてはならぬ」と言い放つと、クロムウェルの首から聖ジョージの頸飾をつかみ取った。そして、これに続いてトマス・ライオスリー（後に大法官、初代サウサンプトン伯）までもが、宰相の胸元を飾る星章を剝ぎ取ったのである。

辱めを受けたクロムウェルは怒りに打ち震え、顔を真っ赤にしながら帽子を床に叩きつけた。しかし、直ちに宮殿の外に引きずり出され、水路ロンドン塔へ護送された宰相が、その後再び人々の前に姿を見せることはなかった。

ウルジー枢機卿の失脚後、十年近くもの間、事実上の宰相として国政を主導してきたクロムウェルの周辺で何が起こっていたのだろうか。

アン・オブ・クレーヴズとの結婚はこの時期、惨めな結末を迎えつつあったから、この突然の転落劇を、縁談を主導したクロムウェルに対する国王の制裁として捉える向きも少なくない。しかし、政変の二ヵ月前、すでにヘンリーがアンへの失望を深めていた四月十八日に、クロムウェルはエセックス伯爵に叙され、名誉ある式部長官《ロード・グレート・チェンバレン》の職を授かっているのである。これは宰相に対する国王の信任の証であるから、縁談の責任者として詰め腹を切らされたという見方は成り立ちにくい。そもそも、クレーヴズから王妃を迎えるとの構想は、クロムウェルの独創ではなく、宮廷関係者の間では有力な選択肢として共有されていた。そして何と言っても、ヘンリー自身、クレーヴズとの縁談には強い関心を示していたのである。

それでは、なぜクロムウェルは突如として破滅に追い込まれたのだろうか。これについても、いまだ定説と呼べるものはないが、彼を反逆者と断じた私権剝奪法の中に手がかりを見出せるかもしれない。正規の裁判で有罪としようにも証拠不足は明らかだったから、クロムウェルの弾劾は議会で私権剝奪法を可決する形で行われた。この私権剝奪法は、彼の「罪状」を長々と並べ立てていたものの、その多くは政敵たちの手ででっち上げられたものだったとされる。しかし、その中でも特に人々を驚かせ、ヘンリーをことのほか憤慨させたのが、クロムウェルの信仰に対する告発であった。

◉図44——ヘンリー八世（1540年）

自身の右腕が福音主義に強く共鳴し、とりわけ英訳聖書の普及に熱心であることはヘンリーも十分認識していただろう。もっとも、国王もこれを問題視していたわけではない。彼が忌み嫌ったのは、ルターらの唱える信仰義認説など「急進的な」プロテスタントの教義だった。ところが、こともあろうにクロムウェルは、当時ほとんど過激派同然に見なされていた聖体象徴説主張者《サクラメンタリアン》（ミサで用いられる聖体拝領用のパンとぶどう酒は、単にキリストの受難を象徴するに過ぎないと考える人々）であるとして告発されてしまったのである。

「恩寵の巡礼」という大規模な民衆蜂起を経験し、人々の信仰心が時として社会秩序を揺るがす可能性があることを理解していたヘンリーは、自らが「異端」と信じる教理に厳格な姿勢で臨むようになっていた。この頃、ルターの思想を奉じるロバート・バーンズという神学者がロンドンで熱心に説教を行い、ヘンリーの嫌う信仰義認の教理を説いて回っていた。このバーンズは保守派のウィンチェスター司教カードナーから敵視されており、クロムウェルの死の二日後、聖体象徴説の信奉者であると濡れ衣を着せられ、火刑に処される人物である。クロムウェルは、このバーンズの言説は真理であり、国王が真理に耳を傾けないのなら「剣を手に取って国王と戦う」と口にしたとして弾劾されたのである。

クロムウェルが実際に聖体象徴説に共鳴していたことを示す証拠はない。しかし、ルター派のバーンズの庇護者として知られ、さらなる改革にも積極的と見なされていた彼が過激な教義に同調しているというのは、根も葉もない話とも思われなかったのである。片腕と信じる男が忌まわしい異端者であると告げられたヘンリーは、この「獅子身中の虫」に慈悲をかけようとはしなかった。

ロンドン塔の囚人となったクロムウェルは、もはや断頭台に上る日を待つだけの身となっていたが、カンタベリー大司教クランマーは、四年前にアン・ブーリンのために弁じたように、今回も盟友を弁護する手紙を国王に送り、勇気と友情を示した。クロムウェル自身も投獄の二日後には、国王宛てに身の潔白を訴える手紙をしたためた。その締めくくりには「最も慈悲深き陛下、私に慈悲を、慈悲を、慈悲を！」と痛切な心の叫びが記されていたが、これがヘンリーの心に響くことはなかったようである。

クロムウェルが断頭台の露と消えた一五四〇年七月二十八日、ヘンリーはキャサリン・ハワードを妻に迎えた。右腕に「裏切られた」不快感を慶事で紛らわせようとしたのだろうか。

クロムウェル刑死から八ヵ月後、フランス大使マリヤックは、忠実な右腕を自ら切り捨ててしまったことを悔いるヘンリーの様子を本国に伝えている。今や国王は、クロムウェルほどの忠臣はいなかったと嘆き、彼の政敵たちが「ささいな理由で」破滅に追いやってしまったと憤っているというのだった。シェイクスピア研究の大家グリーンブラット教授は、沙翁《シェイクスピア》が造形した数々の悪党たちを分析し、「暴君」の特徴のひとつに「危険なまでに衝動的」であることを挙げる。ヘンリーの後悔が心からのものだったとすれば、王はまさに衝動の赴くまま股肱の臣を葬ってしまったのである。

第五章

戦火再び

北部巡幸

宗教改革議会が召集され、聖界に対するヘンリーの対決姿勢が鮮明になる中で幕を開けた一五三〇年代は、ローマ・カトリックとの決別、イングランド国教会の創設という記念碑的な事業が実現した極めて重要な十年間となった。しかし、個人の信仰生活にまで立ち入った種々の「改革」が社会に大きなひずみをもたらし、「恩寵の巡礼」という大規模な民衆蜂起の形を取って、人々の不満が一気に噴出したのもすでに見てきたとおりである。

ロンドンを中心とする南部とは違った気質や文化を持つ北部では、「恩寵の巡礼」が鎮定された後もヨークシャーの旧族サー・ジョン・ネヴィルの陰謀が発覚するなど、いまだに政情不安が続いていた。スコットランドと国境を接するこの地の民心の慰撫は、王国の防衛のためにも急務であった。

ところが、キャサリン・ハワードを妃に迎えて半年が経った一五四一年の初頭、ヘンリーは深刻な鬱状態に陥ってしまう。五年前の馬上槍試合で落馬した際、大腿部の腫瘍が破裂し、その後、国王を大いに苦しめることになったのは先に触れた。腫瘍が塞がったときには「時々、言葉に詰まったり、顔がどす黒くなることもあった」との記録も残っているが、これは行き場を失った血の塊が脳に到達し、血栓症を引き起こしたものと推測されている。この激痛は時にヘンリーの精神をも蝕み、晩年の王の感情の起伏が激しくなった原因をここに求める見解もある（ちなみに、王の脚部の腫瘍は、かつては梅毒の症状が進行したためとされていた。しかし、侍医の報告等を見ても、当時梅毒の治療に用いられていた水銀を使用した形跡がないこと、また王の子女たちに先天性梅毒の症状が現れていないことなどから、今日ではヘンリーが梅毒を患っていたという説は否定されている）。

一五四一年のこの時も、気力を失った国王は王妃や廷臣たちを遠ざけ、ハンプトン・コート宮殿に引き籠もってしまう。そして、イースターを迎える頃にようやく精気を取り戻し、四月に入ってようやく国王の北部巡幸が公にされたのである。ドーヴァー海峡を越え、何度も大陸の地を踏んだヘンリーだったが、トレント川以北の北部の地を訪れるのは初めてであった。

実のところ、この北部巡幸にはもう一つ別の目的があった。スコットランド王との会見である。時のスコットランド国王ジェームズ五世は、ヘンリーの姉マーガレットの息子であり、ヘンリーにとっては甥に当たる。近親であるこの隣国の王に、ヘンリーは親風を吹かせたかったらしい。聖職者に対して毅然と振る舞うべき、あるいはイングランドを倣って修道院の解散に着手すべきなどと、もう何年もの間、使節を介して内政干渉同然の「助言」を送っていた。叔父と甥の関係とはいえ、独立国の君主であるジェームズが、これを疎ましく感じていたのは言うまでもない。しかし、フランス遠征への意欲が再び首をもたげていたヘンリーは、スコットランドを治める甥と対面し、誼《よしみ》を結び直すことで、このフランス寄りの隣国が少なくとも中立を保ってくれるよう望んでいたのである。

六月三十日にロンドンを発った国王一行は、遠征軍を思わせる物々しさだった。五千頭の軍馬と千人の兵士、さらには大砲までもが隊列に加えられたが、これはまつろわぬ北部の民を無言のうちに威嚇するためであった。道中、悪天候に見舞われた一行の足取りは遅く、八月九日にようやくリンカーンに、同二十四日にポンテフラクトに達した。ここは五年前、「恩寵の巡礼」の反徒たちが国王への要求を「信条」として取りまとめ、国王軍司令官ノーフォーク公に突き付けた地であった。しかし、北へ北へと歩を進める国王一行は、意外にも現地の人々から熱い歓呼をもって迎えられた。ヨークシャーに入ると、国王の御前に男たちの一団が引き出された。彼らは「恩寵の巡礼」の際に、国王への忠誠心を示さなかったとされる者たちである。彼らを代表して、一人の男が玉座の前で長々しい改悛の演説を行い、赦しを乞うと、ヘンリーも快くこれを受け容れた。この後、赦された男たちは、和解の徴として、国王の宿所まで同行することを許されたのだった。

九月十八日、一行はついに最終目的地ヨークに到着する。イングランド第二のこの都市では、何百人もの人夫が昼夜を問わず建物の補修や塗装に汗を流し、両国王の会見の準備はすでに万端整えられていた。

しかし、ジェームズは姿を現さなかった。ヘンリーは九日間、甥の到着を待ち続けたが、詮無きことであった。スコットランド側が土壇場で会見を反故にしたのは、国王ジェームズがイングランドに拉致されるのを警戒したためとされる。結局、同二十九日には、一行はロンドンへの帰路に就いた。こうしてヘンリーにとって最初で最後となる北部巡幸は、民心の慰撫に一定の成果を挙げながらも、隣国との間に大きなしこりを残して幕を下ろしたのである。

王妃の背徳

甥の背信に怒りを募らせながらロンドンへ帰還したヘンリーを待ち受けていたのは、四歳になるエドワード王子が四日熱（マラリア原虫を原因とする熱病。当時はヨーロッパでもマラリアの流行は珍しくなかった）で臥せっているという何とも気がかりな報せだった。幸い、王子は一命をとりとめるが、間もなく新たな凶報がもたらされ、王の心を完全に打ちのめしてしまうのである。

十一月二日、万霊節（死者の日）のこの日、ミサのために礼拝堂の小部屋に入ったヘンリーは、席上に一通の手紙が置かれていることに気が付いた。差出人はクランマーで、その中身は、なんと王妃キャサリン・ハワードの過去の不品行を告発するものであった。王妃の過去の放縦ぶりは、宮廷では知る人ぞ知る事実ではあったが、いざ国王の耳に届けるとなると誰もがしり込みする難事で、結局、ヘンリーの信頼篤い大司教にお鉢が回ってきたのである。

いったい王妃キャサリンの過去に何があったのだろうか。名門ハワード家に生まれながら、王妃は教育や躾とは無縁の少女時代を送っていた。その父エドムンド卿は、フロドゥンの戦いでスコットランドに完勝し、ノーフォーク公爵位を回復したトマス・ハワードの子息だったが、三男ということもあり、経済的にはさほど恵まれていなかった。ちなみにエドムンドの妹エリザベスはアン・ブーリンの母であるから、キャサリンとアンは従姉妹の間柄だった。

血統ばかりが華やかな貧乏貴族の娘に生まれたキャサリンは、十歳になると祖母ノーフォーク公未亡人の屋敷に引き取られた。テムズ南岸のランベスにあった未亡人の邸宅には、貴族の娘たちが行儀見習いとして住み込んでおり、彼女らに諸芸を手ほどきする家庭教師や使用人たちをも抱える大所帯だった。そうであるなら、キャサリンも相応の教育を授かっていそうなものだが、この屋敷にはうら若き乙女たちを目当てに、品行良からぬ男どももしばしば出入りしていたのである。そして、少女時代の王妃は、行儀や芸事よりも男たちとの色恋にうつつを抜かしていたのである。

◉図45——キャサリン・ハワード

クランマーからの手紙には、この時のキャサリンの行状が赤裸々に記されていた。彼女の遠縁で、未亡人邸の執事役だったフランシス・デレハムと「ベッドを百夜共にした」とか、音楽教師ヘンリー・マノックスは「王妃の秘所を知っている」という具合で、最初ヘンリーはこれを事実無根と決めつけ、全く信じようとしなかった。しかし、ついにはクランマーの説得に応じ、極秘に行われることを条件に調査の開始を命じたのである。

大司教に王妃の秘事を耳打ちしたのは、ジョン・ラッセルズという廷臣で、彼は数年後に過激な聖体象徴説主張者《サクラメンタリアン》として火刑に処される人物である。プロテスタント寄りだったラッセルズは、伝統的なカトリックを信奉するハワード家出身の王妃の転落を画策した可能性が高い。しかし、その動機がどうであれ、彼がもたらした情報は嘘八百というわけではなかった。ラッセルズの妹は、キャサリンと同じ時期にノーフォーク公未亡人の屋敷に奉職しており、屋敷で繰り広げられていた情事を嫌というほど聞かされていたのである。

王妃の過去の恋人と名指しされたデレハムとマノックスは、顧問官たちから厳しい取り調べを受けることになった。マノックスは、サセックスにあった未亡人のもう一つの屋敷でキャサリンの秘部に触れたことを認め、デレハムも「裸になって六、七度、ベッドを共にした」と自白し、結局、告発が正しかったことが証明されたのである。

顧問官たちから取り調べの結果を告げられたヘンリーは、悲しみに打ちひしがれ、しばらく口を開くこともできなかった。小柄で三十も年下の王妃を「棘のない薔薇」と呼んで慈しみ、幸せな家庭生活を久々に取り戻していただけに、王の受けた衝撃は計り知れなかった。そして、ようやく辛い胸のうちを吐露すると、臣下の目も憚らず大いに涙を流したのだった。

それから数日のうちに、キャサリン本人にも審問が行われた。取り調べのためハンプトン・コート宮殿の王妃の居室を訪ねたクランマーに、彼女は最初、知らぬ存ぜぬを押し通したようである。しかし、一つ一つ証拠を挙げて論駁する大司教を前に、王妃はついに抵抗を諦め、「国王陛下のご慈悲にすがりたい」とヘンリーの情けに一縷の望みを託したのだった。

実のところ、この時点ではヘンリーも王妃の命を取ろうとまでは考えていなかったようである。過去の男性遍歴を告げずに王の求愛を受け容れたのは、問題と言えば問題だったが、不品行はあくまで過去のものである。かつてのシオン会修道院の建物に幽閉されたキャサリンは、王妃の称号を剝奪され、ひとまず沙汰を待つ身となった。

彼女の運命を決定づけたのは、苛酷な拷問の果てにデレハムの口から漏れた一言だった。「キャサリンが王妃となった後も関係が続いていたのでは」と執拗に問い詰める顧問官に、「彼女の関心はとうに王の近臣トマス・カルペパーに移っている」と告白したのである。

やはり王妃の遠縁だったカルペパーは大変な美男子として知られ、少年時代にはヘンリーの小姓を務めたこともあった。当時から素行はあまりよろしくなかったようだが、人好きのする男で、女性がらみの噂は絶えることがなかったとされる。

カルペパーとの関係を詰問されたキャサリンは、先年の北部巡幸の際、数回密会したことを認めた。その際に帽子や締付環（これを身に着ける者は癲癇《てんかん》などの病気にかからないと信じられていた）を贈ったことも自白したが、カルペパーの無理強いと侍女ロッチフォード夫人に唆されたためと言い張って、責任を転嫁したのだった。

直ちにロンドン塔へ送られたカルペパーは、尋問の末に北部での密会の一部始終を赤裸々に語り始めたものの、肉体関係は頑として認めず、ただ別れ際に王妃の手に口づけをしたと言うだけであった。しかし、「王妃と関係を持ちたいと考えたか」という問いかけにはこれを否定せず、そればかりか「王妃もそのように考えていたでしょう」と答えたのだった。カルペパーの、さらにはキャサリンの運命もこの一言で決したも同然であった。

十二月一日に開かれた裁判で、デレハムとカルペパーは大逆罪による死刑を宣告された。反逆者の処刑は、絞首後、瀕死の状態で性器を切断された末に、内臓を引きずり出され、最後は手足を切断されるという惨たらしいものである。カルペパーはかつて王のそば近くで仕えた経歴が考慮され、罪一等減じて斬首刑を執行されることになったが、デレハムにはかような慈悲は与えられなかった。

年が明けると、裁きの鉄槌はついにキャサリンに下された。議会では「節操のない生活を送っていた事実を告げずに国王と結婚するのは反逆行為」とする法案が可決され、この事後法により反逆者とされたキャサリンの命運もついに窮まったのである。また、多くの身内や王妃たちの悲運を目の当たりにしてきたロッチフォード夫人も、反逆者を唆し隠匿したとして斬首刑を宣告された。

死罪を宣告されたキャサリンは、はじめ大いに動揺したものの、次第に落ち着きを取り戻していったようである。執行の数日前には、断頭台の実物を独房まで持ってくるよう求め、実際に自分の頭を載せて予行演習までしたとされる。そして二月十三日午前七時過ぎ、押しかけた観衆に「自分を反面教師にして不信心な生活を改め、すべてにおいて喜んで国王に従うよう」言い残し、従容として断頭台に首を預けたのだった。

王妃の過去を明かされた際にはひどく落胆し、フランスの大使からは「気が狂ってしまった」とまで評されたヘンリーは、その後、徐々に気力を取り戻していったようである。議会でキャサリンの私権剝奪が議論されていた頃には、二十六人もの女性を侍らせ、盛大な宴を催すまでになっていた。見ようによっては、傷ついた自尊心を癒やすためのハメ外しと思えなくもないが、間もなく傷心の国王は、深手を負ったプライドの回復をそこに求めるかのように、対外戦争による栄光を追求し始めるのである。

「手荒な求婚」

一五三八年六月にニースで会見し、和睦を誓い合った皇帝カールとフランス王フランソワだったが、一五四一年夏には両者の関係は再び緊張を孕んだものとなっていた。フランソワは依然ミラノ公国への野心を捨てきれずにいたし、カールもまた、かつてパヴィアの戦いに敗れ捕虜となったフランソワとの間に結んだマドリッド条約が履行されぬことに強い不満を覚えていた。ハプスブルク家とヴァロワ家が火花を散らしたイタリア戦争は、新たなラウンドへ突入しようとしていたのである。

イングランドの助力を得たい皇帝とフランス王は、例によってヘンリーに秋波《しゅうは》を送るが、結局イングランド王が同盟先に選んだのは皇帝カールであった。百年戦争の残照を追い続けた若き日の思いはいまだ止みがたく、また、スコットランドの親仏派への支援を打ち切ろうとしないフランス王にもヘンリーは怒りを募らせていたのである。

こうして宿敵フランスとの戦争再開へ舵を切ったイングランドには、急ぎ対峙すべき相手があった。「後門の狼」スコットランドである。この国の王ジェームズ五世は、先のヘンリーの北部巡幸の際、ヨークで会見すると約束しておきながら結局姿を現さぬなど、従順ならざる態度を示していた。スコットランドが少なくとも中立を保ち、守りの手薄になった北部国境を脅かさぬことがフランス遠征成功の鍵を握る。ところが、この北の隣国との関係は、肝心の遠征を前にこじれにこじれてしまう。

一五四二年九月、イングランド宮廷は使節を送り、ジェームズがこの年のクリスマスにイングランドを訪ね、ヘンリーと会見するよう求めたが、スコットランド側の返事は曖昧なものだった。これを知ったヘンリーは大いに苛立ち、小癪な隣国を恫喝するため北部に派遣していたノーフォーク公に手紙を送り、兵站準備の遅れを厳しく叱責した。数ヵ月前に姪のキャサリン王妃の不貞が発覚した際には、平身低頭して謝罪をし、なんとか連座を免れたノーフォーク公である。国王の怒りがよほど恐ろしかったのだろうか、糧食の準備も整わぬうちに全軍を率いてスコットランド国境を侵入し、六日にわたって略奪と破壊を繰り広げる。

スコットランド王を恫喝する意図で行われたこの侵略は、逆にスコットランド王の態度を硬化させてしまう。ジェームズはローマ教皇庁やカトリック君侯らに「異端」ヘンリーへの共闘を求めるとともに、二万近い大軍を南下させ、イングランドに逆襲を仕掛けた。十一月二十三日、イングランドの最北カンバーランドのソルウェイ湿原で、ウォートン卿率いる三千のイングランド軍と遭遇したスコットランド軍は、しかし全く統制が取れていなかった。圧倒的な兵力差にもかかわらず、瞬く間に川と沼地の間に追い込まれ、数百名が溺死、残る将兵の多くも降伏を余儀なくされた。敗報を知らされたジェームズは数週間後に憤死し、スコットランドの王冠は生後わずか六日のメアリー・ステュアートの手に渡ったのである。

この大戦果を受け、ヘンリーはスコットランドへの干渉を一層強めていく。ソルウェイ湿原で捕虜となり、ロンドンに連行されたスコットランド貴族たちを親イングランド派に仕立て上げ、彼らを通じてスコットランド宮廷をコントロールしようというのが彼の狙いであった。さらに、生まれたばかりのスコットランド女王メアリーをエドワード王子と結婚させ、両王国を統合しようと目論み始めたのである。

結婚による王国の統合は、一五四三年七月に結ばれたグリニッジ条約に盛り込まれたが、親仏派が幅を利かせるスコットランド本国でやすやすと受け容れられるわけもなかった。十二月にはスコットランド議会で条約の破棄が決議され、これに苛立ったヘンリーは、後に文豪ウォルター・スコットが「手荒な求婚《ラフ・ウーイング》」と形容する、一連の軍事介入に乗り出すことになるのである。

ヘンリーが手始めに命じたのは、スコットランドの王都エディンバラの焼き討ちだった。指揮官に任じられたのは、亡きジェーン・シーモアの兄で、エドワード王子の伯父として台頭しつつあったハートフォード伯エドワード・シーモアである。一五四四年五月、国境を越えたハートフォードの手勢はホリールード宮殿を破壊し、王都から七マイル（約十一キロ）内の集落をことごとく焼き払い、老若男女を問わず殺戮を繰り返した。そして、エディンバラ攻撃の三週間後には、ヘンリーこそが女王メアリーの第一の庇護者であり、スコットランド王国の守護者であると高らかに宣言したのであった。

この乱暴すぎるヘンリーの仕打ちには、来るべきフランスとの決戦に備え、スコットランドの親仏派の戦意を挫き、無用な手出しをさせまいとする狙いもあった。しかし、親イングランド派の中核となることを期待して釈放したソルウェイ湿原の戦いの捕虜たちも、スコットランド宮廷で主流派となることはなく、ヘンリーの「求婚」は隣国との関係をこじらせるばかりの結果に終わる。また、この一連の軍事介入は、本来フランス遠征に充てられるべき資源を徒に費《ひ》消《しょう》したばかりか、前年二月にヘンリーの同盟者となっていた皇帝カールを不安に陥れた。皇帝は、教皇がフランスとスコットランドに命じ、「異端」のイングランド王国を討伐させるのではと懸念し始めていたのである。

◉図46——エドワード・シーモア

最後のフランス遠征

宗教的な視点から見れば、皇帝とヘンリーの同盟は実に奇妙なものであった。カトリックの守護者を任じ、帝国内のプロテスタント諸侯との戦いに精力を傾けていた皇帝と、ローマ・カトリックから離反し、教皇から破門されていたヘンリーが手を結んだのである。もっとも、彼らと対立する「最もキリスト教的な王」フランソワ一世も、オスマン・トルコのスレイマン大帝と同盟し、キリスト教世界に大きな波紋を投じていたくらいだから、ヘンリーとの同盟程度はまだしも許されるものであったのかもしれない。とはいえ、教権の庇護者を自任する皇帝にとって、ヘンリーの持つ「教会の最高の首長」の称号は、すんなり受け容れられるものではなかった。交渉の末、イングランド王の称号は「信仰の擁護者等々《エトセトラ》」とすることで妥結し、この一見不可解な称号が協定書に記されることになったのである。

この時合意された侵攻計画は、非常に勇壮なものだった。ヘンリーとカールはおのおの三万五千の歩兵と七千の騎兵を率い、別ルートからパリを攻略しようというのである。しかし、一五二三年の第二次遠征の際、サフォーク公がパリの目前まで迫りながら、皇帝軍の支援を得られず撤退を余儀なくされた記憶が蘇っていたヘンリーは、この計画に心から同意してはいなかった。齢を重ね、戦争の現実を理解し始めていたのだろう、せいぜいノルマンディーを落とせれば十分と考えていたようである。

もっとも、相変わらず親征にこだわる国王に、顧問官たちは難色を示していた。まず、ヘンリーの健康状態は良好とは言い難かった。脚の腫瘍は依然として多大な苦痛をもたらしていたし、体型もかつてと比べると、まるで別人のようであった。第一次遠征の翌年に作成された国王の甲冑は、胴回りが三十五インチ（約八十九センチ）、胸囲は四十二インチ（約百七センチ）で、若き日のヘンリーの堂々たる体軀を伝えている。ところが、キャサリン・ハワードを王妃に迎えた頃に納品された甲冑は、胴回り五十四インチ（約百三十七センチ）、胸囲五十八インチ（約百四十七センチ）という寸法で、この逸品の持ち主が肥満体であることは疑いようがなかった。

イングランドの金と軍事力は欲しいが、老体のヘンリーが戦場に来ても足手まといと考えていたカールは、二度も使節を送り込み、遠回しに王の自重を促した。これが功を奏したわけではあるまいが、一五四四年の五月を迎える頃には、自身が第一線に立つことへのヘンリーのこだわりは薄れていったようである。さらに、パリを攻略目標とする当初の計画を考え直すようカールに打診さえしているが、これには皇帝も首を縦には振らなかった。

七月十四日、ヘンリーはドーヴァーを渡り、ついにカレーに上陸する。国王がこの地を訪れるのは、これで四度目であった。国王の到着から一週間後には、イングランド軍は二手に分かれて作戦を開始した。サフォーク公率いる一軍は、ドーヴァー海峡に面する拠点ブローニュを、ノーフォーク公指揮下の部隊は同じくカレー南郊の要地モントルイユを包囲したのである。

悪天候と火薬の不足からブローニュ包囲戦は出足を挫かれたが、八月上旬には攻略の準備も整い、ヘンリーも海上から作戦に参加した。久々に戦陣に立った国王は意気上がり、失った健康を取り戻したようであったと伝えられる。イングランド軍の火力の前にブローニュの城塞は破壊され、九月十八日、フランス側守備隊はついに降伏し、ヘンリーの前に城門を開け放ったのである。

軍功著しかった者たちを騎士に叙任し、「戦利品」のブローニュの町を検分するなど、勝者の醍醐味を存分に味わったヘンリーだったが、間もなく驚くべき報せを耳にする。イングランド軍がブローニュに入城したまさにその日、皇帝がフランス王と秘密裡に和睦していたというのである。

実のところ、守勢のフランス王はすでにヘンリーに対しても和平交渉を持ちかけていた。しかし、誠実な同盟者たらんとするヘンリーは、フランス側からの提案を逐一カールに報告していたのである。そうした中、皇帝が何の断りもなしに和睦に応じたというのは、ヘンリーにしてみれば裏切り以外の何物でもなかった。

皇帝の戦線離脱により、単独でフランスと対峙することを迫られたイングランド軍は、一転して苦境に立たされた。モントルイユを落とせずにいたノーフォーク公の部隊には、フランス王太子率いる精兵が迫っていた。これを知ったヘンリーは最初、サフォーク公の一軍を差し向け、王太子に決戦を挑ませようとしたが、それでは陥落させたばかりのブローニュの守りが手薄になってしまう。結局、ヘンリーはノーフォーク公に撤退を命じ、公爵は多くの兵を失うことなくブローニュへ帰還したのであった。そして、九月三十日、ヘンリーはわずかな供回りだけを連れて船に乗り込み、密かにイングランドへと引き揚げていったのである。

こうしてヘンリー最後のフランス遠征は、ブローニュの町一つを戦果として、ひっそり幕を下ろした。皇帝との関係は険悪化し、フランスとはいまだ和約締結に至らず、スコットランドとも一触即発の状況が続いていたから、一五四四年暮れの国際情勢はイングランドにとっては実に深刻なものであった。

スコットランドへの「求婚」はなおも続いていた。エディンバラ南東の修道院の町メルローズを破壊するなど、イングランド軍の挑発は相も変わらずであったが、翌一五四五年二月、メルローズ南郊のアンクルムでスコットランド軍が勝利を収めると、イングランドは一転して守勢に立たされることになる。ここが攻め時とばかりに、フランソワはスコットランドに援軍派遣を約し、イングランド侵攻の構えを見せる。ヘンリーはケント、エセックス、西部諸州に兵を配置し、敵の上陸が予想される南岸の守りを固めるとともに、ハートフォード伯を北部に急派し、スコットランドの南下に備えさせた。

イングランド侵攻のため、フランソワは三万もの兵をノルマンディーに集結させたが、結局、両国は英仏海峡で小競り合いを演じるにとどまった。敵軍と砲火を交える中、お気に入りの軍艦「メアリー・ローズ」がワイト島の沖合で沈没してしまったことはヘンリーを大いに落胆させたが、フランス軍の本土上陸の危機はひとまず回避されたのであった。

しかし、フランス軍の侵攻が現実のものとなったことは、ヘンリーの海軍拡張意欲を大いに刺激したらしい。この年は十六隻、翌年には二十隻もの軍艦が就役《しゅうえき》し、結局、王の逝去時には五十四隻から成る大艦隊が遺されるのである。

秋になると戦線の膠着は誰の目にも明らかとなり、翌一五四六年春、両国は和平交渉を開始する。そして、六月にはカレー郊外の町アルドルで和約が締結されたのである。すでに軍資金が底をつき、和睦を選ぶほかなかった両王は、イングランドがスコットランドに先制攻撃を仕掛けぬこと、二万クラウンと引き替えに、八年後までにブローニュを返還することを条件に、ようやく矛を収めたのであった。

北で南でと両面作戦を強いられたヘンリーの懐事情は、今やお寒い限りであった。一五四四年のフランス遠征の費用は当初二十五万ポンドと見込まれていたが、ふたを開けてみれば六十五万ポンドも食いつぶし、スコットランド戦線が緊迫した翌年の秋にかけては、さらに五十六万ポンドを費やしたのであった。

巨額の戦費を捻出するため、ヘンリーは一五四三年からの二年の間に、先年の修道院解散に際して没収した資産を一斉に手放した。その総額は三十万ポンド以上に及ぶと推定されている。さらに、上納金という名目の課税も横行し、人々は重い税負担に苦しむこととなった。しかし、財政の帳尻合わせに迫られたヘンリーは、これだけでは飽き足らず、ついに「禁じ手」にも手を染めてしまう。通貨の改鋳である。通貨に含まれる金や銀の割合を下げることで貨幣量を増やし、増加分を政府の取り分としてしまうのが改鋳の狙いだが、質の低い通貨を用いた取引が拒否される、あるいは物価高騰を引き起こすなどの副作用がつきものである。「大悪鋳《ザ・グレート・ディベースメント》」と称されるこの時の改鋳は、銀貨の銀含有量を三分の一にまで引き下げ、残りは銅で補うという何とも思い切ったものだった。こうした悪貨のひとつ、一五四七年に鋳造されたグロート銀貨はヘンリーの肖像をあしらっていたが、良貨らしく見せるため漂白された表面、とりわけ浮き彫りされた国王の鼻はすぐにすり減り、地金の銅がむき出しになる始末だった。このため、ヘンリーは庶民たちから「銅鼻爺さん《オールド・コッパー・ノーズ》」の渾名を奉られることになるが、彼らは十数年後のエリザベス朝の時代まで悪貨の流通に苦しむ羽目になるのだから、国王へのこの程度の悪態など目をつぶるべきかもしれない。

ヘンリー晩年の宗教政策

こうしてヘンリーの治世三度目のフランス遠征は、財政面でも計り知れない負の遺産を残すことになった。フランスを屈服させる夢はまたも遠のき、かつての甥、皇帝カールとは同盟にこぎ着けたものの、カトリック教会の守護者を任じる皇帝が、いつ「離教者」たるイングランド国王に刃を振り向けるともしれなかった。ヘンリーが国内で「教会の最高の首長」として振る舞い、カトリックへの対決姿勢を強めるほど、皇帝との不協和音は高まりゆく定めにあった。中世末期以来おおむね継続されていたネーデルラント＝ブルゴーニュの支配者と同盟し、フランスと対抗するというイングランドの外交方針は、今や大きな岐路に立たされていたのである。

もっとも、教皇から破門され、皇帝との間に軋轢が生じようと、旧約聖書の諸王よろしく、臣民を正しき信仰へ導くことを自らの使命とするヘンリーの信念にいささかの揺るぎもなかった。ヘンリーの宗教政策については、福音主義の信奉者クロムウェルが失脚した一五四〇年前後から、カトリックへ回帰していったとする指摘がある。たしかに一五三九年に「六箇条法」が成立した際には、これを保守反動と見た福音主義派の司教二人が抗議の辞任をしているし、後述する一五四三年の『キリスト者に必要な知識と教義』、いわゆる『国王の書』にしても、プロテスタント寄りと解された『司教の書』を軌道修正するための教義要覧と見る向きも少なくない。

しかし、ヘンリーの信仰は、晩年に至ってもその根幹において大きく変わることはなかったともいえる。「人は信仰によってのみ義とされる」とする「信仰義認説」を最後まで認めることはなく、魂の救済のためには善行も必要であるとの信念は終生揺らぐことはなかった。また、偶像崇拝や聖遺物信仰を「偽善や迷信」と見なし、依然これらには背を向けていた。とりわけ、時の国王ヘンリー二世と対立し、殉教者となった十二世紀のカンタベリー大司教トマス・ベケットは、国王至上権を奉じるヘンリーにとっては謀叛人も同然であり、その聖廟は徹底的に破壊された挙句、聖遺物として尊崇を集めていた彼の遺骨も焼却が命じられた。およそ三十年前の戴冠式でヘンリーの聖別のために用いられたのが、ほかならぬベケットの聖油であったことを思えば、何とも皮肉な顚末であった。

とまれ、ヘンリーの信仰において不動の座を占め続けていたものといえば、何をさておいて聖書を挙げなくてはなるまい。この聖書こそが、悩めるヘンリーに最初の王妃との離婚の、さらには国王至上権の根拠をも与えてくれたのである。

ところが一五四三年に「真の宗教の促進のための法律」が成立すると、聖書はもはや誰もが自由に語り、論じる対象ではなくなってしまう。公的な場でこれを読むのは聖職者に限定され、貴族や郷紳らは自身の家庭においてのみ、女性に至っては貴族・紳士階級の婦人に限り、自分ひとりでという条件でようやく読むのを認められたのである。聖書へのアクセスを制限したこの立法は、カトリック的な「反動」の証左として挙げられることもある。しかし、オックスフォード大学のルーシー・ウッディング博士によれば、ヘンリーの聖書観は終始一貫しており、この立法をもって福音主義的な改革が後退したと見るべきではないという。ヘンリーの聖書観はエラスムスのそれに似て、非常に貴族的であった。大衆が自由に聖書を手に取り、議論に花を咲かせることに否定的だった国王は、一定の見識を有する者のみがその教えを正しく理解できると考えていた節がある。事実、一五四五年の議会で行った演説で、ヘンリーは聖書を「宝石」に喩え、これが「酒場で正しき教えに反する形で議論されている」ことに遺憾の意を示している。彼にとって聖書とは、何よりも自身の至上権と教会改革の根拠を提供するものであり、人々が自由に手にし、議論の種とするなど許されるべきではなかったのである。

ヘンリー自ら深く作成に関与し、やはり一五四三年に刊行された『国王の書』は、ウッディング博士の言葉を借りれば「聖書的、反迷信的、やや特異にして、聖体に関する教義においてはカトリック的、レトリックの多くは福音主義的」な代物だった。要するに、カトリックとの決別を志向しながらも、急進的なプロテスタントの教義は否定するという具合で、ヘンリーの明快ならぬ信仰観を反映しているのだった。例えば、聖体拝領のパンとぶどう酒は「キリストの御言葉の力により、主の御身体と御血そのものに変化する」として、伝統的なカトリックの教義（全質変化）が採用され、さらにはルターらの唱える信仰義認説も否定される一方で、古代以来、カトリック教会内で発展してきた煉獄に関する教義は『国王の書』では言及されることはなかった。かくも理解しがたいヘンリーの信仰は、単なる「心情にまつわる好みの寄せ集め」（マカロック教授）なのか、カトリックでもプロテスタントでもない「中道」を模索した結果であったのか、研究者の間でも今なお議論が絶えないようである。

しかし、この信仰分裂の時代、廷臣たちが政敵を異端として告発するのも珍しくなく、事実こうした政争をヘンリーが「奇手」を用いて解決したエピソードも伝わっている。信仰を異にする重臣たちのパワーバランスに国王が細心の注意を払っていたことが窺われ、なかなか興味深いこの逸話を、本章の最後に駆け足で紹介することにしよう。

クランマーの危機

カンタベリー大司教クランマーは、大陸のプロテスタント神学者とも交流が深く、イングランド国教会内の福音主義派あるいは改革派の旗頭と目されていた。同じく福音主義の共鳴者と見られていたクロムウェルの刑死後も、大司教に対する国王の信任は篤く、やがてウィンチェスター司教ガードナーらの保守派は彼の失脚を画策するようになる。一五四三年十一月、枢密院（一五四〇年八月、国王評議会を改組して設置された）の保守派顧問官たちは、大司教が異端の教説を流布しており、直ちにロンドン塔に収監するべきと国王に注進する。信頼する大司教への告発であったが、ヘンリーはこれを受け流さず、翌日開催の枢密院で決定されるという大司教の逮捕にも同意した。ところがこの日の夜十一時頃、ヘンリーは近臣アンソニー・デニー（彼もクランマーと同じく福音主義派と目されていた）をランベスのカンタベリー大司教公邸へ走らせ、大司教をすぐに召し出すよう命じたのである。大急ぎで馳せ参じた大司教をヘンリーは真っ暗な大廊下に連れ出した。そして、大司教を告発する者があり、翌朝には逮捕に踏み切らざるを得ないと単刀直入に切り出したのである。

この恐ろしい報せを伝えられたクランマーの反応は、いかにも彼らしいものだった。「さて、何とする?」と鋭い視線を向ける王に「喜んでロンドン塔へ参りましょう。陛下が不公平な審問をなさらぬことは、とくと承知しておりますゆえ」と平然と応じてみせたのである。

この返事はさすがにヘンリーも予期していなかったらしい。「なんと馬鹿正直なことを!」と天を仰ぐと「貴卿は自分に何人敵がいるか知っているのか? 一度監獄に入ってしまえば、悪漢が三、四人、寄ってたかって証言台に上がり、貴卿の息の根を止めようぞ」と、あまりに純真な大司教に警告を与えたのである。それから自身の手許から指輪を外すと、「この指輪は、枢密院の議題を朕自ら処断しようとするときに使われるもの。顧問官たちもそれはよく承知しておる。彼らが貴卿を逮捕しようとしたら、この指輪を見せればよい。それで貴卿は救われよう」と告げ、手ずから指輪を与えたのだった。

翌朝八時、枢密院は予定どおり大司教を召喚したが、すぐに議場に入れようとはしなかった。イングランドの首席聖職者クランマーは、召し使いや下男たちの控えの間で足止めされ、一時間近くも立ちんぼを強いられたのである。その後、ようやく議場に通されたクランマーは、国王の思し召しによりロンドン塔へ収監し、追って裁きにかけられる旨を告げられる。この宣告に大司教は一瞬色を失うが、すぐに落ち着きを取り戻すと、満座に向かって語り掛けた。

「諸卿、申し訳ないが、もはやこの一大事は諸卿らではなく、国王陛下のご英断を仰がねばならぬようだ。陛下はこの問題をご自身の手で裁可されるご意向。これがその証しである」

そう言うと、クランマーは昨夜国王から預かった指輪を高々と示した。一同の表情は凍りつき、口を開くこともできない。しばしして、王璽尚書ラッセル卿が「諸卿、私の申したとおりではないか！　国王陛下が大司教殿の投獄などお許しになるわけがないのだ」と弁解めいた言葉を口にするのがやっとであった。

その後、いまだ動揺の収まらぬ顧問官たちは、国王の私室へと通された。ヘンリーは渋い表情を崩さずに、大司教を縄目にかけようとした顧問官たちをたしなめ始める。その口調は次第に重々しいものとなり、最後にはクランマーを「朕も幾重に恩義のある」忠臣であると持ち上げたのだった。王のこの態度には、大司教弾劾の黒幕だったと思われるノーフォーク公も「大司教殿を投獄して傷つけるつもりなど元よりありませんでした。裁きの席に立たれれば、必ずや潔白を証明され、再び自由の身となられることはわかっておりましたから」と、空とぼけるほかなかった。

こうして騒動は幕引きとなったが、一見不可解なのがヘンリーの態度である。一度は大司教の逮捕に同意しておきながら、前夜に救いの手を差し伸べて、土壇場で陰謀者たちの暗い意図を打ち砕いてしまったのである。国王のこの一連の行動は、しかし、テューダー朝史研究者ロバート・ハッチンソン博士によれば、次のとおり説明がつくのだという。

保守派が教皇に内通するのを警戒し、福音主義派が「過激な」プロテスタントの教理に染まりゆくのを恐れていたヘンリーは、両派のいずれに対しても睨みを利かせ、「最高の首長」として超然とした姿勢を貫く必要があった。そのため、福音主義派の筆頭格だったクランマーの逮捕に同意し、従僕の控えの間で待ちぼうけさせるという屈辱を味わわせ、保守派に対しても、土壇場で陰謀をご破算にし、不心得を厳しく叱責することで、王の目の黒いうちは思いどおりにならぬと釘を刺したというのである。

もっとも、この時のヘンリーの行動は、単なる移り気のなせる業と取れなくもない。近年、研究者の間では、国王は晩年クッシング症候群を患っており、クランマーの逮捕に同意したのも、その後突然、当の大司教に陰謀の存在を打ち明けたのも、この病気の患者特有の斑気《むらき》の現れであったとの見解も示されている。副腎ホルモンの過剰分泌によって引き起こされるクッシング症候群の患者は、「満月様顔貌」という顔面の肥大や腹部肥満、さらには高血圧や骨粗しょう症を生じることもあるとされる。たしかにこれらの症状は、ヘンリーの死の五、六年前から顕著に見られたものであった。五百年の時を経て、もはや断定するのは難しいが、晩年の王がこの難病に苦しんでいたというのは、仮説としては一定の説得力があるように思われる。

しかし、病名が何であれ、ヘンリーの健康が蝕まれているのは誰の目にも明らかだった。

◉図 47——ヘンリー八世の礼拝用詩篇集（British Library 蔵）

ロンドンの大英図書館に、この頃国王へ献呈された一冊の礼拝用詩篇集が収蔵されている。八点の細密画で彩られたこの詩篇集の余白には、ヘンリー自身の手で書き込みがなされ、王の内心を窺い知る上で貴重な手がかりを与えてくれる。

そこには旧約聖書の『詩篇』も載せられているが、その第三十七篇に

「むかし年若かったときも、年老いた今も」という一節がある。このくだりは自らも老境に足を踏み入れた国王の心を揺さぶったらしく、ヘンリー自らここに〝dolus dictum（痛ましい言葉である）〟と書き記したのだった。

教皇を押しのけ、「神の代理人」となろうと、肉体の滅びから逃れることはできない。神ならぬ身のヘンリーは滅びの時を予感せずにはいられなかったのである。

第六章

晩年と死

キャサリン・パー

「時は最良の薬」とはよく言ったもので、五人目の王妃キャサリン・ハワードの過去を告げられたヘンリーは、気も狂わんばかりに取り乱したが、彼女の刑死から約十ヵ月後、一五四二年のクリスマスを迎える頃には十分気力を回復し、国王の宮殿もすっかり活気を取り戻したようであった。父王が嫡出子と認めぬため、いまだ縁談がまとまらずにいた二十六歳のメアリー王女も、クリスマスの四日前にはハートフォードシャーの邸からロンドンにやって来て、亡き王妃の代わりに祝宴の準備を取り仕切っていた。

強靭な精神力を発揮して、失意の底から立ち上がってみせたヘンリーだったが、キャサリ・ハワードの不貞は、若い妻を迎え、年甲斐もなくはしゃいでいた国王に、厳しい現実を突き付けていた。二十歳そこそこの王妃は、肉体の衰えも顕著な五十路の国王をどうしても愛せず、年若い美男の廷臣に走ってしまったのだから、余りといえば余りに惨めであった。

ヘンリーが肉体の衰えを意識していたことは、彼の生涯最後となる妃選びからも窺われる。翌一五四三年の七月、国王はすでに二度も夫に先立たれていた三十一歳のキャサリン・パーを王妃に迎えたのである。聡明で落ち着き払い、病身高齢の夫を看取った経験のある彼女は、健康への不安を強めていた国王にとって理想的な伴侶であった。

キャサリンの弟ウィリアム・パーは、ヘンリーのお気に入りで、かつては王の庶子リッチモンド公の友人でもあったから、パー一族はすでに国王のよく知るところではあったが、王がキャサリンを妃にと望み始めたのは、一五四二年のクリスマスの頃からだったらしい。メアリー王女の侍女だったキャサリンは、ハンプトン・コート宮殿で十二日間続いた祝典の女主人役を務める王女の傍に、終始付き随っていたのである。

ケンダル（今日では湖水地方の観光拠点として知られる）に本拠を構える騎士サー・トマスの娘として生まれたキャサリンは、幼い頃から非常に高度な教育を授かっていた。フランス語とイタリア語は流暢に操るまでに上達し、ラテン語や古典ギリシャ語まで解するほどであった。反面、伝統的に女性の嗜みとされた裁縫は嫌いであったらしく、困惑する母親に「私の手は錘《つむ》や針ではなく、王冠や王笏《おうしゃく》を触れる定めなのです」と語ったとの逸話も残されている。もっとも、勉学一辺倒の本の虫というわけでもなく、ダンスの腕前も見事なもので、また、若い女性らしく華やかな衣装には目がなく、特に鮮やかな深紅色を好んだとされる。

◉図48——キャサリン・パー

十七歳のとき、五歳年上のサー・エドワード・バラと結婚したキャサリンだったが、病身だった夫は四年後に他界し、二十一歳にして未亡人となってしまう。しかし、若く魅力的だった彼女の再婚話はすぐにまとまり、翌年には遠縁のラティマー卿ジョン・ネヴィルに縁付くことになった。夫はこの時、すでに四十一歳だった。この二度目の結婚生活も平穏無事とはいかず、結婚三年目には夫が「恩寵の巡礼」の反乱者たちに無理やり加担させられ、居城スネイプ城に押し入った暴徒たちの手でキャサリン自身も人質に取られるという危険な一幕さえあった。しかし、この結婚生活も一五四三年三月、夫の病死で終わりを迎え、キャサリンはまたも未亡人となったのである。

貞節な賢婦のイメージが強いキャサリンだが、夫と死別する直前、宮廷で出会ったある男にすっかり魅せられていた。その男、サー・トマス・シーモアは、亡きジェーン王妃とハートフォード伯エドワードの弟で、折しも赴任先のウィーンから帰朝したばかりであった。名うての伊達男シーモアの危うい魅力の虜となったキャサリンは、一線を踏み越えることはなかったようだが、この洒落者と心を通じ合い、ラティマー卿の喪が明けたら結婚しようと約束していたとされる。

王妃にと望むキャサリンがシーモアと恋仲であることは、ヘンリーの耳にも届いていた。亡夫の喪中は公の場から退くのが慣わしだったが、ヘンリーはこれを許さず、連日のようにキャサリンを宮廷に伺候させ、麗しき未亡人への特別な感情を隠そうとしなかった。国王がその気になれば慣習などどうにでもなる。そして、国王がその気になれば「恋敵」を宮廷から追い払うこともできるのである。果たしてシーモアは、ブリュッセルのマリア・

フォン・エスターライヒ（皇帝カールの妹）の宮廷へ大使として派遣されることになったのである。

邪魔者を追い払って外堀を埋めたヘンリーは、七月八日、キャサリンを召し出し、「レディ・ラティマー、わが妻になってはもらえぬか」と単刀直入に切り出した。はじめ自分が国王の想い人であると知ったキャサリンは、歴代王妃の末路が頭をよぎったのか、「妻になるより愛人になった方がまし」と声を荒らげたと伝えられる。しかし、この頃にはもはや運命と悟っていたのだろう、「国王陛下は私の主人《マスター》ですから、従うばかりです」と王の求婚を受け容れたのである。

◉図49——トマス・シーモア

四日後、ハンプトン・コート宮殿の王妃の小部屋で結婚式が営まれた。参列した二十一人の中には、母親の違う国王の三人の子どもたちの姿もあった。死期を予感していたヘンリーにとって、子どもたちの行く末は最大の懸案であった。王妃となったキャサリンには、彼らの養育や教導、そして（特に両王女に関しては）父王との間に横たわるわだかまりを取り除くという重要な使命が課せられるが、新王妃はこれらの難題に申し分のない手腕を発揮し、最晩年の王の家庭生活にぬくもりを添えるのに成功するのである。

後述するとおり福音主義に共鳴していたとされるキャサリンだが、国王の子女たちとは信条の壁を越えて接していたようである。わずか四歳年下の「娘」、カトリックを奉じるメアリー王女が地方を行脚中に病に倒れてしまったときには、すぐさま自分の輿《こし》を届けさせ、国王夫妻の滞在する屋敷に運び込ませるという気配りを示している。王妃の母は、メアリーの生母キャサリン・オブ・アラゴンに長年侍女として仕えていたから、運命のいたずらで継娘となったメアリーには特別な感情を抱いていたのかもしれない。まだ十歳のエリザベス王女に対しては、特に教育に心を砕いていたらしく、エラスムスの著作『信仰の対話』や、才媛として知られたナバラ王妃マルガリータの『罪深き魂の鑑』を翻訳するよう勧めている。王女たちに深い愛情を注ぎ、傷ついた家族の絆を回復しようと腐心するキャサリンの姿勢が伝わったのだろうか、一五四四年春にヘンリーは「第三次王位継承法」を裁可した。今次の継承法では、王位継承から排除されていた両王女が、エドワード王子（とその子孫、およびヘンリーが今後儲ける子どもたち）に次いで、相続権を有するとされたのだった。

王妃はエドワード王子とも良好な関係を築いていた。早熟で、まだ六歳ながら冷淡で四角四面な性格を覗かせていた王子だが、この継母には愛慕の念を抱いていたらしく「最も尊敬すべき、ひたすら愛すべき母上」と呼んで、何度となく手紙を送っている。

古今東西を問わず、世襲制君主の究極の関心は、後継者への権力移譲を無事に行うこと

◉図50——メアリー王女（1544年）

◉図51——エリザベス王女（1546年頃）

であろうが、大変な労苦の末に得た男子後継者エドワード王子の行く末は、晩年のヘンリーの最大の懸案と言ってもよかった。王子の将来を案じ、猜疑心に駆られた老残の王は、死の直前に王国の筆頭貴族とも呼ぶべきハワード一門に鉄槌を下すが、その話に移る前に、国王の心をとらえていたはずのキャサリン王妃が陰謀者の罠に嵌まり、あわや火刑というところまで追い込まれた事件に触れることにしよう。

ガードナーの毒牙

学識豊かで、信仰にまつわる問題にも大きな関心を寄せていたキャサリン王妃の私室では、毎日のように聖書の輪読会が開かれ、さながらサロンのような活況を呈していた。福音主義に親しんでいた王妃の侍女たちもまた、女主人と信仰を同じくしており、特に二十五歳のサフォーク公爵夫人は、信仰をめぐる党派対立が激化する中でも、自らの信仰を隠そうとしなかった。保守派の領袖で「狡猾なウィンチェスター」の異名をとる司教ガードナーを毛嫌いしていた公爵夫人は、「ガードナー」と名付けた飼い犬を廷臣たちの前でこれ見よがしにからかい、時に厳しい言葉で叱りつけて鬱憤を晴らしていた。

こうした侍女たちにかしずかれ、自らも福音主義に共鳴するキャサリン王妃が、保守派にとって忌まわしい存在だったことは想像に難くない。大法官トマス・ライオスリーを抱き込んだガードナーは、ノーフォーク公や、かつて偽証でトマス・モアを破滅に追いやったリチャード・リッチらを語らって、王妃の追い落としを画策し始める。

大変な切れ者ながら、苛烈な性格で知られ、「ノスリ（猛禽類の一種）のような鉤鼻」と「悪魔のような大きな手」の持ち主だったとされるウィンチェスター司教ガードナーは、二年前には福音主義派のハートフォード伯とライル子爵ジョン・ダドリー（ヘンリー七世の権臣エドムンド・ダドリーの子。後にノーサンバランド公爵）らに告発され、すんでのところで断頭台へ送られるところだった。再従兄弟のヘンリーと袂を分かって大陸へ逃れ、この頃ローマ教皇庁の尖兵となっていたポール枢機卿と内通し、国王至上権を否定したとして断罪されたガードナーは、「考えを改め、生まれ変わる」と約束してどうにか命拾いしたが、秘書役だった甥ジャーメインを守り切ることはできなかった。甥を反逆者として処刑され、自身も万事休すというところまで追い詰められた司教は、福音主義派を不倶戴天の仇と見なし、いっそう強い敵愾心を抱いていたのである。

一五四六年の年明けには、陰謀者たちは「王妃に異端の疑いあり」との噂を流し始める。その効果はてきめんで、数ヵ月後には、良からぬ噂のある王妃を廃し、ヘンリーが新たな妃を迎えるらしいとの観測が外交筋で囁かれるようになる。その後、ガードナーとライオスリーは、王妃とつながりのある福音主義派の人々に狙いを定めた。やがて、改革派の聖職者クローム博士の口から、福音主義に情熱を燃やす二十五歳の女性説教者アン・アスキューの名が漏れる。当時は過激派同然だった再洗礼派（聖書に根拠のない幼児洗礼を否定し、自覚的な信仰告白を経た上での洗礼のみを認める人々）との交わりを疑われたアスキューは、ロンドン塔で激しい拷問にかけられる。王妃とその侍女たちを連座させるため、女性に対する違法な責め苦が繰り返されたが、意志強固なアスキューは王妃らに累を及ぼす言葉を決して漏らすことはなかった。

◉図52——スティーブン・ガードナー

攻めあぐねていた陰謀者たちだったが、好機は突然訪れる。初夏のある夜、キャサリン王妃は宮廷の一室で信仰について夫と談じ込んでいた。日々侍女たちと議論し、相当な「論客」であったらしい王妃の弁舌に、ヘンリーは少々苛立ちを覚えていたようである。王妃が寝室に退いた後、たまさかその場に居合わせたガードナーに「女がこれほどの学者になるとは、めでたい話ではないか。この年になって女に教えられるとは、実に良い気分だ！」と不快感を露わに言い放ったのである。

この機を逃してはならぬと、ガードナーは王妃の所説は異端の疑いありと注進に及ぶ。そして、この「獅子身中の虫」を捨て置いては危険極まると進言し、七月四日、ついにヘンリーは王妃の逮捕令状に署名したのである。ところがその後、国王はまたしても不可解な行動を見せる。数日後、ヘンリーは侍医のひとりトマス・ウェンディに、王妃逮捕計画の詳細を打ち明けたのである。このウェンディは福音主義寄りの人物と目されていた。そんな彼に計画を漏らした帰結であろうか、程なくして、王妃の居室近くの廊下で逮捕令状の写しが発見されるのである。

この恐るべき令状は直ちにキャサリンの許に届けられ、体調を崩していた王妃を戦慄させる。そこに国王が現れ、狼狽する王妃を宥めすかしたものの、前任者たちの悲運を知るキャサリンは到底安心することはできなかった。意を決した彼女は、十三日の夜、妹のペンブルック伯爵夫人、国王の血族でこの時九歳のジェーン・グレイを伴って、夫の寝室を訪ねた。王妃の意図を察したのだろうか、ヘンリーはおもむろに信仰について語り始める。するとこの機を逃さじと、王妃は「この地上で神に次ぐ存在であり、私の唯一の錨、最高の首長で統治者である陛下のお知恵にすべてを委ねます」と夫を持ち上げ、自分は「女という性別に伴う弱さゆえに不完全さを宿命づけられた哀れで愚かな女に過ぎない」と自身を徹底的に卑下したのだった。

王妃のこの言葉にヘンリーは、「いや、聖母マリアの例もあるから、そうとも言い切れまい」と意地悪く応じてみせる。そして、「ケイト（キャサリンの愛称）、お前は大した学者になったものだ。朕を教え導き、それでいて朕の教えには従おうとしないのだから」と単刀直入に不満をぶつけたのである。ここで返事を間違えては命取りと知るキャサリンは「もし陛下がそのようにお考えでしたら、それは大変な誤解でございます。女がその主人を教え導くなど馬鹿げたことと、私はいつでも考えております」とひたすらへりくだり、信仰に関して国王と議論したことについては「ご病身の陛下の苦痛を少しでも和らげるため」であったと弁解したのだった。

ヘンリーがどこまで本気で王妃を追い詰めようとしていたのか、確たる答えはわからない。教会の「最高の首長」であるはずの自分が、王妃とはいえ女性のキャサリンに神の教えを説かれたことに機嫌を損ねていたところ、保守派の陰謀を奇貨として、底意地の悪い仕返しに及んだのかもしれない。いずれにせよ、彼にはもうこれで十分だった。「本当にそうかね？　おまえの議論に他意はないと言うのだな？　それなら我らは、今もこれからも文句なしに友人だ」そう言うと、なおも不安げなキャサリンを抱き寄せ、優しく口づけをしたのだった。

次の日の午後、前夜の出来事など何も知らない大法官ライオスリーは、四十人の兵士たちを引き連れ、王妃の逮捕へ乗り出していた。三人の侍女を随え、国王と連れだって庭園を散歩する王妃を見とがめたライオスリーは、国王の前に進み出て、王妃の身柄をロンドン塔へ移さざるを得ないと告げた。大法官にしてみれば、これは予定どおりの行動であり、すでに逮捕状に署名していた国王は、この申し出にすぐに許可を与えるはずだった。しかし、ヘンリーの反応は、大法官が全く想像していなかったものだった。「この、とんでもないごろつきめ！　けだものの大馬鹿者め！」と罵倒の限りを尽くし、王妃には指一本触れることを許さなかった。そうして、いまだに事態を呑み込めぬ大法官は、やはり困惑の色を隠せない兵士たちをまとめ、すごすごと引き揚げていくほかなかったのだった。

最後の「反逆者」

王妃に狙いを定めて陰謀を仕掛けてみたものの、無様な失敗に終わった保守派がヘンリーの不興を買うことになったのは無理からぬことだった。彼らの領袖ガードナーは王の勘気を蒙り、十年もの間近習長を務めていたサー・トマス・ヘニッジはその職を追われ、後任にはクランマーと親しいアンソニー・デニーと、王妃の義弟ウィリアム・ハーバートが納まった。何と言っても、信仰に関する道筋は「最高の首長」たる国王ひとりが指し示すべきものなのだ。他人に操縦されることを嫌うヘンリーの目には、王妃への愚痴をこぼしてみただけで、かくも大仰な罠を張りめぐらせてしまう保守派の振る舞いは、許しがたい越権と映っていたのだった。

国王の尊厳というものに敏感だったヘンリーは、これを傷つける者には容赦なく掣肘《せいちゅう》を加えてきたが、晩年に至り、まだ幼い王子への円滑な王位継承が懸念として浮上すると、王の仮借のなさは、いよいよ手の付けられないまでにエスカレートしていった。ようやく男子を得たとはいえ、まだ九歳のエドワードひとり。兄アーサーを十五歳で亡くしていたヘンリーが、この状況を甚だ心もとなく感じていたことは想像に難くない。そして、この不安感が生み出す猜疑心と攻撃性の最後の犠牲者となったのが、ノーフォーク公爵家の世継ぎサリー伯ヘンリー・ハワードだった。

今日でもイギリス貴族の序列筆頭であり、紋章院総裁職を世襲するハワード家は、ヘンリーの治下でも押しも押されもせぬ名門として一目置かれた存在であった。ヘンリーの治下で、臣下が公爵位に叙された例は、このハワード家を除けば、王の親友で義弟でもあったチャールズ・ブランドンがサフォーク公位を授かったのみであり、また、一族近親から二人も王妃を出したのは（いずれも悲惨な結末に終わったが）この一門と王家の距離の近さの証しでもあった。

ハワード家の歴史は古く、十三世紀には巡回裁判所判事や庶民院議員などを歴任したサー・ジョンの存在が確認されるが、一族が歴史の表舞台に躍り出ることができたのは、門閥との婚姻の賜物といってよい。サー・ジョンの五代の裔サー・ロバートは、ノーフォーク公爵トマス・モーブレーの娘を妻に娶り、その間に生まれたジョンはリチャード三世の下で忠勤に励み、ついにノーフォーク公爵位はハワード家のもとに転がり込む。また、名族との縁組はこの一族に王家の血をもたらした。エドワード一世の血を引くモーブレー家との結婚により、一族はプランタジネット王家にも連なり、さらにサリー伯の父第三代ノーフォーク公トマスも、エドワード三世の末子グロスター公トマスの末裔であるバッキンガム公爵家スタフォード一族から妻を迎えていた。

かくも華麗なる閨閥を誇るハワード一族は、本拠地ノーフォークでは中世の封建領主さながらの暮らしを営み、ロンドンの宮廷では庶民出身の廷臣たちを「成り上がり者」と見下すなど、傲岸不遜をもって聞こえていた。当主のノーフォーク公はまだしも倨傲《きょごう》な本性を隠すだけの世知を持ち合わせていたが、世子のサリー伯ヘンリーは慎ましい出自の廷臣たちを公然と見下し、ことに甥のエドワード王子を後ろ盾に勢力を伸ばすシーモア兄弟とは犬猿の仲であった。

一体サリー伯ヘンリー・ハワードとは謎多き人物であった。詩才に恵まれ、イタリアで流行したソネット形式を英語詩に初めて導入したことで文学史に名を刻む一方、悪友たちと連れだって、ロンドン市内の人家にクロスボウを放つなどの狼藉を働き、枢密院の歴々の前にしょっ引かれるという不名誉な経歴も残している。この危なっかしい貴公子をかつてヘンリーは「イングランド一愚かな自惚れ屋の小僧」と呼びながらも可愛がり、庶子リッチモンド公の学友に配して目をかけていたが、晩年に至り、国王の関心が平穏な王位継承へ向かっていくと、この高貴な厄介者への特別扱いもなくなっていった。ヘンリー亡き後は、貴族の中の貴族たる父ノーフォーク公こそが幼い新王を後見するにふさわしいと公言

●図 53——サリー伯ヘンリー・ハワード（1546 年）
イタリアの君侯のような姿で描かれている。伯の左右の像が手にするのは、エドワード二世（左）とエドワード三世（右）の紋章

【ハワード家略系図】

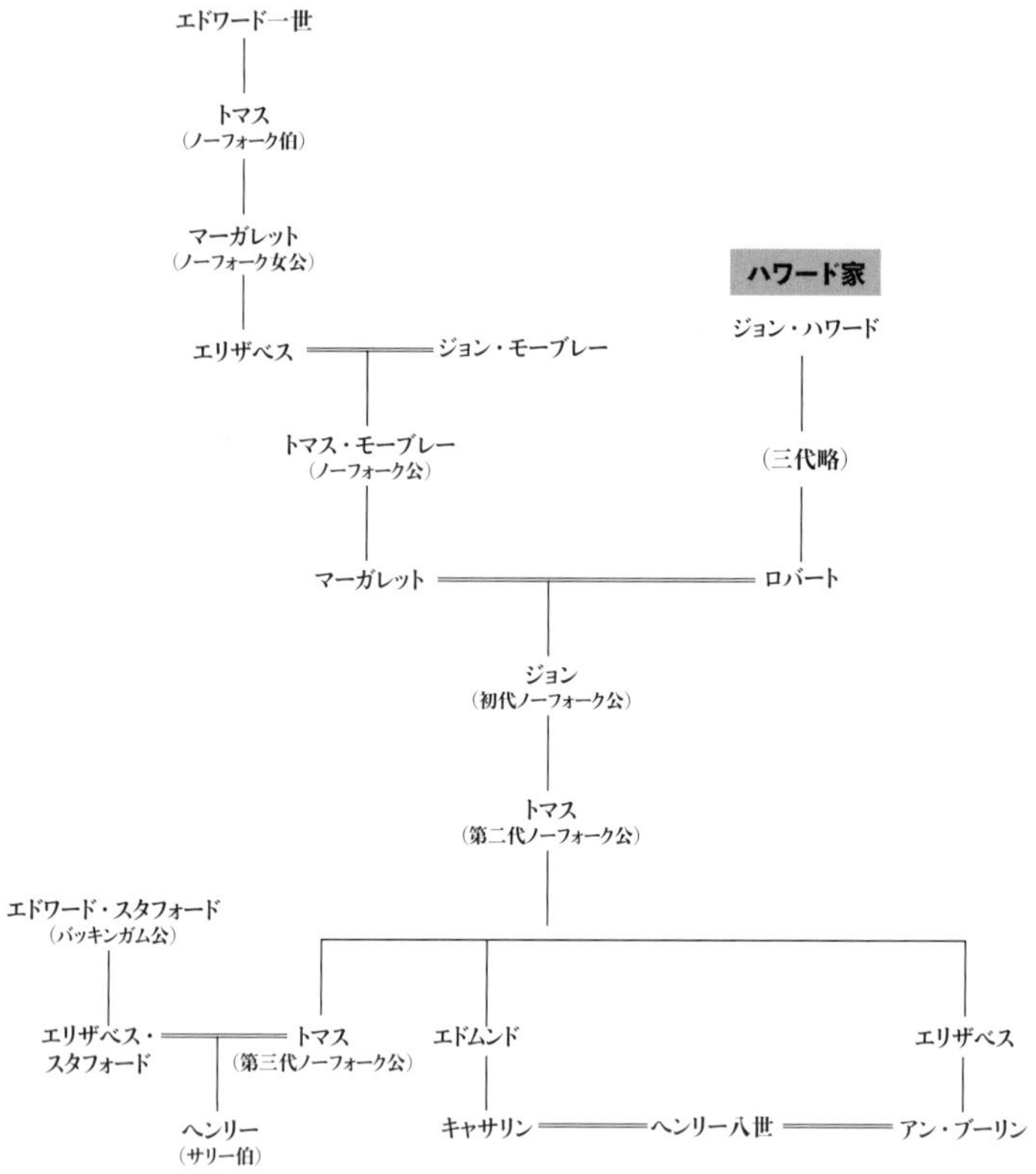
エドワード一世
トマス
（ノーフォーク伯）
マーガレット
（ノーフォーク女公）
エリザベス
ジョン・モーブレー
トマス・モーブレー
（ノーフォーク公）
マーガレット
ハワード家
ジョン・ハワード
（三代略）
ロバート
ジョン
（初代ノーフォーク公）
トマス
（第二代ノーフォーク公）
エドワード・スタフォード
（バッキンガム公）
エリザベス・スタフォード
トマス
（第三代ノーフォーク公）
エドムンド
エリザベス
ヘンリー
（サリー伯）
キャサリン
ヘンリー八世
アン・ブーリン

していたサリー伯は、新王の下では集団指導体制が取られるのが望ましいと考えていたヘンリーにとっても看過できない存在となっていたのである。

サリー伯の破滅の引き金となったのは、廷臣リチャード・サウスウェルの告発であった。一五四六年十二月、サウスウェルはサリー伯の「国王への忠誠心に関わる」情報を知っているとして、枢密院に訴え出たのである。この報せはすぐに病床のヘンリーの上聞に達する。猜疑心を募らせていた国王はサリーの逮捕を命じ、同月二日、ホワイトホール宮殿の大広間で拘束された伯爵は、大法官ライオスリーの屋敷に身柄を移された。次の標的はサリーの父、ハワード家当主のノーフォーク公であった。国許に退いていた公爵には召喚状が発せられ、十二日にロンドンへ到着すると、息子同様、ホワイトホール宮殿で逮捕された。水路、ロンドン塔へ移送される前、公爵の衣装を飾るガーター勲章は剝ぎ取られ、大蔵卿の職杖《しょくじょう》も没収された。この辱めは六年前の政変でクロムウェルが逮捕された際、公爵自身が亡き宰相に与えたものと全く同じであった。

公爵父子が逮捕されると、司直の手は一族にも及び始める。ノーフォークの屋敷に暮らす女性たちも尋問を免れることができなかったが、この時、サリー伯の妹メアリーから引き出された証言が、伯爵の運命を決定づけることになった。

サリーの二つ年下の妹、この時二十七歳のメアリーは、ヘンリーの庶子リッチモンド公に嫁いでいたが、十年前には夫を亡くし、早々に未亡人になっていた。この不幸な妹に、兄サリー伯は「国王を籠絡し、フランス王の寵姫さながらに国政に容喙《ようかい》すべし」などとほのめかしていた。これを聞いたメアリーは「そんな非道な行いに走るくらいなら、喉を掻き切って死んだ方がまし」と大いに憤慨したと伝えられる。また、福音主義に理解を示していた彼女は、信仰に関しても兄と意見を異にし、兄妹仲は良くなかったようである。

メアリーが口にしたのは、前年の夏頃からサリー伯が新たな紋章の作製に心血を注ぎ始めていた事実であった。二世紀前の先祖ノーフォーク公トマス・モーブレーが、時の国王リチャード二世からエドワード証聖王の紋章の使用を許された故事を知るサリー伯は、自身の紋章の一部にこれを加えようとしたのである。先祖が使用を許可された紋章を子孫が使用すること自体は、法に触れるとは言い難い。事実、サリー伯は自身の計画を事前に紋章官に相談し、紋章官もどうやらこれに反対しなかったらしいことが後の取り調べで明らかになっている。

◉図 54——サリー伯破滅の因となった紋章。中段最も左のクォーター（方形）がエドワード証聖王の紋章

しかし、国王が幼い王子の行く末に不安を募らせている中で、王家の血脈を誇示する行動に及んだことは、全くもって賢明ではなかった。かつては親密だったノーフォーク公家を見限り、今やサリー伯の訴追を指揮する身となった大法官ライオスリーは、父と叔父、それに祖父までも紋章

官という人物である。伯爵が証聖王の紋章を使用したこと自体を咎めるのは難しいと判断したライオスリーは、サリーの漏らしたとされる「妄言」――ハワード家の家祖がエドワード証聖王から直々に紋章を賜った――を追及する。ハワード一族が証聖王の紋章を使用する権利を有する事実を巧みにぼかしながら、突拍子もない言葉を漏らしたサリー伯の叛心を証明しようとしたわけである。

大法官の戦術は奏功した。「言葉、文書、出版など外部に示される行為を通じて」国王とその継承者の尊厳を傷つけようとする行為は大逆罪というのが王位継承法の定めである。紋章がこの「外部に示される行為」に当たるのか、法ははっきりと示していないが、とにもかくにもサリー伯はこの罪に問われ、有罪を宣告されたのであった。

一方、父のノーフォーク公もロンドン塔の獄中で、息子の反逆行為を隠匿し、さらには自身も国王から内密に諮問された内容を度々漏らし、国王を危地に追いやったとする自白を強いられ、もはや断頭台に上る日を待つのみという状況に追い込まれる。

一五四七年一月十九日、最初に処刑の日を迎えたのはサリー伯だった。その最期の様子については、型どおりに国王への感謝の言葉を述べて、従容と死出の旅路に就いたとするものと、詩人らしい激情に駆られ、刑吏が制するまで自己弁護に舌を振るったとする全く異なる記録が伝わっている。

およそ一週間後の同二十七日には、ノーフォーク公の私権剝奪が国王の裁可するところとなり、ハワード一門への血の粛清もいよいよ完成かと思われたが、この後触れるとおり、公爵は土壇場で命拾いをすることになる。

遺言

一五四六年のクリスマス、死期の近いことを悟っていたヘンリーは、グリニッジ宮殿で催された祝宴には王妃を寄越し、自身はホワイトホール宮殿の一室に引き籠もっていた。翌二十六日には、遺言書の写しを持って寝室を訪ねるよう顧問官ウィリアム・パジェットらに命じた。この遺言書は二年前のフランス遠征の前に作成されたもので、死が現実味を帯びてきた今、王はこれに修正を加える必要があると考えたのである。この時なされた重大な修正は、遺言状の執行人の差し替えであった。彼ら執行人は、エドワード王子が即位した後は、新王の枢密顧問官として集団指導体制の一翼を担うものとされていた。これに名を列ねる者は、次代での権勢を約束されたも同然であったが、ヘンリーはそこからガードナーとその友人ウェストミンスター司教サールビーを外すよう命じたのである。王妃に陰謀を仕掛け、すでに国王の不興を買っていたガードナーは「頑固者で、王子の傍近くで仕えるにはふさわしくない」として斥けられたのである。王の意志は固く、ガードナーと親しかった主馬頭サー・アンソニー・ブラウンが取りなそうとしても「あれは厄介者なのだ。朕だから使いこなせたが、お前たちではどうにもならぬぞ」と耳を貸そうともしなかった。

結局、遺言執行人には十六人が指名され、その顔触れは、カンタベリー大司教クランマー、式部長官ハートフォード伯、海軍卿ライル子爵、大法官ライオスリー、主馬頭サー・アンソニー・ブラウン、ダラム司教タンスタルらの面々であった。

この執行人の人選から、ヘンリーが次代のイングランドの信仰をどこへ導こうとしていたのか窺い知るのは難しい。上に挙げた六人について言えば、前三者は福音主義者、後の三者は保守的な信仰の持ち主で、残りの十名に至っては、はっきり色分けするのは困難である。ガードナーが執行人から排除された点を根拠に、ヘンリーが福音主義に舵を切ろうとしていたと主張する向きもあるが、ガードナー以上に保守的と目されていたダラム司教タンスタルが指名されていることを考えると、そう断じるのは早計かもしれない。結局のところ、国王は両派のバランスを考慮しつつ、何よりも王子への忠誠心を最も重視して人選を進めたのであろう。

最大の懸案ともいえる王位継承順位についても、遺言書は注意深く定めていた。三年前の第三次王位継承法の規定に従い、王位はエドワード王子とその子孫が継承し、この系統が絶えた場合はメアリー王女、次いでエリザベス王女の血統に伝わるとされたが、両王女に関しては、「文書での許可と枢密院の過半数の同意なく結婚した場合」にはその限りでないとの条件が付されることになった。さらに、ヘンリーの子女三人の血脈が絶えた場合には、ヘンリーの妹、亡きメアリー王女とサフォーク公チャールズ・ブランドンの長女レディ・フランセス・グレイの子孫が王位を継ぐとされたのである。

また、遺言書にはお気に入りの臣下への遺贈に関するくだりもあった。ここに示された遺贈額はクランマーへの五百マルク（約六百五十ポンド相当）が最高で、以下、ライオスリー、ハートフォード伯、ライル子爵らが五百ポンド、近習長デニー、ブラウン、パジェットらが三百ポンドであった。

パジェットらが枕頭に召されてから四日後の同三十日、十一人の立会人が見守る中、二十八ページに及ぶ遺言書に王の署名が与えられた。もっとも、ヘンリー自ら筆をとったわけではない。視力の衰えも目立ち始めた国王のため、前年の秋から王の裁可には刻印《ドライ・スタンプ》と呼ばれる印章が頻用されるようになっていた。この刻印は、生来の書類嫌いだったヘンリーの治世の初めから時折使用されていたが、その後、王の筆跡の変化に対応すべく、何度も新しく作り直されていた。この木製の印章には王の署名の「型」が浮き彫りにされていて、これを強く押し付けることで、紙面には署名の型どおりの凹面がつけられる。それからこの凹面にインクを流し込むことで、王の署名が「複製」できるというわけであった。もっとも、形だけ見れば、王の署名の偽造という反逆行為に当たったたから、この作業に従事する者には、その都度、特赦が事後に与えられていたのである。

この遺言書にもヘンリー自ら署名することはなく、刻印が用いられたのだが、その結果、遺言書がその後改変されたのではないかという一種の陰謀論が、後世の人々の間で囁かれることとなった。十二月三十日以降、刻印が密かに持ち出され、ヘンリーの与り知らぬ間に改変された遺言書に「署名」が与えられたのではないかというわけである。刻印が使用された書類は、その使用の日付に応じて整理・保存されることになっていたが、遺言書が本来保存されるべき一五四六年十二月ではなく、翌年一月分として収められていた事実も、この疑いの傍証として取り上げられることが多い。

　しかし、今日の研究者の間では、やはりこの疑惑はあくまで疑惑に止まるとの見方が大勢のようである。遺言書は、エドワード王子の伯父ハートフォード伯をあくまで集団指導体制の一員とし、摂政や護国卿といった特別な地位は与えていなかった。しかし、ヘンリーの死後早々に、ハートフォード伯は先王の遺志に反する形で護国卿に就任するのである。もし、偽造が可能であったのなら、伯は何をさておいても、自身を護国卿とする条項を忍び込ませておいたはずというのが、陰謀論を否定する一つの根拠とされている。疑惑の真相はさておいて、集団指導体制が取られることを望んだヘンリーの遺志が、王の死後あえなく踏みにじられてしまったという史実は、王の権威は結局のところ王その人に宿るという一身的君主制《パーソナル・モナーキー》の限界を示しているといえるだろう。

臨終

　明けて一五四七年の一月、ロンドン駐箚の諸外国の使節らは、一部ではすでに崩御したとも囁かれているイングランド王の容態を把握しようと、旧知の廷臣らの間を駆けずり回っていた。情報を摑むのに賄賂を惜しまなかったフランス大使ド・セルヴは、同十日、「複数の良き情報源から得られた話」として、ヘンリーの「病状は深刻で、脚部の腫瘍のために危険な状況に陥っている。この腫瘍は焼灼して治療しなくてはならないようである」と、一向に回復する気配のない国王の病状を主君フランソワに報告している。

このちょうど一週間後、「国王死す」の噂を打ち消すためというわけでもなかろうが、フランス大使ド・セルヴ、そしてシャピュイに代わって二年前からイングランド宮廷へ派遣されていた神聖ローマ帝国大使ヴァン・デル・デルフトがヘンリーへの謁見を許された。ただし、国王の体調に配慮して、引見は「手短になされたし」と事前に要請がなされていた。

◉図55——ハンス・ホルバイン画《大使たち》。右がフランス大使ド・セルヴ

はじめに謁見した帝国大使は、外交上の懸案に関してははかばかしい返答が得られず、落胆した様子で謁見の間を辞した。次いで会見を許されたフランス大使の目には、ヘンリーの容態は「かなり良好」と映ったらしい。つい三年前には戦火を交えた旧敵との会見で、ヘンリーは陪席した顧問官パジェットの助けを借りながらも、両国の緊張緩和の具体策について議論を交えたという。しかし、外国使節たちがヘンリーの姿を目にするのは、結局この日が最後になるのであった。

一月二十七日木曜日、昼間は顧問官

たちと国事を談じ合うなど、国王の病状は小康を保っているかに思われたが、日が傾く頃には容態は急変し、近臣たちも主人の死が差し迫っていることを確信し始めた。

ここで三十八年前に世を去ったヘンリー七世の最期の日々を思い起こしていただきたい。死のおよそ二週間前、死期を悟った七世王は、聴罪司祭から七つの秘跡のひとつ「終油の秘跡」を受け、安らかに天に召されることを願った。この「終油の秘跡」は、一五三六年の「十箇条」で国教会が認める秘跡から外されたが、翌年の『司教の書』で再び取り入れられたことは第四章で見たとおりである。国王が最期の瞬間まで良きキリスト者であり続けるためには、司祭から秘跡を授かり、神の御手にその魂を委ねてから旅立たなければならない。そうとなれば、死期が迫っているという厳然たる事実を伝え、意識あるうちに神と向き合うよう促すことが、近臣たちの火急の務めであった。

しかし、そこまで思い至りながら、側近たちは事実を告げるのをためらっていた。これまで何人の悪意なき者たちが、国王の死を口にしたとして反逆者の烙印を押されてきただろうか。とはいえ誰かがこの危険な役回りを果たさなければならない。結局、お鉢は近習長デニーに回ってき、王の最側近は、緊張した面持ちで静まり返る王の寝室に参上した。寝室に鎮座する九フィート（約二・七メートル）四方の寝台に横たわる国王は、天蓋から吊るされた緋色のカーテンと揃いのような真紅の寝帽をかぶっていた。

寝台の脇に跪くと、デニーは意を決して「もはや陛下の命は尽きようとしており、最期の時に備えなくてはなりません」と告げた。重々しい沈黙が流れる。近習長は、なおも勇気を振り絞り、これまで犯してきた罪に思いを致すよう促した。「神の御慈悲は朕の罪をすべて赦すこともできよう。あまりに大きな罪であるが」というのが国王の答えであった。

それからデニーは「心を開いて話のできる学者にお会いになるか」と問いかけた。臨終に際して終油の秘跡を授ける聖職者として誰を望んでいるのか、近習長はあえて遠回しに尋ねてみせたのである。ヘンリーは頷きながら「もしそのような者がいるとすればクランマー博士だろう。だが、まずはひと眠りしたい。その後、気が向いたらこの件について話をしよう」と応じ、結局これが国王の最期の言葉となった。間もなくヘンリーの意識は混濁し始め、口を開くこともできなくなったのである。

王の言葉は、ロンドン南郊のクロイドンに滞在していたクランマーの許に直ちに伝えられた。一月末の厳冬の夜更け、大司教は王宮までの十一マイル（約十八キロ）の道を馬で駆け抜け、日付が変わる頃にはホワイトホール宮殿に到着した。

王の寝室に通された大司教は、もはやほとんど意識のない王の枕頭に立ち、神を信じている証しを示すよう耳元で呼びかけた。大司教の声が届いたのか、瀕死の王はわずかに頷き、瞼を震わせている。これを見たクランマーは王の手を摑み、王も最後の力を振り絞って大司教の手を握り締めた。

重臣たちや王妃でさえ反逆者の汚名を着せられる中、一貫して王の信頼を勝ち得てきたクランマーは、全くもって稀有な存在であった。他人を信じられず、しかし信じる相手を欲していた国王は、最期に最も信じられる大司教の手を握り締めた。そうすることで、肉体から離れようとする魂を神の慈悲に委ねたのだろうか。意識の混濁した国王の本心を窺い知るのは難しいが、少なくとも臨終を見守る群臣たちの目にはそう映っていたのである。

最期の時は間もなく訪れた。一五四七年一月二十八日金曜日午前一時頃、三十七年と二百八十一日もの間イングランドに君臨したヘンリー八世は、五十五年の生涯に幕を下ろしたのである。死因は腎不全とも骨髄炎とも推測されているが、多くの人々を非業の死に追いやった国王は、存外安らかな死を迎えることができたのだった。

エピローグ

ヘンリーの死がもたらした巨大な政治的空白は、遺臣たちが策動する恰好の舞台となった。王の死は三日間厳重に伏せられ、その間、ヘンリーの世がもはや終わったことを知る一握りの廷臣たちは、早くも主導権争いを始めていた。とりわけエドワード王子の伯父ハートフォード伯の動きは抜け目なく、パジェットらの顧問官を自派に取り込んで、自身の護国卿就任の道筋をつけるのに成功したのだった。それから伯爵は、三百もの騎兵を率いてエドワード王子が滞在するハートフォード城へ参上し、一月三十一日、今や新王である甥を伴いロンドン塔へ入った。この時、テムズ川に集結した軍艦や塔に配備された大砲が一斉に祝砲を放ち、あたりは凄まじい轟音に包まれたという。塔内の謁見の間では、群臣たちの前でパジェットが前王の遺書を読み上げ、その後、紋章官が新王エドワード六世の即位を高らかに宣言したのである。

この頃、王家の居城にして陰惨な牢獄でもあるロンドン塔の独房では、ひとりの老人が落ち着かぬ様子で時を過ごしていた。反逆罪に問われ、三日前の朝には断頭台に上るはずだったノーフォーク公である。執行前夜に王が崩御したことで、いまだに監獄に留め置かれていた老公爵は、つい先月までは、紋章院総裁として宮廷の儀典の最高責任者を務めていた身でもあった。砲声の轟きと、沸き起こる歓呼を耳にするや、もはやヘンリーはこの世になく、新王が即位したことをわけもなく察したはずである。この時、囚人の生殺与奪の権を握っていたハートフォード伯は決断を先送りにしてしまう。結局、ノーフォークはエドワードの治世六年間のすべてを塔内で過ごし、その後、メアリー王女が即位するに及んで、ようやく復権を果たすのである。

死去後すぐに防腐措置を施されていたヘンリーの亡骸は、鉛製の棺に納められ、ホワイトホール宮殿の謁見の間に安置されていた。二月二日の夜には棺は宮廷礼拝堂へ移され、八十二本もの蠟燭で明々と照らし出された。

二月十四日月曜日は、三日間にわたって営まれた前王の葬儀の初日であった。ヘンリーは自身の亡骸を新王の生母ジェーン・シーモアの脇に葬るよう遺言していたから、葬列は彼女が眠るウィンザーを目指して進み始めた。長さ四マイル（約六・四キロ）にも及んだ葬列は、黒い職杖を捧げ持った家政の役人が先駆を務め、その後を廷臣、貴族、聖職者、外国の賓客、飾り立てられた千頭もの駿馬、神と死者の間を取りもつと信じられていた二百五十人の貧者らが、割り当てられた役目と持ち場を守りながら、整然と進んでいった。

宮中席次に従って列を組んだ貴族たちのすぐ後に、騎乗するカンタベリー大司教クランマーの姿があった。外国大使の横には、彼らの言語を解する聖俗貴族が配されることとされたため、大司教は最高の賓客でもあった神聖ローマ帝国大使ヴァン・デル・デルフトと馬を並べることになったのである。この時、沿道の観衆は、馬上のカンタベリー大司教の容貌に変化が生じていることを見逃さなかったであろう。大司教の口許を影のような黒い髭が被い始めていたのである。主人ヘンリーの亡き後、大司教はその死を悼み、今後二度と髭を剃らないと誓いを立てていたのだった。

もっとも、クランマーのこの誓いを後押ししたのは、亡き王への弔意のみとは言えなかった。髭をきれいに剃るカトリックの聖職者へのアンチテーゼとして髭を伸ばす者たちが大陸の宗教改革者たちの中に現れていたのである。プロテスタントの教説に共鳴していたクランマーは、髭を伸ばし続けることで、亡き王に抱く恩愛を永遠に記念するとともに、カトリック教会との決別を改めて鮮明に示してみせたのかもしれない。

二日後、永眠の地ウィンザーに到着したヘンリーの棺は、追悼のミサが捧げられた後、十年前からこの地のセント・ジョージ礼拝堂に眠るジェーン・シーモアの棺の横に安置された。自らを別格の王と恃《たの》み、自己顕示欲も人並み外れていたヘンリーは、生前から壮麗な墓の建造を進めていた。計画によれば、白大理石や雪花石膏《アラバスター》を惜しげもなく用い、父なる神、多くの使徒、聖人、天使たち、そして国王夫妻の像が合わせて百三十四体も置かれ、幅十五フィート（約四・六メートル）、高さ二十八フィート（約八・五メートル）という堂々たる、しかし、いささか誇大妄想的な霊廟となるはずだった。

ヘンリーより二千年前のギリシャに生きた歴史家ヘロドトスは言う。「神は常に最も高層な建物に雷を下す」と。バベルの塔をはじめ、神は巨大建築を人間の高慢の顕れと見なし、憎悪する。しかし、ヘンリーの魂は神罰を免れたであろう。晩年の財政難が祟り、霊廟建造は結局未完に終わり、王の子女たちの時代になってもそのまま捨て置かれていたからである。一世紀が経ち清教徒革命の嵐が吹き荒れると、王のかつての右腕トマス・クロムウェルの縁者、オリヴァー・クロムウェル率いる議会派の手で霊廟は破壊され、一部の建材は売り払われた。そして、十九世紀初頭には、ヘンリーがその発展に心を砕いた海軍《ロイヤル・ネイヴィー》を指揮し、国民的英雄となったネルソン提督の記念碑の建造に流用するため、高価な黒石材が持ち去られてしまうのだった。

ところで本書ではここまで「暴君」について特に定義せず、「暴虐な君主」という意味合いでこの語を用いてきた。しかし、政治思想史家の将基面貴巳《しょうぎめんたかし》教授によると、ヨーロッパ政治思想史において「暴政」は「「共通善」に反する政治」、そして「暴政」の張本人たる「暴君」は「共通善」に反する存在として解されてきたという。「共通善」とはやや耳馴染みのない言葉だが、アリストテレス流の「自由な市民の政治参加を前提とする有徳な社会生活」と聖アウグスティヌスの説く「平和で調和のとれた社会的状態」という二つの要素が認められるとされる。したがって、これらの望ましいとされる状態――「有徳な社会生活」や「平和で調和のとれた社会」――を破壊する者こそが「暴君」ということになりそうである。それではヘンリー八世は、これらの意味でも「暴君」であったのだろうか。まず、アリストテレス流の「共通善」に照らして検討してみよう。

「人間はその本性において国家を必要とする（ポリス的）動物」との命題を奉ずるアリストテレスにとって、「共通善」とは「各人の多様な欲望や必要を満たし、各人が社会全体のために「よく生きる」状態」にほかならなかった。「よく生きる」とは、衣食のために労働に明け暮れる生活の対極、すなわち、政治的共同体のため他の市民たちと議論を交わし、哲学的思索にふけるという生き方である。そして、支配者が一人である国制のうち、こうした生き方を理想とし、実現させるものを「王制」、その対極にあるものを「暴政」と名付けたのである。

アリストテレスのいう「暴政」の下では、人々は政治的共同体を支える一員とは見なされない。政治権力を握る君主以外は、ひたすらに労働に追われる奴隷同然の境遇に置かれる。「労働」とは、日々の食い扶持のためのものばかりを指すのではない。どれほど富裕であっても、自らの「徳」を社会のために活かそうとせず、ひたすら蓄財のために汗を流すのであれば、これもまた「労働」に過ぎないのである。

自由で平等な市民の存在を前提とするアリストテレス流の「共通善」の達成を、テューダー王朝下のイングランドに求めるのは、そもそもお門違いかもしれない。しかし、「共通善」達成の基準を、各個人の「徳」が社会全体のために用いられたか否かと捉えれば、ヘンリーの治世に対しても適用し得るであろう。

そもそも中世以来の伝統的な政治的共同体像が、国王を頭や心臓、臣下をその他の臓器や四肢に喩えるように、ヘンリーの治世においても、国王が決定権を独占し、臣下はこれに服従することで共同体の調和が成就するという見方が根強かった（ヘンリー自身、晩年に議会に臨んだ際、右記の政治的共同体像に言及している）。しかし、民衆の同意や助言を重視すべきとの声もなかったわけではない。これを高らかに謳い上げたのが、ヘンリーも大いに薫陶を受けたエラスムスである。その著書『キリスト者の君主の教育』で、この碩学は「たとえ君主を欠いても国家は依然として国家である。ローマや民主制ギリシャといった広大な国家が、君主なくして繁栄した。臣下の同意以外に、何が君主を偉大ならしめるというのだろうか?」と、善き統治には民衆の同意が必要と喝破しているのである。だが、若き時分からエラスムスの思想に親しんできたはずのヘンリーが、政治的共同体の一員として臣下を重んじ、その声に真剣に耳を傾けた形跡は窺えない。なるほど、この王はたしかに議会の開催を重視し、召集回数においては父王を遥かに上回った。しかし、そこで成立した法の中には、「暴虐」と形容するにふさわしいものが少なくなかったのも既に見てきたとおりである。人々の「徳」が社会全体のために用いられるというアリストテレスの理想は、ヘンリーの振る舞いとは縁遠いものだったと言わざるを得ないだろう。

続いて、アウグスティヌスの「暴君」観に論を移すが、まずはこの大教父が「共通善」をどのように捉えていたかに触れよう。端的に言えば、彼の「共通善」に対する見解は、その性悪説的な人間観に由来するといってよい。

古代キリスト教会の最大権威とされるアウグスティヌスにとって、アダムとイブの末裔たる人間は「原罪」を背負った存在であり、人間社会は絶えることなき闘争の場であった。放っておけば堕落の一途をたどる人間社会には、まずは「平和と調和」がもたらされなければならない。そして、「平和と調和」が達成された社会の状態こそが「共通善」と呼ばれるのである。

悪に染まりやすい人間たちを「よりよく生きる」ように仕向けるにはどうすればいいか。アウグスティヌスはここに政治の存在意義を見出した。政治権力を持つ支配者が、いわば

「神の道具」として、人間の悪を撃退する。つまり、彼にとって「政治権力」とは「必要悪」であり、被治者はこれに服従する義務を負うのである。

被治者の忍従を説くこの所説は、政治権力を握る者にとっては、甚だ好都合だろう。暴虐な振る舞いが少なくなかったヘンリーも、この見解によれば服従されなければならないのである。しかし、「平和と調和」の実現と引き替えに政治権力の行使が認められるのだとしたら、自身の虚栄心に衝き動かされて対外戦争に明け暮れたヘンリーの所業は、たとえ人々が忍従したとしても、権力行使の正当性を疑わせるに十分と言えるのではないだろうか。

シェイクスピア研究の世界的大家スティーブン・グリーンブラットは、近著『暴君』で、シェイクスピア劇に登場する数々の「暴君」――リチャード三世、マクベス、リア王ら――を取り上げ、その性格や心理に分析を加えている。ヘンリー八世はグリーンブラットの「筆誅」をほぼ免れているが、それは沙翁の時代のイングランド女王エリザベスの父だったヘンリーが、史劇の中では悪しざまに描かれていないからに過ぎない。

激しい衝動、恐ろしいまでのナルシシズム、厚顔無恥、絶対的な孤独、追従と従順への渇望――これらはグリーンブラットが挙げる暴君の特徴である。ここまで本書にお付き合いくださった読者は、ヘンリー八世がそのいずれも申し分なく持ち合わせていることに同意されるだろう。

正統な王を殺《あや》めて玉座に登った簒奪者リチャード三世やマクベスとは異なり、ヘンリーは王となるべくして王となった。先王の不人気も手伝って、即位の際には春の訪れと讃えられさえした。にもかかわらず、治世が進むにつれ、暴君としての顔を覗かせ始めたのである。その点において、ヘンリーは「リア王型」の暴君である。シェイクスピアの描くこの古代ブリテンの王は、老いて生来のナルシシズムと高慢な素顔を露わにし、甘言を弄する能力に応じて王国を三分割しようと三人の娘たちに提案する。この時、実直な物言いをし、阿諛追従《あゆついしょう》を拒んだ末娘コーディーリアは勘当されてしまう。結局、巧みな言葉で王に諂《へつら》った長女と次女が実権を握り、退位した老残の王は荒野を彷徨い、狂気を発する。

「リア王型」の暴君は、何かのきっかけで精神のバランスを崩し、臣下に牙を剝くようになるから、予測不能という意味では実に始末が悪い。そして国王が暴君化した後も、グリーンブラットが説くように「これまでの長きにわたる忠誠や信頼ゆえに、王に唯々諾々と従う」ことになってしまう。しかし、暴君はいつまでも服従されるわけではない。衝動的なナルシストに長らく権力を握らせては危険極まると、リアの年長の娘二人は父を斥ける。

ヘンリーの二人の娘メアリーとエリザベスが、かような振る舞いに及ぶとは考え難い。しかし、王の晩年の財政悪化（それに伴う貨幣の悪鋳）や隣国スコットランドとの緊張激化を思えば、ヘンリーがもう十年長く生きたとして、平穏無事に王位を保てたか。恐らく答えは「イエス」ではあるまい。

最後に狂気のリアの目を開かせたのは、末娘コーディーリアだった。あれほど男児を熱望したヘンリーも、もう一人娘を儲けていれば、道を誤らずにいられたのだろうか。

ところが、神の代理人ヘンリーは、強大なカリスマでもあった。肉体的な存在感と権威とが分かちがたく結びついていたこの時代、ヘンリーの巨体から醸し出される威圧感は、臣民に圧倒的な畏怖の念を抱かせた。生前は生きる神として宮廷に君臨し、死してもなお、ホルバインの描く等身大の肖像画がホワイトホール宮殿に鎮座して、廷臣に睨みを利かせていたのである。

しかし、グリーンブラットは、カリスマを完璧なる超人の専売特許とは考えず、致命的な欠点が時として魅力となり、人々を惹き付ける可能性があることも指摘している。ヘンリーが現実に王座を逐われる可能性があったのは、恐らく一五三六年に発生した「恩寵の巡礼」の時のみで、意外にも治世を通じて民心が大きく離反することはなかった。ヘンリーの尋常ならぬナルシシズムに由来する気宇壮大な対外政策がイングランドの国威を発揚し、人々に祖国への誇りを感じさせたことが一因だろう。もちろん、

◉図 56——フランドル出身の画家コルネリス・マサイスの描く晩年のヘンリー（版画）。肥大したその姿はマザー・グースに登場するハンプティ・ダンプティを思わせる

財政悪化や対外関係の緊張を招いた点は諸刃の剣というべきで、庶民も代価を支払わされたわけであるが。

また、この王からはどこか間の抜けた印象も拭い切れない。最初の王妃キャサリンに公開法廷で詰め寄られ、義弟ロッチフォード子爵には法廷で閨房の秘事を暴露され、娘ほども年の離れた五番目の王妃に不貞を働かれた末に、臣下の目も憚らずに涙を流すなど、道化のような姿をさらし、弱さを見せることもためらわない様は、人間的と言えばあまりに人間的である。そうした面もまた、この王が恐れられ、時には憎まれながらも支持された所以であろうか。

ヘンリーの死後、イングランド政体の精華とも呼ぶべき議会は発言力を高め、政府の機構も肥大化と官僚化の一途をたどり始める。強烈な個性で王位に至尊の輝きを与えようとしたヘンリー八世は、議会と官僚機構の時代が訪れる直前に咲いた、イングランド王家のあだ花であった。そして、真綿で首を締めるような苛政を布いたヘンリー七世が「冬の王」であるならば、巨大なエゴで国の内外を翻弄したヘンリー八世は、さしずめ「春の嵐」といったところだったかもしれない。

あとがき

ウルジー、モア、クロムウェルと並んで「ヘンリー八世の四トマス」に数えられながら、ただ一人、「暴君」の魔手を逃れたトマス・クランマーに興味を覚えた方もおられるかと思い、本書の最後にその人物像について補足したい。

クランマー家はイングランド中部ノッティンガムシャーの郷紳《ジェントリ》の一族であった。ウィリアム征服王に付き随ってイングランドに土着したという古い家系ではあったが、先祖に特筆すべき人物はおらず、クランマー十二歳の時分に世を去った父ジョンは、息子に年額一ポンド（牛二頭買える程度の額）の遺産しか伝えなかった。

幼年時代から聡明だったクランマーは、十四歳にしてケンブリッジ大学への入学を許可される。同級生の大半は彼よりも一、二歳年長だったというから、早熟の部類である。

こうして学究の徒として順調なスタートを切ったクランマーだったが、晴れて学士となったのは、入学して七年後のことであった。学士号の取得に要するのは通常四年とされていたから、かなりの遠回りといってよい。もっとも、この蹉跌の原因は、彼の学力よりも私生活にあった。二十一歳の頃、この将来のカンタベリー大司教は、なんとケンブリッジの町娘と結婚していたのである。カトリックの教えが支配する当時、聖職者の妻帯は問題外であり、学者も大学に留まろうとするなら独身を守るのが普通であったから、この結婚は立身の道を閉ざす可能性が高かった。若気の至りとも思われる結婚生活は、赤貧のうちにも愛情に満ちたものだったというが、産後の肥立ちが悪かった新妻の急死により、わずか一年で幕を下ろした。後年栄達を遂げてからも、打算よりも心の命じるままに行動する傾向が見られたクランマーだが、そうした特性はすでにこの頃から兆していたといえよう。

こうした非打算的でナイーブな一面は、意外にも、主君と良好な関係を保つ上でプラスに働くことも少なくなかった。それをよく示しているのが、惨めな結末に終わったヘンリーとアン・オブ・クレーヴズの結婚をめぐる一幕である。

従者トマス・ウェイクフィールドの伝えるところ、交渉の当事者でありながら、クランマーは国王個人の幸福のためには、クレーヴズとの縁談は無理に進めるべきでないと考えていたらしい。すでに国王がキャサリン・ハワードに心惹かれていると知る大司教は、縁組に積極的だった盟友クロムウェルに「心ときめき、愛する相手と結ばれるのが最も望ましい」との私見を伝える。クロムウェルは政敵ハワード家から二人目の王妃が出るのを警戒していたから、このなんとも能天気な友の発言に憤慨し、「この王国には王妃にふさわしい女性はいない」と決めつけた。しかし、クランマーも負けじと、「言葉も通じない女性(アンはドイツ語しか解さなかった)と結婚するなど、ひどくおかしな話ではないか」と決然と言い返してみせたというのだった。宰相と大司教、どちらが国王の心の機微を正しく理解していたか、答えは言うまでもないだろう。

もっとも、大司教が国王の信任を保ち続けたのは、ただ主君との相性《ケミストリー》が良かったからというだけではない。教義に関する難題について国王から助言を求められれば、ただちに自身の意見のほか、考え得る複数の回答案をも作成し、翌日には国王の許に届けるのが常であったし、エリザベス・バートンら国王の至上権を脅かす者たちに鉄槌を下すのに躊躇はなかった。

ヘンリーの死後、新王エドワード六世の下で堰を切ったように進んだプロテスタント的な諸改革に、クランマーも聖界の第一人者として深く関与する。彼の業績の最たるものは、一五四九年と一五五二年の二度にわたって制定された『共通祈禱書』であろう。これにより、教会の典礼はラテン語にかわって英語で執り行われるとともに、伝統的な祭服の着用が禁じられるなど、聖餐式からカトリック的な要素が一掃されることになった。

しかし、一五五三年にエドワードが十五歳で夭折し、敬虔なカトリック信徒だったメアリー王女が即位すると、イングランドの宗教改革には急ブレーキがかけられ、クランマーの運命も暗転する。母キャサリン・オブ・アラゴンと父ヘンリー八世の結婚の無効を宣告し、自らの精神的支柱であるカトリック信仰を荒廃させたクランマーを、新女王は決して赦さなかった。二十年前、両親の結婚の無効を頑なに認めず、父王の不興を買っていたメアリーのため、わが身の危険を顧みずにとりなしたクランマーの過去（その後、ヘンリーの勘気を蒙った大司教は、一時的に国王評議会から追放されている）に思いを致すよう耳打ちする者もあったが、女王が心を動かされることはなかった。

「九日間の女王」ジェーン・グレイ擁立に与した反逆者として死を宣告されたクランマー

は、しかし、すぐに死ぬことさえ許されなかった。カトリック信仰の「最大の敵」クランマーは、異端者として公開の審問に幾度となく引きずり出される。こうした絶望的な日々を送る中、彼の心の奥底で生への執着が芽生えていく。そして、五度にわたって自身の教説を撤回し、ついにはローマ・カトリック教会への帰順を宣言するに至る。

教会法の原則からすれば、心から悔い改め、異端の教説を撤回した者が命を失うことはない。しかし、メアリーにとってこの前大司教の「罪」はあまりに大きく、型どおりに法を適用して放免できるものではなかった。クランマーの撤回は容れられることなく、しばし猶予されていた火刑は、いよいよ幽閉先のオックスフォードで執行されることになる。

処刑当日の一五五六年三月二十一日、聖メアリー教会の説教台に立たされたクランマーは、ここで最期の改悛を行うはずであった。すでに当局の手回しで、自らを恥ずべき罪人と貶め、大司教在任中に推し進めてきた改革を否定する声明文も用意されていた。罪深き大司教の最期の言葉は一言一句印刷され、カトリックの勝利の証しとして国の内外に頒布される手筈であった。

しかし、もはや助命されることはないと悟ったクランマーの口から出たのは、全く違う言葉であった。自説を撤回したのは「命が惜しく思われたから」と告白し、右手をかざすと「真実に反することをこの手で書き連ねてしまった。この手こそ最初に罰されねばならぬ」と高らかに告げた。そうして、満座に届けとばかりに「キリストの敵、教皇を認めることはできない」と声を張り上げたのである。刑吏たちは慌てて駆け寄り、クランマーを説教台から引きずり下ろした。
処刑台の据えられたブロード・ストリートは目と鼻の先である。群衆が見守る中、クランマーの足下に置かれた薪に火が点けられる。しかし、殉教者の表情は涼しげであった。そうして「恥ずべきわが右手め」と呟くと、自身の先の言葉どおりに、燃え盛る炎に右腕を突き入れたのだった。

筆者がイギリスでの留学生活を開始した二〇〇九年は、ちょうどヘンリー八世即位五百周年だった。現地では記念イベントの開催が相次ぎ、キングス・クロス駅にほど近い大英図書館では、"Henry Ⅷ: Man and Monarch"と銘打つ特別展が開催されていた。当時この近くに住んでいた筆者も何度か足を運んだことを思い出す。それから十二年、人間としても君主としても破格の存在であるこの王についての著作を世に出すことができたのは、非才の身としては望外の極みというほかない。本書の意義に理解を示し、丹念に原稿に目を通してくださった晶文社編集部の小川一典氏には、この場を借りて厚く御礼を申し上げたい。

二〇二一年イースターの日に　東京・本郷にて

陶山昇平

ヘンリー八世◉関連年表

年	月	満年齢	イングランド国内	国際情勢
一四九一	六	0	ヘンリー誕生	
一四九四	秋	3	ヘンリー、ヨーク公に叙さる	⊙仏王シャルル八世、イタリア侵攻（第一次イタリア戦争）
一四九七	春	5	コーンウォールの納税者反乱（〜六月）	
	九	6	パーキン・ウォーベックの反乱終息	
一四九九	夏			⊙仏王ルイ十二世、ミラノ侵攻（第二次イタリア戦争）
	秋	8	ヘンリー、エラスムスを引見	
一五〇一	十	10	アーサー王太子、キャサリン・オブ・アラゴンと結婚	
一五〇二	四	11	アーサー王太子、死去	
一五〇三	二		エリザベス王妃、死去	
	六		ヘンリー、キャサリン・オブ・アラゴンと婚約	
一五〇四	夏	13		⊙教皇ユリウス二世、ヘンリー王子とキャサリンの結婚を特赦
一五〇六	一	14	ヘンリー、フィリップ大公と交流（〜三月）	⊙フィリップ大公、イングランドに漂着
一五〇八	十二	17		⊙カンブレー同盟結成（対ヴェネツィア包囲網完成）
一五〇九	四		ヘンリー八世として即位	
	六		ヘンリー、キャサリン・オブ・アラゴンと結婚	
一五一〇	八	19	エンプソンとダドリー、処刑さる	

年	月	年齢	事項	関連事項
一五一一	十	20		⊙反仏「神聖同盟」結成
一五一三	六	22		⊙第一次フランス遠征開始
	八			⊙拍車の戦い
	九			⊙フロドゥンの戦い
一五一四	十	23		⊙王妹メアリー、仏王ルイ十二世と結婚
一五一五	一	23		⊙フランソワ一世即位
	十二	24	トマス・ウルジー、大法官就任	
一五一六	二	26	メアリー王女誕生	
一五一七	十	27		⊙ルター、「九十五箇条の論題」提示
一五一八	秋	28		⊙ロンドン条約
一五一九	六			⊙神聖ローマ皇帝選挙、スペイン王カルロス（カール）選出さる
一五二〇	六			⊙金襴の陣
一五二一	五	29	バッキンガム公、処刑さる	
	八	30		⊙イングランドと神聖ローマ帝国、フランスへの「大いなる企て」に合意
	十			⊙教皇レオ十世、ヘンリーに「信仰の擁護者」の称号を贈る
一五二三	秋	32		⊙第二次フランス遠征
				⊙サフォーク公、パリに迫る
	十一			⊙教皇選挙、新教皇クレメンス七世即位
一五二五	二	33		⊙パヴィアの戦い、仏王フランソワ一世囚わる
	六		庶子ヘンリー・フィッツロイ、リッチモンド公に叙さる	

年	月	満年齢	イングランド国内	国際情勢
一五二六	二	34	ヘンリー、アン・ブーリンへ求愛し始める	
	五			⊙コニャック同盟結成
一五二七	五	35		⊙ローマ劫掠、教皇クレメンス七世、皇帝の手中に落ちる
	六		ヘンリー、キャサリンに離婚の意思を通告	
	九	36	ヘンリー、教皇に特赦状発行を求める	
一五二八	十	37	教皇特使カンペッジオ、ロンドン到着	
一五二九	六		教皇特使主宰の離婚裁判、ロンドンのドミニコ会修道院にて開廷	
	七	38	カンペッジオ、十月までの休廷を宣言	
	八			⊙神聖ローマ帝国大使シャピュイ着任
	十		ウルジー失脚、トマス・モア大法官に就任	
	十一		宗教改革議会召集さる	
一五三一	年初	39	トマス・クロムウェル、国王評議会に名を列ねる	
	二		聖職者会議、十一万八千ポンドの罰金支払い命令に応じる	
				⊙シュマルカルデン同盟結成
一五三二	五	40	「聖職者の服従」成る、モア、大法官を辞任	
	十	41	トマス・クランマー、カンタベリー大司教に指名さる	
				⊙ブローニュで英仏両国王会談
一五三三	一		ヘンリー、アン・ブーリンと秘密裡に結婚	
	四		上告禁止法	
	九	42	エリザベス王女誕生	
一五三四	三		第一次王位継承法 （メアリーを庶子とし、エリザベスを王位継承者に）	
	四		エリザベス・バートン、処刑さる	

	十一	43	国王至上法	
一五三五	一		クロムウェル、国王宗務代理に就任	
	六		ジョン・フィッシャー、処刑さる	
	七	44	トマス・モア、処刑さる	
一五三六	一		キャサリン・オブ・アラゴン死去	
			ヘンリー、落馬事故で一時意識不明に陥る	
			アン・ブーリン、男児を流産	
	三			⊙ミラノ公国の支配をめぐり神聖ローマ帝国とフランス開戦（第四次イタリア戦争）
			小修道院解散法	
	五		アン・ブーリン、処刑さる	
			ヘンリー、ジェーン・シーモアと結婚	
	六		第二次王位継承法（メアリーとエリザベスの両名を庶子に）	
	七	45	十箇条	
			ヘンリー・フィッツロイ死去	
	十		「恩寵の巡礼」発生	
一五三七	九	46	『司教の書』制定	
	十		エドワード王子誕生、ジェーン・シーモア死去	
一五三八	六			⊙ニースの和約（神聖ローマ帝国とフランス、休戦）
	十二	47		⊙教皇パウルス三世、ヘンリーを破門
一五三九	四		『大聖書』刊行	
	夏	48	六箇条法	
一五四〇	一		ヘンリー、アン・オブ・クレーヴズと結婚	
	七	49	トマス・クロムウェル、処刑さる	

年	月	満年齢	イングランド国内	国際情勢
一五四一	夏	50	ヘンリー、キャサリン・ハワードと結婚	
			北部巡幸	
一五四二	二		キャサリン・ハワード、処刑さる	
	七	51		⊙フランス、神聖ローマ帝国に宣戦布告（第五次イタリア戦争）
	十一			⊙ソルウェイ湿原の戦い
	十二			⊙ジェームズ五世死去
一五四三		52	『国王の書』制定	
	七		ヘンリー、キャサリン・パーと結婚	
				⊙グリニッジ条約
一五四四			第三次王位継承法（メアリーとエリザベスの継承権回復）	
	五			⊙ハートフォード伯率いるイングランド軍、エディンバラを攻撃
	七	53		⊙第三次フランス遠征、ブローニュ占領
一五四五	春～夏		フランス軍侵攻に備えイングランド南岸の防備強化	
一五四六	六	54		⊙アルドルの和約
	七	55	キャサリン王妃への陰謀	
一五四七	一		サリー伯ヘンリー・ハワード、処刑さる	
			ヘンリー八世死去	

主要参考文献

君塚直隆、『悪党たちの大英帝国』、新潮社、2020.
グリーンブラット・スティーブン、『暴君』、河合祥一郎訳、岩波書店、2020.
コリンソン・パトリック編、『オックスフォード ブリテン諸島の歴史6』、井内太郎監訳、慶応義塾大学出版会、2010.
サイクス・ノーマン、『イングランド文化と宗教伝統』、野谷啓二訳、開文社出版、2000.
指昭博編、『ヘンリ八世の迷宮』、昭和堂、2012.
シェイクスピア・ウィリアム、『ヘンリー八世』、小田島雄志訳、白水社、1983.
将基面貴巳、『反「暴君」の思想』、平凡社、2002.
将基面貴巳、『ヨーロッパ政治思想の誕生』、名古屋大学出版会、2013.
陶山昇平、『薔薇戦争――イングランド絶対王政を生んだ骨肉の内乱』、イースト・プレス、2019.
ダニエル・デイヴィッド、『ウィリアム・ティンダル――ある聖書翻訳者の生涯』、田川建三訳、勁草書房、2001.
テュヒレ・ヘルマン、『キリスト教史5 信仰分裂の時代』、上智大学中世思想研究所編訳、平凡社、1997.
ネルディンガー・ヴィンフリート、『建築・権力・記憶』、海老澤模奈人訳、鹿島出版会、2009.
マッキム・ドナルド、『宗教改革の問い、宗教改革の答え』、原田浩司訳、一麦出版社、2017.
ペン・トマス、『冬の王――ヘンリー七世と黎明のテューダー王朝』、陶山昇平訳、彩流社、2016.
ヨンパルト・ホセ、『カトリックとプロテスタント』、サンパウロ、1986.
ロイル・トレヴァー、『薔薇戦争新史』、陶山昇平訳、彩流社、2014.

Bernard, G. W., The King's Reformation: HenryⅧ and the Remaking of the English Church, New Haven, 2005.
Childs, J., HenryⅧ's Last Victim: The Life and Times of Henry Howard, Earl of Surry, London, 2006.
Elton, G. R., England under the Tudors, 3rd edn., London, 1991.
Gunn, S.J., Early Tudor Government 1485-1558, Basingstoke, 1995.
Guy, J., HenryⅧ, London, 2014.
Guy, J., The Tudors A Very Short Introduction, 2nd edn., Oxford, 2013.
Guy, J., Tudor England, Oxford, 1998.
Haigh, C., English Reformation: Religion, Politics, and Society under the Tudors, Oxford, 1993.
Hutchinson, R., HenryⅧ: The Decline and Fall of a Tyrant, London, 2019.
Hutchinson, R., The Last Days of HenryⅧ, London, 2005.
Ives, E., HenryⅧ, Oxford, 2007.
Ives, E., The Life and Death of Anne Boleyn: The Most Happy, Oxford, 2004.
Lipscomb, S., 1536: The Year that Changed HenryⅧ, Oxford, 2009.
MacCulloch, D (ed.), The Reign of HenryⅧ: Politics, Policy and Piety, London, 1995.
MacCulloch, D., Thomas Cranmer: A Life, New Haven, 1996.
MacCulloch, D., Thomas Cromwell: A Life, London, 2018.
Marshall, P., The Reformation A very Short Introduction, Oxford, 2009.
Moorhouse, G., Great Harry's Navy: How HenryⅧ Gave England Seapower, London, 2004.
Rex, R., HenryⅧ and the English Reformation, 2nd edn., Basingstoke, 2006,
Richardson, G., Renaissance Monarchy: The Reigns of HenryⅧ, FrancisⅠ and CharlesⅤ, London, 2002.
Richardson, G., The Field of Cloth of Gold, New Haven, 2013.
Scarisbrick, J. J., HenryⅧ, 2nd edn., New Haven, 1997.
Shagan, E. H., Popular Politics and the English Reformation, Cambridge, 2003.
Starkey, D., Henry: Virtuous Prince, London, 2008.
Starkey, D., Six Wives: The Queens of HenryⅧ, London, 2003.
Starkey, D., The Reign of HenryⅧ: Personalities and Politics, London, 2002.
Wabuda, S., Thomas Cranmer, Abingdon, 2017.
Wooding, L., HenryⅧ, 2nd edn., Abingdon, 2015.

陶山昇平
すやま・しょうへい

1978年生まれ。福岡県太宰府市出身。東京大学法学部卒業。ロンドン大学（UCL）、オックスフォード大学大学院（MSc）修了。現在、総務省審査官。著書に『薔薇戦争――イングランド絶対王政を生んだ骨肉の内乱』（イースト・プレス）。訳書に『薔薇戦争新史』『冬の王――ヘンリー七世と黎明のテューダー王朝』（以上、彩流社）、『テ・デウムを唱いながら――エリザベス一世と旧教に殉ずる人々』（未知谷）がある。

ヘンリー八世《はっせい》　暴君か、カリスマか

二〇二一年五月二〇日　初版

著者　陶山昇平
発行者　株式会社晶文社
東京都千代田区神田神保町一-一一　〒一〇一-〇〇五一
電話　〇三-三五一八-四九四〇（代表）・四九四二（編集）
URL　http://www.shobunsha.co.jp

印刷・製本　株式会社太平印刷社

 ISBN978-4-7949-7265-1 Printed in Japan